Hugo von Kupffer

REPORTERSTREIFZÜGE

DIE ERSTEN MODERNEN REPORTAGEN AUS BERLIN

Herausgegeben und mit einem Nachwort
von Fabian Mauch

LILIENFELD VERLAG

Inhalt

Vorwort
zur Buchausgabe (1889)

Nur wenige Worte der Einführung – fast möchte ich sagen, der Entschuldigung – will ich diesem Werkchen, dem Ergebnisse so mancher ernsten und lustigen journalistischen Erforschungsfahrt, vorausschicken. Die Entschuldigung sei nur angesichts der Ansprüche der Kritik an den Begriff »litterarischer Wert« ausgesprochen. Muß eines jeden Schriftwerkes Tugend in Diesem vornehmlich bestehen, so konnten die nachfolgenden anspruchslosen Seiten füglich ungeschrieben bleiben. Wenn ich zu ihrer Empfehlung als Autor überhaupt etwas sagen darf, ohne dem nachsichtigen Leser gegenüber die Grenzen der Bescheidenheit zu überschreiten, so nehme ich für die Resultate meiner journalistischen Streifzüge allenfalls einen kulturhistorischen Wert in Anspruch. Diesen leite ich von dem Umstande her, daß die nachfolgenden Bilder nicht am bequemen Schreibtische des phantasiereichen Feuilletonisten gemalt, sondern mit beträchtlicher Nichtachtung gegen die »ästhetischen« Gesetze der Feuilletonproduktion, nach der Natur gezeichnet sind. Sie sollen sich von den zahllosen »Bildern aus dem Berliner Leben« ebenso unterscheiden, wie ein mit wahrer oder eingebildeter Künstlerschaft ausgeführtes Ölbild von einer unretouchierten Momentphotographie.

Zu diesem Behufe wählte ich den Weg eigener Anschauung und persönlicher Unterredung. Bei den »Streifzügen«, von denen ich auf den nachfolgenden Blättern erzähle, schwebte mir der echte amerikanische »Reporter« vor, welcher hier nur dem Namen nach existiert und bei unseren fast noch embryonischen, stark beengten, zum Teil noch zopfigen Preßverhältnissen, auf deutschem Boden jetzt auch noch nicht gedeihen kann. Wie der amerikanische Reporter – da ihm als gesellschaftlich wohl angesehenem Menschen Thür und Thor allenthalben offen stehen – auf Grund persönlicher Unterredungen, sogenannter »Interviews« sich in seinen Schilderungen einer oft gradezu frappierenden Realistik befleißigt, wie er mit dieser Realistik Dinge und Menschen schildert, und zwar interessant schildert, welche bei oberflächlicher Betrachtung kaum interessant genug erscheinen, so habe ich nach den gleichen Grundsätzen es versucht, meine Themata zu wählen und sie zu bearbeiten.

Es sind somit die nachfolgenden Schilderungen zum Teil aus Gebieten geschöpft, welche dem großen Publikum fernstehen, andernteils erzählen sie aus ganz nahestehenden Gebieten Details, nach welchen der Großstädter oft in traulichem Selbstgespräche sich fragt, ohne eine Antwort darauf zu finden. Es ist eine unzweifelhafte Thatsache, daß so mancher Berliner gern wissen möchte, auf welcher Basis geschäftlicher Hoffnungen und Einrichtungen die Wiener Cafés in der Reichshauptstadt gleich Pilzen aus der Erde emporschießen, welche Gedanken und Empfindungen den Mann bewegen, der in der düsteren Morgue seines traurigen Amtes waltet, wie der Mann der äußersten, blutigen Gerechtigkeit, der Scharfrichter, lebt und denkt und sich bewegt! – –

Diese und ähnliche Dinge habe ich versucht in diesem Büchlein zu erörtern, nachdem ich selbst allen diesen Verhältnissen mit dem forschenden Auge und dem fragenden

Munde des Reporters gegenübergetreten bin. Ist es mir gelungen, hiermit neue Streiflichter auf die erörterten Erscheinungen zu werfen und dabei auf kurze Zeit des Lesers Interesse zu fesseln, so ist die Mission dieser Blätter erfüllt.

Berlin, im Februar 1889.
Der Verfasser.

Zahl'n – Zahl'n – Zahl'n!

Unzähligemale unterbrach mich dieser Ruf während der beschwerlichen Aufgabe, den Zahlkellner eines der in Berlin jetzt zu so hoher Blüte gelangten Wiener Nacht-Cafés zu »interviewen«.

»Nacht-Café« sage ich absichtlich und verstehe darunter diejenigen Lokale, in denen sich das Berliner Nachtleben in seiner ganzen Eigenart konzentriert. Am Tage sehen diese Cafés verhältnismäßig öde aus, und bis in die frühen Vormittagsstunden hinein riecht es in manchen von ihnen noch nach den feuchten Schrubbern, die – lange nach Sonnenaufgang – späte, übernächtige Gäste verscheucht haben. Mit Ausnahme von drei oder vier Cafés, zu denen man etwa das Café Bauer, das Café im Hotel Alexanderplatz, Café Kaiserhof u. a. rechnen kann, sind diese Nacht-Cafés Sammelpunkt einer merkwürdig gemischten Gesellschaft: Offiziere in Zivil, Zeitungswüteriche, fesche »junge Leute« mit vollen Taschen und bierdunstgefüllten Köpfen, die »Schwarze« trinken, neugierige Fremde, stark angeduselte Nachtbummler, Bauernfänger, Zuhälter und Dirnen verschiedener Klassen in entzückenden Kostümen oder in verblichenen Stoffkleidern – je nach dem Range des Lokales, Anstand und Sittenlosigkeit, Reichtum und Elend, Vornehmheit und Brutalität in buntem Durcheinander. Gemeinschaftliche Merkmale sind: Marmortische, Sammetsofas, höfliche Kellner und Zahlkellner mit beneidenswert hübschen Schnurrbärten.

»Zahl'n, zahl'n! – Bitt' schön zahl'n, Herr! – Eine Melange Herr, danke. – Danke seeehr, Herr.«

»Das gefällt Ihnen wohl so«, erlaubte ich mir, den stattlichen Zahlkellner zu fragen, nachdem ich ihn wieder einmal in meine Nähe gelockt hatte.

»Ich danke, – o ja, das Geschäft ist nicht schlecht.«

»Was sagt man in Ihren Kreisen zu den Klagen des Berliner Publikums über das Institut der Wiener Zahlkellner? Es ist doch eigentlich ein unangenehmes Gefühl für den Gast, jemand für die Dienste eines andern mit einem Trinkgeld zu belohnen!«

»Das Publikum kommt ganz gut dabei weg. Wir Zahlkellner geben jedem Kellner eine bestimmte Abgabe täglich. Gewöhnlich 1 Mark. Die Leute haben außerdem ihr festes Gehalt vom Wirt. Somit ist das Publikum keineswegs in der Abhängigkeit vom bedienenden Kellner, wie in einem Berliner Restaurant. Die Kellner erwarten nichts von dem Gast und sind gegen jeden gleich höflich und zuvorkommend. Bei uns kann es Ihnen nicht passieren, daß der Kellner dem bestellenden Gast zuruft: Hier ist nicht mein Revier! und ihm die Rückseite seines Fracks zeigt. – – Schani, Paletot!« Letzteres mit einem bezeichnenden Blick auf einen sich zum Aufbruche rüstenden Herrn und einen in der Nähe stehenden Kellner.

Ich konnte dem Mann nicht unrecht geben. Höflichkeit, ja eine gewisse Gentlemen-Galanterie, die sich in recht charakteristischer Weise selbst den schnippischen Demimonde-Damen gegenüber zeigt, ist eine hervorragende Tugend des Wiener-Café-Kellners, die ihn von seinem Berliner Kollegen vorteilhaft unterscheidet.

In einem Café, das innerhalb seines etwa anderthalbjährigen Bestehens sich in geradezu bewundernswerter Weise von den bekannten unsaubern Elementen beiderlei Geschlechts freigehalten hat, sagte man mir auf Befragen, daß dies keineswegs leicht sei, und daß die Inhaber ganz unglaubliche Energie und Aufmerksamkeit anwenden müssen, um das durchzusetzen. Es erfordert Opfer und ist nicht selten eine Existenzfrage für die Lokale.

»Kommen diese Mädchen denn immer allein, und können sie etwas ›draufgehen‹ lassen?«

»Bisher durften die Damen der Halbwelt die Wiener Cafés nur in Herrenbegleitung besuchen. Das führte zu einer übermäßigen Anfüllung unserer Lokale mit ›Bärenführern‹ und Zuhältern, deren Anblick das anständige Publikum weit mehr geniert, als der dieser Damen. Diese Leute führten gegen ein kleines Geldgeschenk die Mädchen ins Café und ließen sich von letzteren ihre Zeche bezahlen. Neuerdings gestattet die Polizei den Prostituierten den Eintritt ohne Männerbegleitung, und diese Bärenführer sind dadurch ›kalt gestellt‹. Draufgehn lassen? Je nun, schauen's. Die Damen warten eben, bis sich ein Herr zu ihnen setzt, der muß bluten. Dann trinken sie kein Bier, sondern Eispunsch, Limonade und dgl. Natürlich muß der Herr auch das bezahlen, was die Dame vorher verzehrt hat. O, die verstehn's! Ich will Ihnen sagen, lieber Herr, daß es hier einige Cafés niederen Ranges giebt, wo die Dame auch wohl hier und da dem Herrn etwas mehr angiebt, als sie getrunken hat, ehe er sich an ihren Tisch setzte. Damit macht sie sich den Zahlkellner gewogen, von wegen Pumpen! – Na, Sie verstehn schon!?«

»Verstehe! Schwamm drüber. Kommen Sie denn beim Borgen nicht schlecht weg?«

»Selten. Wir kennen fast jede dieser Damen, teils nach ihrem wirklichen, teils nach ihrem Spitznamen. Fast jeden Abend können Sie dieselben Gesichter sehen. Viele der Mädchen setzen sich auch fast immer auf denselben Platz. Sie wissen recht wohl, daß sie gewissermaßen in ihrer Existenz von dem Besuche dieser Lokale abhängen. Darum kommen sie auch stets wieder und zahlen, was wir ihnen geborgt haben – mit Zinsen! Wir borgen's ihnen aber auch gern ohne

Zinsen. Es sind meistens gutmütige und oft bedauernswerte Mädchen. Sehen Sie dort drüben das bildhübsche Gesicht mit den braunen Augen. Das ist die sogenannte ›Bayrische Mary‹. Vor etwa drei Jahren kam sie hierher. Sie ist die vierte Tochter einer bayrischen Försterfamilie. Drei Schwestern hintereinander sind in Berlin gefallen. Nacheinander ließen sie ihre Schwestern nachkommen. Die Kleine da war kaum 18 Jahre alt, als sie hierher kam. Im Kattunkleidchen hab' ich sie hier sitzen sehen. Jetzt – Samt, Seide, Schminke, na, man kennt das ja. Und die ist stolz, mein Herr, stolz wie eine Königin!«

Großer Gott! – – Vier Schwestern einer Familie diesem unersättlichen Moloch der Großstadt geopfert! –

»Haben Sie nicht viel Unannehmlichkeiten, Lärm, Zank und gar Schlägereien infolge dieser weiblichen Gäste?«

»Früher mehr, als noch die zweifelhaften Männer mehr mit ihnen hier verkehrten, jetzt verhältnismäßig selten. In besseren Lokalen, wie z. B. bei uns, wird strenge Zucht gehalten. Sehen Sie den Herrn dort am Ecktisch?«

Der Bezeichnete war ein robuster Herr in mittleren Jahren mit rotblondem Schnurrbart, der mit anscheinender Gleichgiltigkeit ein illustriertes Blatt studierte.

»Das ist ein Kriminal-Beamter. Er läßt sich oft genug hier sehen und kennt diese feschen Mädel alle ganz genau und ihren Anhang auch. Überdies passen wir scharf auf. In Cafés gewöhnlicherer Sorte können Sie hören, wie die Damen sich untereinander laut unterhalten. In den meisten dürfen sie dies nicht. Hier darf keine den Platz wechseln und sich etwa an einen andern Tisch setzen. Wenn eine zuwiderhandelt, wird ihr das Lokal verboten. Darauf lassen sie es nicht gern ankommen. Ja, ja, es ist eine schlimme G'schicht, Herr, mit diesen Sachen, aber was können wir daran ändern. Sollen die Mädchen immer auf der Straße liegen?«

Er hatte recht. In der Physiognomie der Großstadt wird unter den hier bestehenden Verhältnissen dieser Zug ein unverlöschlicher bleiben.

Ein jedes Ding hat seine zwei Seiten. Die Anwendbarkeit dieses Spruches auch auf diese Verhältnisse wurde mir durch eine Antwort klar, welche mir von einem Besitzer eines hiesigen Wiener Cafés zu teil wurde. Nicht ohne Überwindung einer gewissen Ängstlichkeit ließ ich etwas von Demoralisation und dergl. in Verbindung mit diesen Cafés fallen.

»Oho! Im Gegenteil. Selbst das niedrigststehende dieser Lokale hat zum mindesten den Vorzug, manchen Teil von dem jedem ins Gesicht springenden Straßenabschaum zwischen vier Pfähle zu bringen. Auch hat die ganze Organisation dieser Cafés – in diesem Falle nun wiederum der besseren – einen etwas strammen Zug in das Berliner Restaurationswesen gebracht. Nach dieser Richtung haben sie also nur günstig gewirkt. Und die Berliner haben sich auch rasch daran gewöhnt. Unsere Lokale sind ihnen unentbehrlich geworden. Wo sollten denn bei der strengen Handhabung der Polizeistunde die Leute in der Nacht hin? Sehen Sie doch her!« – –

Ja, ich sah. Volle Tische, unzählige »Melangen«, Punsche, Schokoladentassen und andere Herrlichkeiten. Ein bunter Wirrwarr von Menschenstimmen, hin- und herflatternde Zeitungsblätter, »Zahl'n, Kellner! – Bitt' schön, zahl'n Herr!« – – ein unablässiges Echospiel zwischen Gast und Kellner, mit einem Wort ein Chaos von »Geschäft« mit sehr vielen klingenden »Silberblicken«.

Es war mir trotz mehrfacher Anfragen an verschiedenen Orten nicht möglich, sicher festzustellen, was – um vulgär zu reden – für den Wirt bei der Sache »herauskommt«. In diesem Punkte herrschte allgemeine Verschwiegenheit. Man mochte wohl die Steuerschraube fürchten. Aber so viel steht fest, ein gutes Geschäft ist's. Mit 100 Prozent wird gearbeitet, ein Berliner sehr feines Café mittlerer Größe hat ca. 200 Mark tägliche Spesen, ein Zahlkellner hat, wenn's einigermaßen gut geht, 200–300 Mark tägliche Losung – – nun, aus solchen Zahlenangaben kann man sich schon eine Idee von dem Verdienst machen, den die Herren haben können.

»Aber eine Idee kann ich mir beim besten Willen nicht machen, darüber nämlich, wie jener unglückliche Zahlkellner, um den sich die Gäste beständig reißen, sich vor Schaden hüten kann. Während er hin- und herspringt, können ihm meines Erachtens ein Dutzend Gäste ausreißen.«

»Übungssache, lieber Herr, und – allerlei Kniffe. Bitte rufen Sie mal den Zahlkellner.« – Ich that's: »Zahl'n.« »Bitt' schön, zahl'n, Herr«, rief das Echo – und prompt wurde der kleine Zuckerteller meines Kaffee-Service umgestülpt.

»Sehen Sie, das ist ein solches Freimaurer-Zeichen. Jetzt weiß der Zahlkellner genau, daß Sie bezahlt haben. Trinken Sie Punsch, bleibt ein Glas stehen, sobald Sie ein zweites bestellen. Trinken Sie Bier, bleiben die Untersetzer als Erkennungszeichen stehen. Natürlich kommt es dabei doch zuweilen vor, daß ein Zahlkellner beschwindelt wird. Aber fast ausschließlich nur in den Cafés, wo unsaubere Elemente männlichen Geschlechts verkehren. Ob mir aus meiner Praxis solche Fälle bekannt sind? Oh gewiß. Ich entsinne mich aus meiner Zahlkellner-Karriere, daß solch' ein saubrer Kunde mir nicht weniger als sieben Bieruntersetzer unter's Sofa bugsiert hatte, nachdem er zehn Glas Bier getrunken. Zwei wollte er laut Ausweis der Untersetzer nur getrunken haben. Das ist übrigens eine ganz gewöhnliche Praxis derartiger Zechpreller. Aber der Zahlkellner ist ihnen doch meistens über. Die alte Gewohnheit schärft die Augen, und das Wiener Blut muß halt eben das Talent gleich so mit sich bringen.«

»Haben Sie lauter Wiener Kellner? Eignen sich überhaupt nur solche dazu?« fragte ich einen der Besitzer eines großen

»soliden« Cafés, welches zu den wenigen gehört, die sich das Haus haben rein halten können und selbst in später Nachtstunde ein anständiges und feines Stammpublikum aufzuweisen vermögen.

Als Antwort wies der Wirt auf einen jungen dienstbaren Geist, der in seinem ganzen Benehmen, in seinem ganzen Äußern bis zum steifen, schneeweißen Stehkragen und dem tadellosen Frack ein Bild des feschesten Wiener Kellnertums repräsentierte.

»Scheint ein tüchtiger Mensch zu sein?« Der Frack sauste mit unnachahmlicher Gewandtheit an mir vorüber.

»Sehr tüchtig und – ein Berliner. Es ist der Versuch in unsern Kreisen sehr oft gemacht worden, Berliner Kellner für die Bedienung in feinen Wiener Cafés heranzubilden. In den allermeisten Fällen ist derselbe aber mißlungen. Es läßt sich – abgesehen von den gemischten Elementen, die sich hier ins Kellnertum hineindrängen – gar nichts gegen die Solidität und den guten Willen des echten Berliner Kellners sagen. Aber die Wiener Schule ist doch eine strengere: sie giebt mehr ›Schick‹, mehr Gewandtheit und Höflichkeit. Es ist in meiner Erfahrung das erste Mal, daß ein Berliner Kellner in meinem Café derart anschlägt, wie dieser. 's liegt halt nicht drin!«

Es ist mir aufgefallen, daß man unter diesen Wiener Kellnern selten grämliche Gesichter sieht, obwohl sie doch auf die Hoffnung, je Trinkgelder von den Gästen zu bekommen, fast durchweg verzichten müssen. Dies veranlaßte mich zu der Erkundigung über die Lohnverhältnisse.

Der genannte Kellner wurde vom Wirt herangerufen. Auf die Frage: »Was haben Sie monatlich?« erwiderte der wienerisierte Berliner prompt: 96 Mark!

Die Erklärung wurde mir alsbald [gegeben]. »Sehen Sie, wir zahlen unsern Kellnern oder vielmehr ›Zuträgern‹, wie das hier heißt, monatlich 36 Mark Gehalt und 30 Mark Kostgeld, hierzu bekommt er vom Zahlkellner täglich eine Mark – macht zusammen 96 Mark. Rechnen Sie nun hinzu, daß doch ab und zu vielleicht für eine besondere Gefälligkeit ein Trinkgeld abfällt, daß die Leute bei uns Kaffee, Thee und Bier bekommen, so werden Sie einsehen, daß es bei etwa zehnstündiger Arbeit doch kein unlohnender Sklavendienst ist und daß die Kellner nicht genötigt sind, an den Gästen ihren Unwillen über etwaige Geschäftsflauheit auszulassen.«

»Und wie stehts nun mit dem Zahlkellner?« »Diese Herren haben die löbliche Angewohnheit, über kurz oder lang selbst Geschäfte zu eröffnen. Daraus ist doch wohl zu schließen, daß das ›Zahl'n, zahl'n‹ für sie ein segensreicher Zauberspruch ist.«

»Allerdings. Ein sparsamer Zahlkellner in einem flott gehenden Geschäft kann schon sein Schäfchen ins Trockene bringen. Gehalt bekommt er nicht. Seinen drei Zuträgern hat er, wie gesagt, nur je eine Mark zu zahlen, und da in den besseren Cafés ziemlich hohe Trinkgelder gegeben werden, so darf man den durchschnittlichen Netto-Tagesverdienst eines Zahlkellners auf 15 Mark schätzen!«

Ich verließ in der denkbar spätesten Nachtstunde das Lokal mit quälenden Zweifeln, ob es nicht praktischer wäre, wenn ich – – – meinen Sohn Zahlkellner studieren ließe. Die Nachtgestalten der Straße huschten um das Café umher. Neue Gäste lösten die alten ab. Die Ströme des Mokka flossen weiter und halfen den Bierdunst aus bleischweren Köpfen übernächtig aussehender Menschenkinder verscheuchen.

Von zarter Hand!

Es ist schon eine ganze Reihe von Jahren her, da blühte in der Kommandantenstraße ein jetzt noch existierendes Kellerlokal für »Wein und echte Biere«, dessen Inneres recht geschickt dem Verdeck, resp. den Kajütten eines Schiffes nachgebildet war. Ein durch die Mitte des ersten Kneipzimmers gehender Mast mit Andeutung von Raaen, ein gedrucktes Schiffsreglement und ein gemalter Steuermann, mit dem man laut Plakat »während der Fahrt« nicht sprechen durfte, vervollständigten gleich beim Eintritt die Illusion.

Aber so recht hinein in das Schiffsleben »An Bord der Gazelle« (so hieß dies merkwürdige Institut) wurde man erst versetzt, wenn einen die schmucken Bier-Nymphen mit dem unauslöschlichen Durst umschwirrten. Diese trugen nämlich – Matrosenkleidung genau nach bekanntem Theatermuster, welches den Seeleuten mit unbarmherziger Strenge unmögliche »Pumphosen«, unmögliche Jacken und unmögliche Strohhüte vorschreibt.

Ich habe keinerlei Veranlassung, das ausgelassene Treiben, welches an »Bord der Gazelle« herrschte, hier zu schildern. Zur Beruhigung aller Ehefrauen, welche nachträglich vielleicht in Erfahrung gebracht haben, daß ihre schlechteren Hälften dieses Bierfahrzeug besucht, will ich nur versichern, daß das Schlimmste, was den Gästen dort passieren konnte, darin bestand, daß diese mehr oder minder anmutigen Matrosen staunenswerte Vorliebe für alle Getränke, die über dem alkoholischen Niveau gewöhnlichen Flaschenbiers stehen, zum Schaden des Geldbeutels der Besucher, aber unter Entwickelung von »Jeist und Jrazie« geltend zu machen verstanden.

Diese Dinge in dieser Form gehören in Berlin längst zu den gewesenen. Die Hand der Sicherheitsbehörde fuhr der »Gazelle« in die Takelage und störte auch die Zirkel aller anderen Bierstuben, welche als Hauptmagnet sich kostümierter Kellnerinnen bedienten. Die Verschärfung der Polizeistunde that hiernach das Ihrige, die Zunahme des allgemeinen großen Welt-»Dalles« dezimierte die Schar der Weingäste, die viel gutes Geld für wenig schlechten Wein (den die Kellnerinnen tranken) zu geben bereit waren, und ein großer Teil der Lokale, in denen von zarter Hand bedient wurde, schlummerte ein oder fristete mit den verräucherten Portieren und den verblaßten Plüschmöbeln ein klägliches Dasein.

Jetzt hat sich auf diesem Gebiete in Berlin unendlich viel verändert. Seitdem die strenge Anmeldungs-Kontrolle im Kellnerinnenwesen eingeführt ist und gar das polizeiliche Machtwort alle diejenigen Elemente aus der Armee derer »von der zarten Hand« entfernt hat, welche noch unter einer anderen, unangenehmeren Kontrolle stehen oder standen, da beginnt sich das Berliner Kellnerinnentum in seiner durchaus eigenartigen Form arg zu verändern, ja selbst bedeutende Spuren des »Allewerdens« zu zeigen.

Es wird hohe Zeit, daß man es fixiert. Diese Aufgabe zu erfüllen war langwieriger und schwieriger, als es den Anschein hat, sie repräsentiert auch ein stattliches Resultat genossenen Bieres in widersprechendster Qualität.

Man hat zuweilen in den Blättern »Kellnerinnen-Romane« gelesen und dürfte infolgedessen geneigt sein, unter den Bier-Heben der Residenz allerlei Romantik zu suchen.

Ich habe unendlich wenig Romantik unter ihnen gefunden. Meine in zahllosen Fällen gestellte Frage: »Wie sind Sie Kellnerin geworden?« erzielte in den allermeisten Fällen das nämliche Resultat: Zwistigkeiten mit den Eltern, Mangel an Verdienst in der Verkäuferinnenbranche. Selten einmal bemerkte ich, daß die gewaltsam »Interviewte« den Kopf auf die Latzschürze niedersenkte und seufzend einige Andeutungen über betrogene Liebe und dergl. machte.

Als thatsächlich habe ich allerdings Fälle festgestellt, in denen Kellnerinnen, bei denen sich in echt menschlicher Weise der Leichtsinn mit großer Gutmütigkeit paart, Studenten, denen sie ihre Liebe zugewandt, vollständig erhalten und ihnen pekuniär durch sämtliche Examina geholfen haben. Das Ende vom Liede ist natürlich meistens gewesen, daß der Herr »Ausstudierte« die Grete, Irma, Mary oder Elly – sitzen ließ. Darin liegt allerdings ein Stück von Liebesromantik. – Übrigens hat die Berliner Kellnerin auch wenig Zeit und Gelegenheit zur Pflege sentimentaler Gefühle, mit Ausnahme der Fälle, wo sie sich in diesen oder jenen »Stammgast« verliebt und diesen zu ihrem sogenannten »soliden Verhältnis« erhebt.

Die Kellnerin unterscheidet sich hier von ihren sächsischen und bayrischen Kolleginnen vollständig dadurch, daß sie viel weniger Dienerin, Schenkmädchen, als – Gesellschaftsdame sein muß. Zum wildfremden Gaste setzt sie sich ganz in Ehren hin und eröffnet je nach der Art des Lokales, des Gastes oder auch ihrer eigenen Individualität entweder ein Kreuzfeuer von Koketterie und giebt sofort untrügliche Zeichen quälenden Durstes, oder sie sagt »Na, schmeckts?« und spricht vom Wetter.

Wir sind angesichts dieser Verschiedenheit des Dialogs bei der Klassenteilung der Kellnerinnen angelangt, welche durchaus der Klassenteilung der mit »zarten Händen« behafteten Restaurations-Lokale entspricht.

Es ist viel gegen die Kellnerinnen-Bedienung geeifert worden, ehrlich und unehrlich, von prüden Heuchlern, die den

Schein wahren wollen oder müssen, von ehrlichen Beobachtern der einschlägigen Verhältnisse und von hereingefallenen Gimpeln, die sich in irgend einer »Animierkneipe« haben rupfen lassen. Die Vorwürfe sind zumeist sehr berechtigt, soweit die letztgenannten Lokale, für welche ich den in jenen Kreisen üblichen technischen Kraftausdruck gebraucht habe, in Betracht kommen. Eine Kneipe, in der »animiert« werden muß, ist ein Tempel für »Wein und echte Biere«, welcher sich durch eine große oder geringe Eleganz, eine Art von Boudoir-Charakter, auszeichnet, und in dem meist nur Flaschenbiere verschänkt werden, die bald Kitzinger, bald Erlanger, bald den dunklen Namen »Export« tragen, in denen aber auch jeder als ein »Schlamassel« angesehen wird, der sich nicht zum Weintrinken »animieren« läßt. Das Animieren hat die Kellnerin zu besorgen. Selbstverständlich liegt schon etwas »Animierendes« in der Toilette, die mehr salonmäßig als schankmäßig ist. –

Es sind manche imponierend hübsche, ja schöne Gestalten unter diesen Mädchen, manche, die mit verführerischem Liebreiz dem Gimpel zu imponieren verstehen – manche aber auch tragen im Gesicht den Stempel durchwachter Nächte, den Einfluß des Tabakrauchs und des Alkoholgenusses. Sie »klappern mit den Augen«, sie drängen und schmeicheln, und bitten und flehen, bis das Opfer entweder in Verzweiflung das Lokal verläßt, oder der niederschmetternden Verachtung sämtlicher Kellnerinnen anheimfällt, oder endlich sich herbeiläßt, den »Durst« der Hebe zu befriedigen, welche mit eiserner Konsequenz gewöhnliche Biere verschmäht und es unter Glühwein, Eiergrog und dergl. niemals thut.

Das vornehmste Strebeziel ist natürlich, Wein oder gar Sekt an den Mann zu bringen. Ein Wirt gestand mir ein, daß in diesem Punkte die Interessen der Kellnerin mit denen ihres Prinzipals solidarisch seien.

Zunächst wird sie überhaupt nur unter der Bedingung engagiert, daß sie nach allen Regeln der Kunst zu »animieren« versteht, bezw. entlassen, wenn sie diese Fähigkeit nicht besitzt. Dann aber erhält in den meisten Lokalen dieser Art die Kellnerin für jede verkaufte Flasche Wein 50 Pfennige und für Sekt gar 1 Mark. –

Man kann sich denken, daß eine talentierte Hebe alle Schleusen ihrer Beredsamkeit und Liebenswürdigkeit springen läßt. Geradezu frappiert hat mich hierbei das Talent dieser Mädchen, auf die Eigenarten ihrer Gäste einzugehen. Ich habe beobachtet, wie sie mit wunderbarem Takt auf den Ton einzugehen verstehen, welchen die verschiedenen Gäste anschlagen. Mit den Rüden verstehen sie Zoten zu reißen, den Ernsten gegenüber spielen sie mit dem Geschicke einer Komödiantin die Sentimentale – nur um ihr Ziel zu erreichen. Ist einmal ein Gimpel mit recht wohlgefülltem Portemonnaie ins Garn gegangen, so lassen die sämtlichen »Mamsells« des Lokals die andern biertrinkenden Proletarier sitzen und helfen am Tische des schließlich in eine Art von Spendierwut hinein Animierten die Gläser leeren …

Ich erinnere mich, daß einmal auf Grund statistischer Aufstellungen berichtet wurde, ein auffällig großes Kontingent zu den Magenkranken in den Berliner Krankenhäusern stellten die Kellnerinnen. Das kann für den, welcher das Treiben in diesen »Animierkneipen« nur einmal gesehen, nicht verwunderlich sein.

So verschieden nun, wie die »Bayrisch-Bierstuben«, in denen solides Faßbier zu 15 Pfennig von »zarter Hand« kredenzt wird, von den oben geschilderten Lokalen sind, so verschieden sind auch die in diesen Lokalen bedienenden »Mamsells« von ihren fashionablen und etwas zweifelhafteren Kolleginnen. Ich habe mit einigem Staunen konstatiert, daß verschiedene Mädchen in diesen einfachen Bierstuben auf die Frage:

»Waren Sie schon einmal in einem Weinlokal?« in einen förmlichen Paroxismus von sittlicher Entrüstung ausgebrochen sind.

Die Kellnerin der Bayrisch-Bierstube zeichnet sich weniger durch elegante Toilette, als durch eine Massenentfaltung von weißer Schürzenfront aus. Sie ist vielleicht keine Tugendheldin, kann zuweilen Bier trinken, wie ein akademischer Fuchsmajor, ist auch niemals abgeneigt, die Spendierlust eines Gastes durch besondere Zuthunlichkeit zu unterstützen, aber sie ist durchaus dezenter als ihre »echte« Kollegin und darf – in der Regel sehen die Schankwirte streng darauf – keine gewaltsamen Animierungs-Experimente machen.

Auch habe ich hier nicht feststellen können, daß die Provisionszahlung für verkauften Wein Mode ist. Aber gerade diese Art von Bier-Heben ist die interessanteste. Man braucht nicht berufsmäßiger Psychologe zu sein, um mit höchstem, freilich wohl von Wehmut durchsetztem Interesse diese von Leichtsinn, Gutherzigkeit, Frivolität, Naivität, Halbbildung und gesunder Vernunft, Weltklugheit und Thorheit zusammengesetzten Geschöpfe zu beobachten.

Ernste harte Arbeit haben wohl nur wenige unter ihnen kennen gelernt. Sie sind es in ihrem Berufe gewöhnt, sofort fahnenflüchtig zu werden, wenn ihnen nur einmal ein Butterbrot vorgesetzt wird, das nicht den von ihnen beliebten Belag hat. Heute hier, morgen da. Es giebt Lokale, in denen jede Woche fast andere Gesichter erscheinen und das Anmeldebuch, in welches nach Polizeivorschrift sämtliche Personalien der Kellnerinnen eingetragen werden müssen, mit erstaunlicher Geschwindigkeit sich füllt.

Hier und da kommt es wohl vor, daß ein grober Ton des Wirtes oder eines Gastes den Augen des Mädchens Thränen entlockt, nur plötzlich, wo ihnen Bilder aus vergangenen besseren Zeiten aufsteigen – – im allgemeinen aber besitzen sie eine Virtuosität, sich ins Unabwendbare zu fügen, die einer besseren Sache würdig ist.

»Was ich verdiene?« rief lachend eine sehr korpulente Hebe auf meine neugierige Frage, während sie in ihren Blechmarken wühlte, welche am Büffet als Bezahlung (»zum Markieren« nennt man es) dienen. »Wenn nicht zu viele ›Sechser-Gäste‹ kommen, d. h. solche, die nie mehr als einen Sechser Trinkgeld geben, so sind's an 3 bis 5 Mark den Tag. Aber man kann an manchen Stellen auch 10, 20, ja auch 50 Mark pro Tag verdienen. Das sind natürlich nur seltene Fälle, wenn man einen Weingast hat, dem es auf 10 Mark Trinkgeld nicht ankommt. Die werden aber jetzt selten. Manche Kolleginnen verdienen noch nicht soviel, daß sie sich Kleider und Schuhwerk kaufen können!« Gehalt geben die Wirte nie, nur das Essen. Die Jagd nach Trinkgeldern bleibt somit wohl begreiflich.

Fast gar nicht im Publikum bekannt und doch für das Berliner Kellnerinnenwesen ganz außerordentlich charakteristisch ist die Art und Weise, wie die Wirte durch Agenten mit »zarter Bedienung« versehen werden.

Ich habe verschiedene dieser Kellnerinnen-Agenturen besucht, und – man entschuldige den starken Ausdruck – ich wurde hier und da an eine Art von Pferdemarkt erinnert. Mein wohlbeleibter Cicerone – ein Berliner Bierwirt – untersuchte mit scherzhaftem Eifer bei der einen der harrenden Damen – die Zähne, als wolle er ihr Alter feststellen. In kleinen, mehr oder minder komfortabeln Zimmern sitzen da die Damen und harren der Arbeitgeber. Es bedarf wohl kaum der Versicherung, daß da nicht die Stille einer Kirche herrscht. Hier ist die Börse, wo die Erfahrungen, welche in den verschiedenen Dienststellen gemacht sind, ausgetauscht werden.

Da schnattern zwei »Echte« über die Qualität der Stammgäste bei diesem und jenem Wirt, dort erzählt eine aufgedonnerte Dicke einer schüchternen Novize, wie man die Gäste behandelt. Hier jammert eine über das schlechte Essen, das es bei X, über die kleinen Trinkgelder, die es bei Y gegeben hat. Sie kennen sich fast alle untereinander, sie wissen genau, wo die »Studenten-Mary«, die »lange Kläre«, die »böhmische Hedwig« und wie sie alle heißen, sich befinden, genau kennen sie auch ihre Qualitäten untereinander, sie wissen genau, daß die eine zu diesem Wirt, die andere zu jenem nicht paßt.

Welch' unendliche Ironie, aber auch welch' treffende Charakteristik liegt doch in dem Plakat, das die Wand einer dieser Agenturen ziert:

Damen, welche den Schleier nicht abnehmen, erhalten kein Engagement!

Ja, die Vorspiegelung falscher Thatsachen ist nicht gestattet! Die Wirte, welche dort ihre Ware aussuchen, wollen nicht durch den Schimmer getäuscht werden, den ein rosiger Schleier auf ein altes, welkes Gesicht zu werfen vermag. Der Wirt muß etwas Fesches, Frisches, Junges mit heimbringen.

Und dort ist eine Thüre, hinter welcher man verdächtiges Rascheln und Flüstern hört. Ein scharfer Beobachter wird bemerken, daß sich in derselben ein Guckloch befindet. Von jenem Zimmer aus vermag der einer Kellnerin bedürftige Wirt durch Vermittelung des Guckloches seine Wahl zu treffen. Ein leidlich hübsches Gesicht fällt ihm auf, – die Trägerin wird hereingerufen. Der Agent weiß ganz genau, sowohl welchen Charakter die betreffende Schankwirtschaft hat, als auch weß Geistes Kind die Hebe ist. Darnach schlägt er sie vor, oder rät von ihrer Wahl ab. Ja, er weiß sogar ziemlich sicher, wie hoch sich der Verdienst bemißt, welchen die Kellnerinnen in dem Lokal erzielen können. Demnach erhebt er von der Engagierten eine Vermittelungsgebühr, welche zwischen 3 und

10 Mark variiert. Eine Mark zahlt die »Mamsell« an, den Rest des Geldes holt sich der Agent ratenweise von der Kellnerin, wobei er die Gelegenheit benutzt, auch einmal ein paar Glas Bier in dem Lokal »springen zu lassen«, dessen Kundschaft er sich erfreut. Die Hebe zieht immer ein recht saures Gesicht, wenn der Agent sich zeigt und sie »abladen« muß. – –

Auf Rosen sind sie nicht gebettet, die Berliner Kellnerinnen, und die Sonne des Lebens lacht ihnen nicht. Aber – sie sind doch etwas besser als ihr Ruf.

Ich habe bemerkt, daß manche Gäste weit schlimmer sind, als die Mädchen. Sie halten es für eine Art Sport, einer Jeden mit Redensarten zu begegnen, für welche der Ausdruck »Unflätigkeit« noch wie ein Lob klingt. Wer könnte in solcher Atmosphäre ein unbeflecktes Gemüt sich erhalten?

Ob wohl die nächtlichen Gestalten, welche zu später Stunde mit den papiernen »Anstandsrollen« in der Hand nach ihren einsamen Wohnungen huschen, hier und da verfolgt von den privilegierten Nachtbummlern, ermüdet, abgehetzt voll von Bierdunst und Erinnerung an wüstes Toben oder zotige Reden, ob sie wohl dann die Last ihres Standes empfinden? Sehr Viele jedenfalls nicht. Aber in Mancher erwacht doch die gute Natur, die im Begriffe W e i b sich verkörpert. Wer wirft den ersten Stein auf sie? Es soll auch vorgekommen sein, daß solch' eine Kellnerin ins Wasser gegangen ist. Der Polizeibericht sagt einfach: »Vermutlich Liebesgram!« Vielleicht war es auch Ekel am Leben! Aber was thut's? Beim Agenten sitzen noch mehr. – – – –

Im Schwurgerichtssaale zu Moabit*

Dieser Artikel entstand am vierten Verhandlungstage gegen den des Mordes am Kaufmann Kreiß angeschuldigten Hermann Günzel. Wohin konnte man an diesem Tage als guter Berliner Einwohner seine Gedanken am besten richten, als in die Halle der Justiz, in die sich ein beträchtlicher Teil der Fünf-Viertelmillionen Berliner seit dem 20. Mai hineingeträumt, hineingedacht, hineingeredet hatte. Der Name Günzel schwebt in der Luft. Ganz Berlin hat sich zu einer Art von Geschworenenbank konstituiert. Gott sei Dank, daß die zwölf verantwortungsvollen Männer, die jetzt in Moabit über Leben und Tod entscheiden sollen, nichts von dem Tohuwabohu von Meinungen zu hören bekommen, welches überall da ausgetauscht wird, wo zwei oder drei Menschen zusammenkommen. Ja er liegt in der Luft, der Name des Mannes, der seit vier Tagen erbittert kämpft gegen die Hammerschläge der staatsanwaltschaftlichen Beweise. Als ich dem Droschkenkutscher am Morgen zurief, er solle mich nach dem Justizpalaste fahren, sagte er, verständnisinnig mit dem Kopfe nickend: »Zu Jünzeln!« – – Ja, zu Jünzeln!

Der Weg dahin führt bekanntlich durch die schönsten, stillsten, fashionabelsten Straßen der Residenz. Aber wenn man in die Nähe des Justizpalastes kommt, da sieht man über-

* Die Darstellung bezieht sich auf einen Tag der Schwurgerichtsverhandlung gegen Hermann Günzel, der beschuldigt war, in der Nacht zum 10. April 1887 den Glashändler Kreiß ermordet zu haben und daraufhin zu lebenslänglichem Zuchthaus verurteilt wurde.

all die ernste Regsamkeit des Alltagslebens. Es ist ein kraftvoll schlagender Puls des großstädtischen Körpers, der stolze Palast der Themis, der von außen so freundlich prunkt, aber drinnen so viel Not und Angst, so viel Schuld und Sünde, gesühnte und ungesühnte birgt. Ein und aus, ein und aus strömt dort das lebendige Blut und drinnen geht es zu wie in einem Bienenkorbe.

Was könnte man doch geistvoll »plaudern« über das Treiben in den Gängen und Sälen aller Stockwerke, bis da hinauf, wo die freie Passage häufig durch Gitterthüren unterbrochen wird, wo die schweren Sünder verhört werden, oder gar dort, wo die Übertreter des Gesetzes des richterlichen Spruches warten!

Doch treu meinem Vorsatze, in diesen »Reporterstreifzügen« nüchterne Objektivität aufrecht zu erhalten, und eingedenk meiner Aufgabe, nur schlicht zu schildern, nicht mit schönen Farbentönen zu malen, erinnere ich daran, wie sich doch Moabit charakteristisch verändert hat, seit es der »justizielle« Stadtteil der Metropole geworden. Überall sieht man die Spuren der blinden und gerechten Göttin. Wir wollen gar nicht von den Menschen sprechen, die da wohnen – angezogen von der Nähe des mit ihrem Berufe irgendwie zusammenhängenden Kriminalpalastes. Aber diese merkwürdige Fülle von schmucken Wein- und Bierstuben: sie ist auch eine Art von Wegweisern.

Natürlich: Richter, Staatsanwälte, Rechtsanwälte, Kläger und Beklagte, Zeugen und Zuhörer brauchen Orte, wo sie sich stärken und erfrischen können. Auch dem »Kriminalstudenten« ist nicht allzufern seine Destille gebaut. Dabei Namen, wie »Zum Friedensrichter«, »Gerichtslaube« und ähnliches mehr, sie deuten alle auf den Justizcharakter dieses Stadtteils hin. Aber man sieht dort doch mehr ernste, betrübte und sorgenvolle Gesichter, als fröhliche.

Die Szenen aus den mit dem Geäder des Vergnügens durchwachsenen Geschäftsstadtteilen Berlins sieht man dort wenig oder gar nicht. Es ist ein reges, aber kein lustiges Treiben. Über diese Thatsache konnte mich die mit klingendem Spiel an dem Gebäude vorbeiziehende Artillerieabteilung nicht hinwegtäuschen. Zwischen den lustigen Tönen der Trompeten hindurch vermeinte ich die ernsten Zwiegespräche zwischen Richter und Beklagten zu hören, die da droben geführt wurden.

Dabei ist der große Berliner Schwurgerichtssaal kein unfreundlicher Ort. Wenn die Sonne sich ihren Weg durch die bunten Bogenfenster bahnt oder wenn die großen Kronen und Kandelaber erstrahlen, dann beleuchten sie nicht schmucklose, kahle Wände, sondern stilvolles Schnitzwerk, logenartige Galerien, pompejanischrote Tapeten, Samtportieren und – last not least – ein Kolossalbild des unvergeßlichen Kaisers Wilhelm I. in freundlichem Goldrahmen. Auch sinnige Sprüche beleben die Monotonie. Aber freilich – sie führen uns ganz und voll in den Ernst der Dinge ein, die dort verhandelt werden. Der Würde der Richter gilt das Wort über dem grünen Tische: »Jeder Richter sitzt an Kaisers Statt.«

Dem schweren Amt der Geschworenen ist der Spruch geweiht: »Urteil bindet und löset.« Der Satz steht grade über dem Raum, den man fälschlich Anklage*bank* nennt, der Einzäunung, in welcher viele Stühle für viele Angeklagte stehen.

Dort sitzt auch Günzel mit dem bleichen Gesicht und den scharf hervortretenden Backenknochen, den intelligenten Augen, welche unverwandt jeden Zeugen fixieren, ob er nun zu seinen Gunsten oder Ungunsten aussagt. Er ist der Zielpunkt von zahllosen Augenpaaren, Brillen- und Operngläsern.

Dieses letztgenannte Instrument paßt sehr gut hierher, denn bis zu einem gewissen Grade macht die ganze Sache den Eindruck eines Theaters, soweit der dichtgedrängte Zuschauerraum in Betracht kommt. Die Schaulust treibt dieselben Blüten wie immer: Kampf um die Plätze, Neid gegen die Bevorzugten, die im Zeugenraume sitzen, halblaut ausgedrückte Empörung über allzubreite Schultern oder störende Körperlänge und – der durch die gezwungene Ausdauer bedingte Appetit. Wie säuberlich die Damen da ihre Apfelsinen schälen, wie sie einander mit Wasser aushelfen, wie sie die Luft mit dem Dufte von Pfeffermünzplätzchen anfüllen, wie die Herren verstohlen Butterstullen verzehren und mit vollen Backen kauend salomonische Urteile über die Schuld oder Nichtschuld des bleichen Menschen in dem unheimlichen Verschlage fällen.

Auf Momente, namentlich wenn sich der Gerichtshof zu einer Beschlußfassung zurückzieht, kann man in dem Gekicher, dem Scherzen, dem Witzereißen, das da durch die Luft schwirrt, schier vergessen, daß es sich um ein Schauspiel handelt, dessen letzter Akt vielleicht draußen in Plötzensee auf einem roten, grausigen Gerüste spielt. Dabei entgeht nichts dem Blicke dieser vieläugigen Korona.

Man konstatiert mit Interesse, daß Günzel, der zumeist unbeweglich dasitzt, und höchstens hier und da den Kopf hinter die Barriere steckt, um an seinem Salmiakfläschchen zu riechen, stets sich erhebt und verbeugt, wenn nach einer Pause sein Verteidiger eintritt, daß er einmal auch bei gleicher Gelegenheit vor dem Staatsanwalte sich verneigt und daß dieser, sein grimmer Ankläger, ihm mit einem leichten fast freundlichen Lächeln erwidert.

Es wird genau kontrolliert, wie Günzel unter dem Kreuzfeuer neugieriger Blicke seine Bouillon trinkt und sein Butterbrod ißt, wie der Ausdruck in seinem Gesichte wechselt, wie ein bleicherer Schatten über dasselbe hinhuscht, als der Zeuge S. den Hammer, den er seit kurzer Zeit vor Ostern vermißt, aufs Papier zeichnet, die Geschworenen diese Zeichnung eifrig kopieren und die Sachverständigen Geheimräte Wolff und Long einmütig erklären, der tötliche Schlag mag wohl mit der Kante eines solchen Hammers ausgeführt worden sein.

Ist es der Gedanke an die Schuld, der den unter dem Schatten der furchtbaren Anklage Stehenden erfaßt?! – Wer vermag es zu sagen? Freilich wohl drückt sich oft genug Angst in diesen an sich so starren Zügen aus. Wie er mit frecher Stirn behauptet, einen Schuldschein von dem Zeugen M. besessen zu haben, von diesem eigenhändig unterschrieben, wie sich herausstellt, daß der Schein gefälscht war, daß Lüge und wieder Lüge die Basis des ganzen »Geschäftes« war, und wie nun die Stimme des mit ruhiger Schärfe vorgehenden Präsidenten immer energischer wird, Schlag auf Schlag die Fragen auf den Angeschuldigten einhageln, da kommt auch sein gewandtes, zungenfertiges Sprechen ins Stocken und das Organ sinkt fast bis zum zitternden Flüsterton herab. Auch die Zuhörerschaft, die fashionabelsten Schauspieler und Schauspielerinnen, die Feuilletonisten, die Theaterdirektoren und – Theateragenten, die uniformierten Offiziere, die sich oben über die Brüstung der Logen beugen, die eleganten Lebemänner der guten und besten Gesellschaft, die neugierigen jungen Mädchen, die dort wie in einer Art Selekta »Menschenkenntnis« und »Gruseln« lernen und in den Zwischenpausen in Romanen lesen, sie alle werden in solchen Momenten ernster und ängstlicher, selbst die emsig schreibenden, im Schweiße ihres Angesichts arbeitenden Berichterstatter der Tagespresse blicken einen Moment auf und fixieren neugierig den Beklagten.

Wird jetzt eine Wendung der Dinge erfolgen, wird der Mann dort im Verschlage unter der Wucht der Anklage zusammenbrechen und gestehen, oder wird sich das Gefühl der Unschuld in Tönen der äußerlichen Verzweiflung Bahn brechen?

Und diese Szenen allgemeiner Spannung wiederholen sich, wie der Kriminalkommissar mit der üblichen energischen Überzeugungstreue dem Angeklagten ins Gesicht schleudert, das Blut an seinen Kleidern könne nicht von einer Kopfwunde herstammen, und dabei zeigt, wie sich der Mörder über sein Opfer gebeugt haben muß, sie wiederholen sich bei allen starren, frappierenden Widersprüchen der Zeugen gegenüber dem stereotypen Leugnen des Beklagten.

Dieser Widerstreit gegen alle Aussagen der Zeugen zieht sich unablässig durch die Verhandlung, so daß zuweilen selbst den Präsidenten seine stoische Ruhe verläßt, und ein halb fragender, halb sinnender Blick den Beschuldigten trifft.

Wie schwer erscheint da das Amt der zwölf Laienrichter, die, dem Beklagten gerade gegenüber sitzend, mit unablässiger Geduld jede Phase der Verhandlung verfolgen, sich Notizen machen, Fragen und Anträge stellen und mit gespannten Mienen in den Augen des Angeschuldigten zu lesen suchen.

Frivol, verletzend fast, erscheint der Durchführung dieser ernsten Aufgabe gegenüber das Geschwätz und Gekicher im Zuhörerraum, das nachher in »Beckers Weinlokal« oder im »Alten Ziethen«, den stereotypen Versammlungsorten der ganzen berechtigten und unberechtigten Anhängsel eines solchen Sensationsprozesses, seine interessante Fortsetzung findet.

Als ich, voll dieser wechselnden Eindrücke, in den Korridor hinaustrat, um an den Schreibtisch zu eilen und die Empfindungen zu Papier zu bringen, da fand ich draußen alles voll Menschen; harrende Zeugen und Neugierige, von der unbestimmten Hoffnung erfüllt, einen Blick auf die Bühne zu werfen, wo dieses Lebensdrama sich abspielte. Ich ertappte mich auf dem Gedanken, daß mich das Vorhandensein von

»Billethändlern« nicht verwundert hätte. Und doch, wie furchtbar ernst war das, was drinnen vorging, wie ernst gerade an diesem Tage, dessen Geschehnisse sich zu den drei verhängnisvollen Fragen aus Richtermunde zuspitzen.

Das »Ja« aus dem Munde der zwölf Männer bedeutet vielleicht – den Tod!

* * *

Ich habe nur noch wenig diesem Bilde aus dem Berliner Schwurgerichtssaale hinzuzufügen. Nur insoweit möchte ich wenigstens »aktuell« bleiben, als ich nicht den Leser um den ihm rechtlich zukommenden Ausgang der Sache betrügen will. Auch dieser Ausgang ist in seiner äußeren Form typisch für einen Berliner Sensationsprozeß. Bot doch der letzte Tag des Günzelschen Mordprozesses nicht jene bunten, beständig wechselnden Bilder der Vortage, bei denen es sich schön frühstücken und kritisieren ließ. An diesem letzten Tage vollzog sich in monotonen Bewegungen der Redekampf zwischen der Anklage und der Verteidigung, und das Publikum mußte sich einer größeren Neutralität und einer größeren Ruhe befleißigen. Klingt doch ein explodierender Selterswasserverschluß während der staatsanwaltschaftlichen Rede immerhin viel fataler, als während der Herzensergießungen einer redeseligen Zeugin. Der Staatsanwalt sprach mit ruhigem Ernst. Nicht als zelotischen[1] Verfolger des der Blutschuld angeklagten Mannes charakterisierte ihn der Tonfall seiner Stimme, sondern als den human fühlenden, ruhigen, überzeugungstreuen, logisch denkenden Sühne-Apostel der blutigen That. Der Verteidiger sprach lebhafter. Sein nicht ergiebiges, aber modulationsfähiges Organ benutzte er weit weniger, als die Mittel logischer Deduzierung, der Volksmund nennt dieses Verfahren »schneidig« – und der Vergleich ist nicht schlecht gewählt. Mit der scharfen Schneide seiner Worte suchte der geistreiche Jurist den vom Staatsanwalt geschürzten Knoten der Anklage zu zerschneiden. Günzel verhielt sich dem einen wie dem anderen gegenüber ziemlich apathisch. Doch innerlich schien das Herrannahen der entscheidenden Stunde nicht ohne Eindruck auf sein Gemüt zu bleiben. Seine Blässe zeigte an diesem Tage eine Schattierung ins Gelbe. Im Publikum war das Gegenteil zu bemerken. Als gegen 3 Uhr nachmittags immer noch der Verteidiger sprach, wurden die Gesichter immer röter. Die Temperatur im Saale steigerte sich bei dem gradezu unbeschreiblichen Andrange bis zur Unerträglichkeit, so daß es ordentlich als eine Erlösung betrachtet wurde, als der Präsident seine klare und schlichte Rechtsbelehrung beendet hatte und die Geschworenen sich zurückzogen. Freilich sollte diese Pause vielen eine bittere Enttäuschung bringen. Das Privilegium der Zutrittskarte verrann in ein Nichts. Der Zuhörerraum ward geräumt, gleichzeitig aber Jedem, der Schultern und Ellbogen besaß, Zutritt zu dem verschließbaren Vorderraum gewährt, auf welchen die zwei Thüren des Schwurgerichtssaales hinausmünden. Die Kartenbesitzer, welche die Hitze, die Ermattung, der Hunger hinausgetrieben, – sie kamen nicht mehr hinein. O, wie mischte sich statt dessen dies Konglomerat von Bevorzugten mit Elementen der Straße, welche gewohnt sind – auf Schützenfesten und Jahrmärkten immer zur vordersten Reihe sich durchzudrängen. Waren die qualvollsten anderthalb Stunden, welche die an sich schon erschöpften Hinausgedrängten in dem engen Vorraume bei verschlossenen Fenstern zubringen mußten, entsetzlich, ja lebensgefährlich, so mußte jeden feinfühligen Menschen Ekel und Empörung überkommen, als die Schutzleute die Thüren zum Saale wieder öffneten und die Meute – pardon, das Publikum in den Saal hineinstürzte, wie in die Galerien eines Zirkus. Und dort drinnen schwankte das Zünglein der Wage zwischen Leben und Tod eines Menschen, nicht zwischen dem Erfolge oder Mißerfolge eines Clowns! – Doch genug davon. Das weitere zweistündige Warten auf das Verdikt der Geschworenen beruhigte die Gemüter einigermaßen – schläferte sie beinahe ein. Günzel war totenbleich als er den Geschworenen gegenübertrat, grell von den Gasflammen beschienen. Aber er schien nicht zu zittern, er sah ihnen starr in die Augen. Nichts mehr von Schwäche. Nichts mehr von Ohnmacht. Selbst seine Stimme war hart und fest, – ruhig und sicher war sein Schritt, als man ihn abführte, der furchtbaren Zukunft eines lebenslänglichen Kerkers entgegen. Vielleicht mochte er, ungeachtet seines Trotzes, Schlimmeres erwartet haben! Aber draußen, auf den Gängen, auf den Treppen, bis herab auf die Straße war alles schwarz von Menschen, welche die aus den Thüren des Saales hervorbrechenden Massen mit Fragen bestürmten. Wie erquickend war die feuchtkühle Abendluft, die mir entgegen wehte, – doch bedarf es eines kräftigeren Lufthauches, um all' die vielen und häßlichen Eindrücke solcher Tage in Moabit zu verwehen.

Herr Krautz

Der Franzose sagt höflich »Monsieur de Paris«. Der Engländer sagt praktisch und ironisierend »Jack Ketch«. Wir sagen einfach und sachgemäß »Herr Krautz«. – »Gestern unternahm Herr Krautz wieder eine seiner verhängnisvollen Reisen in die Provinz« heißt es mit pflichtgemäßer Geheimnisthuerei gewöhnlich in den Zeitungen, dann pflegt immer bald darauf die Nachricht zu folgen, daß abermals ein Mörder vom Leben zum Tode gebracht worden sei.

In Berlin kennt jedes Kind den Scharfrichter dem Namen nach. Ob sich die kleineren unter den Kindern unseren Scharfrichter als einen blutdürstig aussehenden Mann, angethan mit rotem Mantel, einen Mann, der sich scheu von der menschlichen Gesellschaft zurückzieht, vorstellen, das weiß ich nicht zu sagen. – Nur so viel weiß ich, daß es Tausende von ganz erwachsenen Kindern giebt, die sich eine falsche Vorstellung von ihm machen, und noch eine weit größere Anzahl, die sich gern überhaupt eine Vorstellung von ihm machen möchte – wenn sie könnte.

In diesem Können resp. Nichtkönnen liegt eben der Haken. Niemand ist schwerer auszuforschen, zu studieren, als der etwas verschlossene und namentlich neugierigen Preßmenschen herzlich abgeneigte Herr Krautz. Die diesbezügliche Wißbegierde unserer Leser zu befriedigen, hat sich als ein mühevolles Werk herausgestellt, und es bedurfte zuerst mancherlei Umwege, um ein mit photographischer Treue ausgeführtes Bild von dem Wesen, Leben und Treiben des Berliner Scharfrichters zu erlangen.

Ein »Interviewer«, der Herrn Krautz darüber befragen will, muß schon starke Nerven haben, denn er kann sich auf einige derbe Grobheiten wohl gefaßt machen.

»Natürlich! Scharfrichter, Hundefänger – also roh bis zum Exzeß!«

Die Bezeichnung »roh« wäre eigentlich eine Ungerechtigkeit gegen Herrn Krautz. Sein Wesen in der Häuslichkeit ist streng, still und verschlossen, und früher soll es daheim auch manche Fehde gegeben haben. – Aber thatsächlich gemütsroh ist Krautz nicht. Obwohl es vorkommen soll, daß Frau und Kinder scheu beiseite gehen, wenn der Vater in übler Laune das Haus betritt und sie überhaupt, wie der Berliner sagt, einen »heillosen Respekt« vor ihm haben, so besitzt er doch ein hochentwickeltes Gefühl warmer Vaterliebe. Er hat zwei Kinder, einen Knaben und ein Mädchen im Alter von 10 bis 12 Jahren, für deren gute Erziehung und Kleidung er mit der größten Umsicht sorgt. Als ihm seine Tochter einst eine schlechte Zensur heimbrachte, war er ganz außer sich.

Wo wohnt Krautz und wie wohnt er? –

Das Heim des Berliner Scharfrichters, dessen bürgerliche Stellung die eines Pächters der Spandauer Abdeckerei ist, befindet sich auch im letztgenannten Orte. – Mein nächster Artikel führt den Leser dorthin.

Er ist sehr viel und oft in Berlin; wenn er nicht verreist ist, frequentiert er mit Vorliebe eine Destillation am Halleschen Thore oder »kneipt« gemütlich in Berlin umher, – namentlich da, wo es Weißbier oder hübsche Weiber giebt. Für beides schwärmt nämlich unser Held und fühlt sich im Kreise lustiger Zecher recht wohl.

»Genießt denn Herr Krautz Sympathien in der Frauenwelt? Gruselts die Damen nicht?« fragte ich einen Eingeweihten. – (Die Diskretion verbietet es uns, die verschiedenen Gewährsmänner, resp. »-Frauen« auch nur anzudeuten.)

»Im Gegenteil« lautete die Antwort. »Die weiblichen Wesen jener Kreise, in denen Herr Krautz verkehrt, bringen diesem Manne, der doch immerhin gewissermaßen isoliert in der menschlichen Gesellschaft dasteht, viele Sympathien entgegen. Es ist das eigentlich kaum zu verwundern. Erstens lieben die Frauen notorisch das ›Aparte‹, zweitens ist Herr Krautz den Damen gegenüber ein galanter Mann, drittens ist sein Äußeres im Allgemeinen wohl geeignet bei den Frauen Wohlgefallen zu erregen.«

»Wie sieht er aus?« – – –

Ja, verehrter Leser, das festzustellen, war glücklicherweise noch die leichteste Aufgabe für den »Interviewer«. Beginnen wir historisch. –

Der Berliner Scharfrichter ist etwa 40 bis 45 Jahre alt. Er hat seine Eltern früh verloren und wurde in Nauen als Pflegekind von alten Leuten erzogen. Ursprünglich hatte er sich dem Conditor Berufe gewidmet, welcher ihm aber keineswegs behagte. Er ging dann zur Abdeckerei in Nauen und kam schließlich nach Berlin, wo er sich als Hundefänger auszeichnete und sich sodann zu seiner gegenwärtigen Stellung emporschwang. Er ist ein großer, kräftiger, breitschultriger Mann, mit muskulösen Armen, großen, mächtigen Händen und vollem, rötlichem wettergebräuntem Gesicht. Er hat ganz dunkelblondes, fast braunes Haar, welches – das giebt ihm ein eigentümlich lebemännisches Aussehen – durch einen sogen. »Wiener Scheitel« geteilt ist, einen hübschen kräftigen Schnurrbart von gleicher Farbe, große dunkelbraune Augen und eine halbrunde, männliche Gesichtsform. Sein Gang ist ruhig und fest. – Seine ganze Erscheinung hat etwas Derbes, man sieht ihm recht wohl an, daß mit ihm nicht »gut Kirschen essen« sei, wenn's bei ihm »schlecht Wetter« ist. Rechnet man nun noch dem Gesamtexterieur eine einfache aber modische Kleidung, eine auffallend große goldene Uhrkette und eine gleichfalls recht ansehnliche Meerschaumspitze zu – so hat man den ganzen Mann.

»Was thut er nun mit Vorliebe auf seinen ›Bierreisen‹?« fragte ich einen kundigen Thebaner.

»Dann wird er sehr gesprächig, prahlt ein bischen, traktiert gern seine Umgebung, spricht von seinen Geldverhältnissen, seinen Prozessen, seinen Kindern, vom Theater und sonstigen Gegenständen – – nur nicht von seinem Berufe!«

Ja – sein Beruf! Das ist ein schwieriger Punkt für den »Aushorcher«. Die Antwort lautet etwa so: »Was haben Sie .... darnach zu fragen!?« Und dann kehrt Herr Krautz dem Fragesteller den Rücken oder wird höchst ungemütlich. Er hat recht. – Seinen Beruf umgiebt ein Nimbus des Grauenvollen, von dem er begreiflicherweise den Schleier nicht gern lüftet.

Und dabei geht er seinen regulären Berufsgeschäften getreulich und fleißig nach und meidet, außer auf der Kneipe, jeden gesellschaftlichen Verkehr. Schon morgens um 5 Uhr resp. 4½ Uhr verläßt er sein Haus, kehrt dann zum Mittagessen zurück, pflegt ein paar Stunden der Ruhe und geht dann wieder fort, um meist erst spät abends heimzukehren.

Der Nimbus des Unheimlichen, Grauenvollen, sagte ich, umgiebt seinen »gelegentlichen« Beruf, sein Amt als Nachrichter. Daß aber Herr Krautz, der zuweilen wirklich liebenswürdige Manieren zeigen kann, durch die grausige Arbeit am Block keineswegs ganz »verroht« ist, beweist die Art und Weise, wie sich die Ausübung dieses Amtes in seinem Wesen reflektiert. – Etwaige Hinrichtungen, für deren jede er ca. 150 Mark und die Reisespesen erhält, werden ihm stets drei Tage vor dem Termin von der Staatsanwaltschaft angezeigt. – Hat er eine solche Anzeige erhalten, dann bemächtigt sich seiner eine große Unruhe, er wird einsilbig, still, in sich gekehrt, meidet die Kneipen, ist viel zu Hause und geht mit einer gewissen unruhigen Hast seinen gewöhnlichen Beschäftigungen nach. In seiner Familie spricht er kein Wort darüber. Er ißt dann wenig und trinkt so gut wie gar kein Bier. Sehr stark spricht er in solcher Zeit dem Kaffee zu. Auch auf der Reise und vor der Hinrichtung pflegt er durch schwarzen Kaffee die offenbar vorhandene Nervenerregung zu paralysieren. Auch der Schlaf flieht ihn. –

Daheim macht er seine Gerätschaften zurecht. Er schließt den großen gelben Kasten auf, in dem sich sein Handwerkzeug befindet, putzt dasselbe und setzt es instand. Hierbei erreicht seine Aufregung den Höhepunkt. Oft spricht er bei dieser Beschäftigung, ohne es zu wissen, einzelne Worte vor sich hin. Die gleiche Erscheinung zeigt sich nicht selten bei der Reinigung des Beiles nach seiner Heimkehr von einer Hinrichtung. So, als er nach einer Hinrichtung in Cöslin zurückkehrte, murmelte er wiederholt bei der oben genannten Beschäftigung: »der Bursche war man blos ein Kind, noch ein reiner Schuljunge.« – Ein andermal sagte er öfter vor sich hin: »Dem Kerl seine Angst war toll. Das alte vertrocknete Männeken schrie fortwährend: ›Ach Maria, Mutter Gottes‹, und zitterte wie Espenlaub.«

Ob Schrecken seine Seele erfüllt, ehe er zur That schreitet, wer vermag's zu sagen!? Soviel steht fest, daß er mit Ernst und Würde sein Amt betrachtet und sich wohl bewußt ist, daß er nur und ausschließlich seine Pflicht, wenn auch eine schwere Pflicht erfüllt.

Mit diesem sichtlich zur Schau getragenen Bewußtsein geht er auf die Reise, still und ernst, nicht der wüste rohe Henker des Mittelalters, nicht der grinsende Samson der französischen Schreckensherrschaft, seine vier Gehilfen mahnt er zum Schweigen, meist erst unterwegs sagt er dem Fuhrmann, nach welchem Bahnhof es geht.

Bei der Hinrichtung selbst erscheint er im schwarzen Anzug. Eine sehr verbreitete Fabel ist es, daß Herr Krautz den

Delinquenten vorher im Gefängnis besucht und »um Verzeihung bittet«. Keine Spur davon. Er bekommt den Verbrecher erst auf dem Schaffot zu sehen. – Die Gehilfen führen den Delinquenten zum Block und binden ihn fest. – Dann versieht Herr Krautz sein Amt. – – Es ist geschehen, das Werk eines Augenblicks.

Wenn Herr Krautz heimkehrt, hat er das Bedürfniß viel und lange zu schlafen, auch entwickelt er einen riesigen Appetit. Endlich tritt die normale Seelen- und Körperverfassung wieder ein, – – und Herr Krautz ist wieder der Alte, wie wir ihn eingangs geschildert.

Der Fluch der Gesellschaft lastet nicht auf ihm, wie auf seinen Vorgängern in der Zeit des grauen Aberglaubens. Herr Krautz ist ein Instrument der heiligen Themis, ein vollberechtigtes Mitglied der bürgerlichen Gemeinschaft, ein Mann, der treu und gewissenhaft einen schweren Beruf erfüllt.

Honny soit qui mal y pense![2]

Der Scharfrichter in seiner Werkstatt

Seit Herr Krautz nicht mehr abhängiger Beamter der fiskalischen Abdeckerei zu Berlin ist, sondern selbständiger Pächter der Abdeckerei zu Spandau, erscheint er etwas zugänglicher, und so konnte ich denn meine Absicht, den Nachrichter auch einmal an der Stätte seiner eigentlichen Arbeit zu besuchen und zu belauschen, ohne Schwierigkeit ausführen. Manches von den Resultaten dieses Besuches dürfte unsere Leser interessieren, und mag als Ergänzung zu dem früher Mitgeteilten dienen.

Herr Krautz kam mir bei dem Interview mit blutbefleckten Händen entgegen. Das sah zwar echt scharfrichterlich aus, hatte aber seinen Grund in der allerfriedlichsten Beschäftigung des Mannes: er kam aus dem Schlachthause, woselbst er am Kadaver eines einst vielleicht stolzen, jetzt seiner Haut beraubten Rosses beschäftigt gewesen war. Mir war es außerordentlich lieb, daß er überhaupt kam. Denn mein Regenschirm war meine einzige Waffe und mit dieser hätte ich wahrscheinlich nicht mehr viel länger der lauten sittlichen Entrüstung der Hunde des Herrn Krautz Widerstand leisten können, welche Haus und Hof bevölkerten. Herr Krautz hat überall Hunde, große, kleine, schwarze, weiße, glatte und zottelige. Viele darunter sind begnadigte Todeskandidaten, welche die Rettung vom Tode vermutlich ihrem einnehmenden Äußern zu verdanken haben. Man sieht, Herr Krautz fühlt darin durchaus human.

Ehe wir uns in das »Schlachthaus« begeben – die Nähe desselben vermittelte mir nicht blos der Gesichtssinn – nahm ich Gelegenheit, mir von der Wohn- und Arbeitsstätte des Nachrichters ein Situationsbild zu verschaffen. Man kann nicht anders sagen, als: Herr Krautz lebt in recht idyllischer Umgebung. Eine schmale, an der Hauptchaussee sich abzweigende Baumallee führt nach dem dicht bei der Stadt Spandau belegenen Grundstück, das aus einem hübschen baumumkränzten Wohnhaus, Garten, Ställen und Schuppen besteht, und alles in allem eher an das Domizil eines in behaglicher Ruhe dahinlebenden Großbauern, als an die Wohnstätte des mit dem blutigsten Gerichtsamte betrauten Mannes erinnert. Der Weg, der an dem langen Gartenzaun hinführt, trägt aber wiederum einen charakteristischen Namen, der das Metier des Hausbewohners uns wieder in Erinnerung zurückruft. »Sünderweg« ist der Name. Herr Krautz wies mit einer Art von fachkennerischem Blick nach einer unsern am Wege stehenden Linde mit den Worten: »Dort ist die Sünderlinde, da wurden sie vorbeigeführt, und vor der Linde pflegte die Prozession einige Augenblicke anzuhalten.« Unter »sie« sind die Delinquenten, welche nach dem in der Ferne noch sichtbaren, etwas erhöhten Richtplatze (ein roter Stellmacherschuppen steht jetzt darauf) in die Arme der Vorgänger des Herrn Krautz geführt wurden. Zuletzt hat der verstorbene Scharfrichter Reindel daselbst seines Amtes gewaltet.

Das Schlachthaus, welches wir alsdann betraten, ist der eigentliche Schauplatz der Thätigkeit des Scharfrichters. Laßt alle Hoffnung auf Wohlgerüche beiseite, die ihr diesen Raum betretet. Hier sterben zumeist Pferde den unrühmlichen Tod durch Henkershand, welche vom Abdecker entweder auf polizeiliche oder private Requisition abgeholt worden sind. Der Scharfrichter zahlt nur das Botengeld, der Kadaver und alles, »was er daraus erzielen kann«, ist sein Eigentum. Was er daraus erzielen kann, darauf deuteten bei meinem Besuche geradezu mephitische[3] Dünste hin, welche zwei brodelnden Kesseln im Nebenraum entstiegen. Aus einem derselben guckte ein kochender Pferdekopf hervor, während eine stark fetthaltige Brühe die übrige Portion dieses »Pferdeklein« bedeckte. In den Kesseln werden nämlich die Knochen von getöteten Pferden resp. Schweinen ausgekocht, um den Knochenmühlen überantwortet zu werden, während das obenschwimmende Fett abgeschöpft wird, um zu Maschinenöl, Wagenschmiere und dergleichen verarbeitet zu werden. In einem oben befindlichen Trockenboden – welcher sich durch einiges auf meinen Hut herabträufelndes Blut angenehm bemerkbar machte – werden die Flechsen und Sehnen der Tiere getrocknet. Herr Krautz hat keine eigene Leimsiederei, verkauft vielmehr diese getrockneten Tierteile an die Leimfabriken. Natürlich werden auch Haut, resp. Borsten entsprechend nutzbar gemacht; kurz in einer Abdeckerei kommt nichts um – höchstens ein nervenschwacher Besucher, der keine »Gerüche«, kein Blut, keine großen Eingeweide-Haufen und dergleichen schöne Dinge vertragen kann. Zur Zeit lag ein geöffneter Pferdekadaver da, welcher des obduzierenden Tierarztes wartete. Aber Herr Krautz hatte die Diagnose schon gestellt. »Das Pferd war typhuskrank!« Ein dichter Schwarm von Fliegen umschwärmte die wenig einladende Stätte.

Einen ganz anderen Eindruck machen die übrigen, von der eigentlichen Abdeckerei etwas abseits gelegenen Baulichkeiten des Gehöftes. Die peinlichste Sauberkeit herrscht hier. Dann und wann macht der Geruch von Kreolin oder Karbol das Bestreben des Hausherrn bemerkbar, jene Räume von jeder Infektion fern zu halten. Da ist in dem einen Schuppen ein Wurf der königlichen Meute untergebracht, ein Rudel der prächtigsten, plumpsten und dabei doch so drollig-beweglichen jungen Jagdhunde, welche mit kindischem Ungestüm den Besucher überfallen. Sie scheinen ihren Pflegevater, der sie bequem bettet und sehr reichlich füttert, ordentlich gern zu haben. In dem Wagenschuppen führt eine Treppe zu einem Oberboden. »Ich will Ihnen jetzt die Bank zeigen«, sagte Herr Krautz. Im ersten Moment darüber unklar, was gemeint sei, war ich sofort informiert, als ich das längliche, feuerrote Etwas in der Ecke des Bodens erblickte, das mir ein düsteres, blutiges Bild vom »Schulhof« des Zellengefängnisses an einem bitterkalten Wintermorgen vor das geistige Auge zauberte.* Es ist die Hinrichtungsbank mit dem Block und zwar ist diese, wie mir Herr Krautz mit dem Stolze des Erfinders versicherte, abermals mit verschiedenen Verbesserungen versehen. Unter anderen ist die Bank an sich zusammenzuklappen, auch ist die Einkerbung im Block, in welche das Kinn des Delinquenten gelegt wird, tiefer und bequemer, so daß ein Anschnallen eigentlich gar nicht mehr nötig ist. Krautz legte sich vorschriftsmäßig auf die Bank und seinen Kopf auf den Block, ich lehnte jedoch die freundliche Einladung, seinem Beispiel zu folgen, dankend ab und begnügte mich damit, mich einen Moment auf das unheimliche rote Brett zu setzen, auf welchem zuletzt der Breslauer Raubmörder Alois Thiem gesessen. – Herr Krautz ist ein Gegner der Guillotinen-Hinrichtung. Er hat sie zweimal erprobt, aber stets gefunden, daß alle die hierbei nötigen Vorrichtungen, das Aufstellen, Anschnallen des Delinquenten abstoßender und vor allen Dingen inhumaner sind, als seine, wie ich allerdings selbst gesehen habe, äußert schnelle und prompte Prozedur. Krautz's Hinrichtungsgehilfen sind übrigens bei ihm geschulte Leute, im gewöhnlichen Leben Handwerker, nicht Hundefänger, wie im Publikum vielfach angenommen wird.

Der Weg vom Block zum Beil ist nicht weit. Er führte mich im gegebenen Fall wieder durch den Hofraum des Hauptge-

* Siehe den Artikel: »Des Mörders letzte Stunde«

höftes. Unter dem energischen Protest der großen deutschen Doggen trat ich in das einfach aber mit großer Sauberkeit und einem gewissen Gefühl für Komfort eingerichtete Wohnhaus des Scharfrichters. Nirgends leuchtet das blutige Gewerbe des Nachrichters hervor. Nur auf einem schmucken Schranke, der mit allerlei Nippes besetzt ist, steht eine große Kaffeetasse, auf welcher die Attribute des Henkerhandwerks: Rad, Galgen, Schwert und Beil gemalt sind. Ein Freundesgeschenk! – »Ich trinke aber niemals daraus«, sagte lächelnd der Scharfrichter. Nun holte er aus dem großen Leder-Etui das beinahe 12 Pfund schwere Henker-Beil heraus. Ein Teil der blutigen Geschichte dieses unheimlichen Instruments ist auf der nickel-plattierten Schneide in Form einiger Namen, die an Mord und Todtschlag erinnern, unauslöschlich eingraviert. Der Griff ist schwarz und nicht sehr stark und lang. Krautz holt nur wenig aus, wie er erklärt, nur ein leichtes Heben, ein geschicktes, blitzschnelles Aussuchen der Stelle – – und das eigene Gewicht des Henkerbeiles vollführt einen Teil des Nachrichterwerkes.

Von hohem Interesse war mir das »Geschäftshauptbuch« des Scharfrichters. Anders läßt sich das in schwarzen Sammet eingebundene, mit der gepreßten Goldinschrift »Julius Krautz, Scharfrichter« versehene Buch kaum nennen, welches gewissermaßen die Annalen der Thätigkeit des Herrn Krautz enthält. Auf dem inneren Titelblatt befindet sich, sauber gezeichnet, zunächst die Inschrift: »Tout homme utile est respectable.« (Jeder nützliche Mensch ist auch achtungswert), darunter stehen die Embleme des Henkerhandwerks und das Datum 11. August 1878. Den Schluß des Blattes bildet folgendes Sinnsprüchlein:

Hängen, Köpfen, Rädern ist kein Sund,
Wär's nicht, wir behielten keinen Bissen im Mund.
Potsdam 1749.

Es folgt nun das »Verzeichniß der vom Scharfrichter Krautz in Preußen und den deutschen Fürstentümern hingerichteten Personen«. Dieses Verzeichnis führt Namen, Stand, Alter, Ort der Hinrichtung, Verbrechen und die Beschreibung der Hinrichtung an. Es sind im ganzen 47 Namen, welche dieses blutige, entsetzensvolle Register enthält, Hödel steht an der Spitze, Alois Thiem macht den Schluß. So manche interessante Bemerkung enthält die letzte Rubrik. Ich kann nur Weniges hier anführen. Bei Hödel heißt es: »Wurde in seinen eigenen Kleidern hingerichtet. Benehmen bis zum letzten Augenblick exaltiert – frech zu nennen. 4 Gehilfen. Die Außenseite des Schaffots war mit Flor behängt.« – – Nur einen Frauennamen enthält das Blutregister: Es ist die Frau Holz in Oldenburg, welche in Gemeinschaft mit ihrem Ehemanne einen Raubmord begangen hatte, mit ihm zusammen zum Tode verurteilt wurde und auch an demselben Tage hingerichtet worden war. Die an diesen Namen sich knüpfende Bemerkung in dem Buche lautet: »Die Hinrichtung erfolgte fünf Minuten später, nachdem der Block vom Blute des Mannes gereinigt war und neuer Sand auf das Schaffot gestreut worden war. War sehr gleichgiltig.« Ein buntes, schaudervolles Bild von Angst und Schrecken, von Reue und Zerknirschung, aber auch von wildem frechen Trotze gewähren diese Bemerkungen von der Hand des Scharfrichters. Hier heißt es »war frech und trotzig«, dort »weinte laut«, dort wieder »mußte mit Gewalt an den Block herangezerrt und darauf gelegt werden«. Letztere Bemerkung bezieht sich auf den Hochverräter und Anarchisten Küchler, welcher bekanntlich mit dem Niederwald-Attentäter Reinsdorf zusammen in Halle a. S. hingerichtet wurde. Bei dem Namen Reinsdorf steht: »Zeigte sich sehr frech. Kurz vor dem Verlassen seiner Zelle sang er: Stiefel, du mußt sterben. Vor dem Tische des Staatsanwalts rief er einige freche anarchistische Schmähungen, die wir hier nicht wiedergeben wollen. Am Block angekommen, sagte er: Nu macht hin!«

Es könnte noch so Manches aus den Annalen des Scharfrichters mitgeteilt werden, – doch was soll ich noch mehr der trüben blutigen Erinnerungen wecken! – – Wie sich doch alles in der Welt verändert. Die Verfehmung des Mannes, der dort schlicht und recht sein Handwerk treibt und auf den Ruf des Richters seines blutigen Amtes waltet, gehört gewesenen dunkeln Tagen an. – Der »nützliche Mann« – er ist jetzt auch ein geachteter Mann. Das hat das Licht der Zivilisation und Aufklärung gethan. Aber wenn so die Aufklärung den roten Mantel der Ächtung gewissermaßen von den Schultern des Nachrichters genommen hat – in den Schatten des Aberglaubens vermochte sie doch nicht einzudringen. Dort waltet und webt immer noch die Sage von der geheimen Heil- und Zauberkraft, welche dem Scharfrichter, seinen Stricken, seinem Schaffot und allen Dingen, mit denen er zu thun hat, eigen sein soll. Keine Woche vergeht, wo nicht Herr Krautz Aufforderungen erhält, Vieh zu »enthexen«, Stückchen von Stricken und Splitter vom Schaffot zu senden. Er aber weist alles ab. Er bleibt der »homme utile« und stellt seine Arbeit nicht in den Dienst des blöden Aberglaubens.

Des Mörders letzte Stunde*

Die ultima ratio in dem düsteren Verbrechertreiben der werdenden Weltstadt war bis vor einem Jahre der sogenannte »Schulhof« im Zellengefängniß zu Moabit. Die Stätte, wo das höchste Verbrechen die höchste Sühne fand, wo Meister Krautz, dessen Sein und Wesen ich in den zwei vorhergehenden Artikeln geschildert, seine grause Arbeit verrichtete.

Es ist ein unheimlicher Ort, von so nüchternem, ernstem Charakter, daß er mit seinen hohen Steinmauern, mit den regelmäßigen Reihen vergitterter Fenster aussieht, wie die steingewordene ernste Justiz selbst. Wollte die pflegende Hand des Gärtners das Erdreich umgraben und duftige Blumen kultivieren – ich glaube, die vollkräftigste Rose müßte vor dem dort wehenden Hauche strenger Kriminaljustiz verdorren.

Auf dieser wahrlich nicht einladenden Stätte, welche sich dem sogenannten »großen Publikum« niemals und nur wenigen Auserwählten zur Zeit, da die Justiz das Richtbeil zur Hand nimmt, erschloß, fanden, wie schon angedeutet, die Hinrichtungen statt.

* Diese typische Darstellung einer Berliner Hinrichtung durch den Scharfrichter Krautz bezieht sich auf die Vollstreckung des Todesurteils am Raubmörder S c h u n i c h t im Februar 1886, welcher im Jahr zuvor die Johanna Weber zu seiner Geliebten gemacht und dann, ihrer Ersparnisse wegen umgebracht hat. Es sei hier gleich bemerkt, daß dies die vorletzte Hinrichtung war, welche überhaupt in Moabit stattfand. Fortan wird sich das traurige Schauspiel irdischer Gerechtigkeit im Gefängnishofe zu Plötzensee abspielen.

Hinrichtungen in Berlin! – – – Die Schauer des Mittelalters fassen uns an. – Vor unserm geistigen Auge erhebt sich das blutrote Schaffot im freien Felde, der grimmig dreinschauende Henker, alle Paraphernalien grausamer Justizpflege, von der Folterzange bis zum Rade, eine johlende tausendköpfige Menge. – – –

Vorbei, Gottseidank vorbei! Von alledem ist nichts übrig geblieben, als ein stiller, kleiner Hof, ein niedriges Podium mit dem Richtblock, eine kleine Schar ernster Männer, ein Scharfrichter im schwarzen Leibrock, der da aussieht wie ein schneidiger Landjunker – das ganze grause Bild ist auf ein Minimum der Schrecken zusammengeschrumpft, wie die Exekution selbst, von der Hand des gewandten Nachrichters vollzogen, sich auf ein Minimum der Zeit beschränkt. Und doch – als an einem Sonntagmorgen im Februarmonat, entgegen der sonstigen Gepflogenheit, welche die Kunde von einer Hinrichtung in Moabit erst post festum brachte, die Bewohner Berlins die Kunde erhielten, daß am Montag, den 8. Februar, 7½ Uhr der Raubmörder Schunicht, der die unglückliche Johanna Weber in der Gneisenaustraße erdrosselt hatte, enthauptet werden sollte, da dürfte wohl kein Familienkreis, kein öffentlicher Ort, kein Stammtisch gewesen sein, an dem nicht das bevorstehende blutige Ereignis besprochen, an dem nicht das urewige Für und Wider der Todesstrafe erörtert, die grausen Vorgänge in der Gneisenaustraße eingehender Rekapitulation unterzogen wurden.

Die Gemüter waren erregt und das Drama, das sich auf dem Richthofe abspielen sollte, warf, wenn auch aller mittelalterlichen Schrecken entkleidet, dennoch seine Schatten voraus.

»Ich bin ein Mensch – und nichts Menschliches ist mir fremd!« – Mit diesem Ausspruch tröstete ich mich selbst, als die trüben Morgennebel, während mein schläfriges Gefährt mich zur Richtstätte führte, meine Seele wie mit kalten Schauern ergriffen. Sollte ich mich des bangen Herzklopfens schämen? –

Wir nähern uns dem Umkreis des Zellengefängnisses. Mein Wagen hält und aus meinen wahrlich nicht rosigen Träumereien herausgerissen, erblicke ich einen Schutzmannshelm am Wagenschlag.

Meiner Treu – schon beginnt der bittere Ernst des Blutgerichtes, während sich das schläfrige Berlin noch die Augen reibt. – Die schwer errungene Passierkarte – die Gerichtsbehörde war bei jener Gelegenheit sehr wenig freigebig mit diesem Talisman – gestattet meinem Wagen freie Durchfahrt. – Die allzufrüh in die Welt lanzierte Notiz von der Hinrichtung hat die Vorsichtsmaßregeln gegen den Andrang Neugieriger verdreifacht. Überall Schutzleute zu Pferde und zu Fuß! – Endlich sind wir angelangt. Wir betreten den Vorhof, von dem eine kleine, von einer Schildwache behütete Thür in den eigentlichen Richthof führt.

Eine Gruppe von einigen zwanzig Herren, die sich allmälig bis auf etwa fünfzig erhöht, bewegt sich bleich, frierend auf dem Hofe umher.

Selbst das Lächeln einiger Wenigen, die sogar den schwachen Versuch machen, Witze zu reißen, hat etwas Frostiges und Gezwungenes. – Gerichtsdiener eilen geschäftig hin und her. –

Endlich öffnet sich die kleine Pforte und wir treten in den oben beschriebenen »Schulhof« ein.

Hinten in der Ecke steht das Schaffot, ein niedriges Podium mit ebenso niedrigem Geländer, in dessen Mitte der rote Block mit dem langen roten Schnallbrett aufgestellt ist. Dort in der Ecke liegt ein unheimliches Etwas mit einem weißen Tuche bedeckt. Es ist das Richtbeil im großen Etui. Unten steht stumm und mit fast gleichgiltiger Miene Meister

Krautz mit seinen Gesellen. Er trägt einen hellgrauen Überrock, schwarze Glacés bekleiden seine Hände.

Die ängstliche Spannung der Umstehenden steigert sich bis zur Atemlosigkeit, als der Gerichtshof in Amtstracht den Hof betritt und sich um den kleinen weißgedeckten Tisch, gegenüber dem Schaffott gruppiert. Wir unterhalten uns leise mit einigen Beamten, um unserer Berichterstatterpflicht bezüglich der letzten Stunden des Mörders zu genügen.

Schunicht, dessen Zelle so gelegen, daß er das bei der Aufrichtung des Schaffots unvermeidliche Klopfen und Hämmern nicht hörte, trug fortwährend dieselbe stoische Ruhe zur Schau; das ihm zum Lesen zur Verfügung gestellte Gesangbuch, sowie die Schreibgelegenheit verschmähend, ununterbrochen nur Cigarren rauchend. Am Sonntag Abend erschien der katholische Geistliche, der den Delinquenten bereits im Laufe des Sonntags Morgen, ehe noch die Vollstreckung publiziert, die heiligen Sakramente gegeben. Beim Eintritt des Geistlichen schien Schunicht sichtlich bewegt; er bat, daß ihn der Geistliche nicht verlassen möge und erkundigte sich im Laufe des Gespräches nach seiner, bekanntlich in der Irrenanstalt befindlichen Frau, bei allem eine tiefe Reue und Zerknirschung über das begangene Verbrechen dokumentierend.

Erst gegen Mitternacht, nachdem er in den Nachmittagsstunden einigemale Kaffee getrunken, erklärte er sich bereit, etwas zu essen und erbat sich eine Flasche Bier und zwei belegte Schrippen, die er jedoch nur mit Widerwillen verzehrte. – Kurz darauf, nachdem der Geistliche in einer Nebenzelle Platz und der Oberaufseher die Nachtwache übernommen, legte sich Schunicht nieder, ohne jedoch die ersehnte Ruhe finden zu können. Er wälzte sich bis gegen Morgen unruhig auf seinem Lager hin und her, bis ihm am Montag früh ½ 7 Uhr Anweisung gegeben wurde, sich anzukleiden.

Noch bin ich mit Feststellung dieser Details beschäftigt – da ertönt das »Armesünderglöckchen«, das sich dicht neben der Thüre, aus welcher der Verurteilte treten soll, befindet. Geleitet von dem Geistlichen und dem Oberaufseher geht Schunicht seinen letzten Gang. Der Verurteilte – eine kleine, untersetzte Gestalt, mit graumeliertem, kurzgeschorenem Haar – tritt ziemlich festen Schrittes vor den Richtertisch.

Nur die fahle Blässe des Gesichts, ein eigentümliches nervöses Schlucken und das unstäte Umherirren der Augen sind die Zeichen der Todesangst. In der Hand hält er ein kleines weißes Kruzifix. Das Urteil wird verlesen, sowie die Entscheidung des Kaisers. Keine Miene verändert sich in diesem bleichen Gesicht. Als der Staatsanwalt geendet, tritt Krautz vor, jetzt im Frack und ohne Handschuhe, erfaßt den fast willenlosen Delinquenten und führt ihn die Stufen des Schaffots hinan. Vorher drückt noch Schunicht dem Geistlichen die Hand und verbeugt sich, während die Lippen immer bleicher werden und immer fieberhafter zittern, leicht vor den Umstehenden. – – Er ist oben angelangt. Die Helfer des Nachrichters ergreifen den Mörder, rasch ist der Rock abgestreift, das Hemd, welches nicht so rasch folgen will, wird mit kräftigem Rucke herabgerissen, wachsbleich erscheint der stämmige Oberkörper darunter, mit Blitzesschnelle liegt der Verurteilte auf dem Blocke, ein eigentümliches Aufleuchten in den Augen des Nachrichters, – die Riemen sind befestigt, das Beil schwirrt durch die Luft und fährt tief ins rote Holz hinein, während unter einem Blutstrom ein bleicher Kopf mit verzerrtem Gesicht in den Sand fällt. Ebenso rasch fast lag auch schon der Körper mit dem Kopf im schlichten, schwarzen Sarge – und lautes Hämmern verkündete, daß der letzte Akt der furchtbaren Tragödie vorbei sei.

War es möglich, in dieser Atmosphäre des Schreckens, die unsere Herzen in furchtbarem Banne gefangen hielt, einen freundlichen Eindruck zu erfassen? – Einen, ja – nur einen! Als ich den Geistlichen frug, ob der Verbrecher sich reumütig gezeigt, da verwandelte sich der stumme Ernst des milden Gesichts in sonnigen Glanz. Eine unbeschreibliche, mir unvergeßliche Freude sprach aus den Zügen des ehrwürdigen Herrn, als er sagte: »Ja, ja, er ist mit seinem Gott versöhnt gestorben!« – – –

Diesen einen Sonnenblick im Herzen trat ich hinaus aus dem düsteren Gebäude, hinaus in die frische Morgenluft, unter die Scharen der Neugierigen, in die Welt des rasch pulsierenden Lebens und der Arbeit, und das Gold der hochaufgegangenen Sonne ließ in mir das freudige Bewußtsein zu voller Stärke reifen, daß da drinnen doch ein Mann inmitten aller Schrecken innige Zufriedenheit im Herzen trug ...

Er hatte eine Seele gerettet.

Im Untersuchungsgefängnis

»Alt-Moabit 11 und 12« – so lautet die wenig versprechende Adresse des Untersuchungsgefängnisses. Man denkt dabei immer an ein recht geräumiges imposantes Gebäude. In Wahrheit ist es aber rein zum »Verlaufen« eingerichtet in diesem enormen Gebäudekomplex, den die Rathenowerstraße, die kleine Tiergartenstraße und die Straße Alt-Moabit einschließen und dessen Ausdehnung die ins Auge fallende Front des eigentlichen Justizpalastes gewissermaßen maskiert.

Wenn man eine Weile dort umhergelaufen ist, dann hat man noch eine beträchtliche Zeit lang Hallucinationen von Schlüsselgerassel und auf- und zugehenden Thüren. Da sind Zellenthüren, Flügelthüren, kleine und große Thüren, Gitterthüren, schwere eiserne Hofthüren, – mit einem Worte ein Labyrinth von Thüren, welches in Zellen, Gänge, Gebäude und Hofräume führt und auf den Nichteingeweihten einen gradezu verwirrenden Einfluß hat. Aber der liebenswürdige Begleiter, der mich durch dieses Labyrinth hindurchführte, wußte Bescheid und vermochte mir bald ein klares Bild vom Zweck und Beruf aller dieser Dinge zu geben.

Herr Ober-Inspektor Matz, nächst dem Direktor von Bornstädt der eigentliche praktische Leiter des Instituts, hat lange Jahre dieser Anstalt und vorher so mancher anderen vorgestanden und ist im Gefängniswesen wie »zu Hause«. Ich wurde übrigens von dem gestrengen Herrn sofort in eine Isolier-Zelle geleitet, wo er buchstäblich »zu Hause« ist. Man sollte nicht glauben, wie ein solches Gefangenen-Domizil traulich eingerichtet werden kann. Der Ober-Inspektor hat sich in dem Gange, wo die Zellen der Untersuchungsgefangenen sich befinden, welche in provisorische Haft genommen, binnen 24 Stunden dem Richter vorgeführt werden müssen, ein Isolier-Arbeitskabinet eingerichtet. Während der etwa viertelstündigen Haft, die ich in diesem Raume als Strafe für meine Neugier zu verbüßen hatte, wurde ich von Herrn Matz einem strengen Examen über die Zwecke meines Besuches unterworfen.

Ich benutze die Zeit dazu, ihn meuchlerisch in meinem Gedächtnis und meinem Notizbuch zu photographieren. So muß ein moderner Gefängnisleiter aussehen, sprechen und handeln. Der Ober-Inspektor ist ein strammer, militärisch aussehender Herr von sichtlicher Körperkraft, offenbar wortkarg, nicht im Besitze überzähliger, unnützer »Nerven«, aber mit einem Ausdruck von ernster, wenn auch zurückhaltender Freundlichkeit im Gesicht, wie er den Beamten, welche mit menschlichem Unglück viel in Berührung kommen, eigen ist. Ich habe es ihm aufs Wort geglaubt, als er mir versicherte, daß humane Behandlung der Gefangenen bei ihm an der Spitze des Programms steht, und daß es den Aufsehern streng verboten ist, die Inhaftierten anzuschreien oder mit groben Worten einzuschüchtern. – »Selbst das so viel genannte Anschließen kennen wir als Strafe durchaus nicht. Diese Prozedur wird nur als einziges Zufluchtsmittel bei besonders renitenten Gefangenen in Anwendung gebracht. Die kommen auch in sogenannte »schwere Zellen.« –

Der Ober-Inspektor setzte seine Dienstmütze auf, griff nach dem Schlüsselbund und führte mich in einen der langen Gänge des Erdgeschosses zu einer solchen schweren Zelle. Es sind für gefährliche Verbrecher 20 Zellen vorhanden. Wenn man dort hineintritt, so überkommt einen doch ein beklemmendes Gefühl, angesichts des Gedankens an die verwilderten Existenzen, welche hier schon des richterlichen Spruches gewartet. Da ist der Fußboden cementiert, die massive hölzerne Bettstelle ist festgemacht, an der einen Längswand erblickt man den ominösen Ring, an welchem ein solcher Gefangener unter Umständen angeschlossen wird, die Thür ist nicht nur durch ein Schloß, sondern auch noch durch zwei eiserne Riegel gesichert und von draußen fällt in der Nacht mitunter der Schimmer einer Gasflamme in den Raum.

»Um den Gefangenen zu jeder Zeit beobachten zu können«, erklärte mir mein Führer. Ja, das Beobachten! Es ist ein unheimlicher Gedanke, daß man da drinnen keinen Augenblick sicher ist vor dem scharfen Auge des Aufsehers!

In dem Schieber befindet sich noch eine kleine, dem Gefangenen gar nicht sichtbare Öffnung, welche, ohne daß auch nur die Thür berührt wird, es dem Aufseher möglich macht, den Gefangenen zu kontrollieren. Nach 8 Uhr abends ist es freilich zur Zeit der langen Abende dunkel in den Zellen (mit Ausnahme der für schwere Verbrecher bestimmten) und der Insasse ruht auf seiner Lagerstatt, um vom Zünglein seiner Schicksalswage zu träumen, welches vielleicht zwischen Verurteilung und Freisprechung unruhig hin- und herschwankt.

Die Lagerstatt, – wie sehr verschieden ist sie von denen, was man gemeiniglich sich bei dem Gedanken an Gefangenenpritschen vorstellt. Sie entspricht vollständig dem fast freundlichen Charakter der Isolier-Zellen. Eine weiche Matratze bedeckt die eiserne, resp. hölzerne Bettstelle, welch' erstere sich an die Wand hinaufklappen läßt. Ein blaukarierter Überzug hüllt die weißwollene Decke ein. Die ganze Zelle, welche einen Luftraum von 29 Kubikmetern enthält, 4 Meter lang und 2½ Meter breit ist, hat einen graubraunen Ölfarbenanstrich, der nicht wenig zur Sauberkeit beiträgt und es dem bösen »Gefängnisduft«, der alte Kerkermauern durchzieht, nicht gestattet, in die Wände einzudringen. Der Fußboden ist gleichfalls in den einfachen Zellen mit Ölfarbe gestrichen. Am großen, breiten Fenster, welches dem vollen Sonnenlicht den Zutritt gestattet, ist eine Vorrichtung angebracht, welche dem Gefangenen selbst das Lüften gestattet. Zwei verschiedene Luftkanäle, welche sich zwischen den Wandungen durchziehen, besorgen den Zutritt frischer und den Abgang schlecht gewordener Luft. Blitzblank sehen das Kloset, die Metallgeschirre, der Wassereimer, die Wichs- und Putzdose aus, welche letztere sich in dem kleinen Wandschrank befindet. – Die ganze stumme Gesellschaft des einsamen Gefangenen besteht noch außerdem aus einem Eßnapf, einem Wasserglas, einem Löffel; Messer (schwere Verbrecher erhalten Holzmesser), Bürsten, Salznapf, Heringsbrett, Butterbüchse, Müllschippe, Spuckkasten, Handfeger, Inventarverzeichnis, Verhaltungsvorschriften – und zwei Erbauungsbüchern.

»Für die Erbauungsbücher«, sagt mir mein Führer, »haben die Leute meist herzlich wenig Interesse, und so mancher, der sich aus der Bibliothek noch einige geben läßt, thut es um den Schein zu wahren. Doch erzielen der Hausgeistliche, oder der besuchende katholische Pfarrer und der Rabbiner auch viele erfreuliche Erfolge in der Ausübung des schweren Amtes. Die Bibliothek ist übrigens, wie ich mich überzeugte, sehr reichhaltig, sie umfaßt sowohl populär wissenschaftliche, wie unterhaltende Litteratur, und wird derart benutzt, daß jeder, je nach seiner individuellen Veranlagung, seinem Lebensstande und Berufe, wöchentlich ein bis zwei entsprechende Bücher erhält. Der Gasarm, der sich über dem Klapptisch und Klappstuhl der Isolier-Zelle an der Wand befindet, ermöglicht dem Gefangenen, auch in dunkler Abendstunde bis 8 Uhr noch über dem Buche sein Leid zu vergessen.

Und wieviel Leid und Kummer, wieviel zerstörte Lebenshoffnungen bergen diese Mauern, in denen 1010 männliche und 220 weibliche Gefangene Aufnahme finden können. Aber man wird äußerlich nur wenig davon gewahr. Nur der Anblick der starren Disziplin, die dort jedem lebenden und toten Gegenstande eingehaucht zu sein scheint, die fast lautlose Stille, die in den langen halbdunkeln, in fünf Strahlen auseinanderlaufenden, durch Oberlicht beleuchteten, durch eiserne Galerien verbundenen und eiserne Treppen von einander getrennten Korridoren lagert, fällt dem Beschauer gewissermaßen auf die Brust und läßt ihn die trüben Gedanken, die Träume, die hinter den geschlossenen Thüren walten und weben, die Seufzer, die in den kleinen einförmigen Zellen ertönen, ahnen.

Mein unermüdlicher, freundlicher Führer möge mir den Vertrauensbruch verzeihen, den ich beging, als er auf eine Zelle wies, in welcher erst seit wenigen Tagen ein alter grauhaariger Mann sitzt, der seine Frau mit dem Beile erschlagen und sich selbst zu ertränken versuchte. Hinter dem Rücken des Oberinspektors warf ich einen verstohlenen Blick durch das Guckloch und sah den gebeugten, bleichen Greis, der im zweiundsiebenzigsten Lebensjahre noch zum Mörder geworden, ruhelos, rastlos auf- und abgehen, die Augen starr zu Boden geheftet, das weiße Haupt gesenkt ...

Bei diesem Anblick scheint selbst das freundliche Sonnenlicht, das durch das Zellenfenster hineinlacht, zu verblassen.

»Die Gefangenen«, sagte der Ober-Inspektor, »sind im Allgemeinen ruhig und gefaßt. Selbst die Renitenten werden durch die Isolier-Haft sehr bald zahm, ohne daß man sie anzuschließen braucht.«

Auf meine Frage über den Wert oder Unwert der Isolierhaft erklärte sich der erfahrene Praktiker auf dem Gebiete des Gefängniswesens für einen ganz entschiedenen Anhänger derselben. »Die Gemeinschaftshaft hat zweifellos einen weit mehr demoralisierenden Einfluß auf die Gefangenen. Sie werden weit eher zu Gewaltthätigkeiten und Renitenz verführt und atmen moralisch und physisch weit schlechtere Luft. Selbst mit der Einsamkeit ist es nicht schlimm. Die Möglichkeit zu lesen, die Arbeit der Reinhaltung seiner Zelle, wenn er es wünscht auch Hausarbeit für die Verwaltung oder für Unternehmer, die ihm einen kleinen Verdienst abwirft, bieten dem Gefangenen Gesellschaft. Er hört die Geräusche draußen, er spürt das Treiben der Außenwelt in dem Verkehr mit den Aufsehern, und selbst das Rasseln der Schlüssel, das Hin- und Herschieben der Klappen in seiner und in anderen Zellen, das die Stille unterbricht, bringt ihm Kunde, daß er nicht allein und verlassen ist. Die Hauptsache aber bleibt die Möglichkeit einer individuellen Behandlung. Es werden in allen Details doch nicht alle über einen Kamm geschoren und die eisenstrenge Gewöhnung an Ordnung, Pünktlichkeit, Reinlichkeit und Gehorsam hat einen erziehlichen Einfluß auf zahllose sittlich verkommene Menschen, welchen man hinter Gefängnismauern kaum vermutet.« –

Es werden übrigens im Untersuchungsgefängnis auch Gefangene in Gemeinschaftshaft gehalten, namentlich im Weibergefängnis, und sind Zellen für je 4, 7 und 13 Gefangene vorhanden, doch beziehen diese Zellen nur solche, welche kränklich sind oder eine besondere Beobachtung seitens der Mitgefangenen erheischen. Empfinden die Gefangenen hier in den größeren Räumen das Gefühl der Gefangenschaft nicht so intensiv, so wird ihnen doch dasselbe in den vergitterten und verschließbaren Schlafkojen, welche in einem großen Zellengefängnis zusammengefaßt in den Schlafräumen stehen, wieder beigebracht.

Ich sprach vorhin von der strammen Disziplin, welche in jedem Winkel des Gebäudes herrscht. Man sieht sie den ernsten, uniformierten, fast beständig in den Korridoren sich bewegenden Aufsehern förmlich von den Augen ab. In welche von den Stationen der vier Stockwerke des großen Männergefängnisses wir auch gingen, überall trat ein Aufseher salutierend an den Ober-Inspektor mit der stereotypen Meldung heran:

»Die Station ist mit so und so viel Gefangenen besetzt, sonst nichts Neues.«

Es sind nebenbei bemerkt 5 Ober-Aufseher und 60 Aufseher angestellt, eine Ober-Aufseherin und 9 Aufseherinnen im Weibergefängnis, welches sich halbmondförmig hinter dem Moabiter Gerichtsgebäude erstreckt. Die Ober-Aufseherin, deren schlichte Uniform sich von der ihrer Kolleginnen durch ein blaues Haubenbändchen unterscheidet, versäumte die oben erwähnte dienstliche Meldung auch nicht, man sieht also, daß selbst Damen militärisch diszipliniert werden können.

Es erschien mir als eine angenehme Abwechslung, daß, als wir nach Passierung verschiedener Thore und Pforten in den Ökonomiehof gelangten und die große Dampfküche mit den Tausend- und Fünfhundert-Liter-Kesseln betraten, der diensthabende Aufseher seine Meldung dahin modifizierte, daß er salutierend auf den Ober-Inspektor zutrat und mit tiefernster Miene sagte: »Hafergrütze heute Abend, sonst nichts Neues!«

Ich überzeugte mich durch einen Blick auf das ausgehängte Speise-Reglement, daß für die Gefangenen Hafergrütze auch nicht gerade »etwas Neues« sein dürfte, war aber doch freudig erstaunt, eine ganz beträchtliche Varietät von Speisen und eine bunte Abwechslung im System der Verabreichung derselben zu finden. Da sieht man auf der Liste: Kaffee, Roggenmehl, Kartoffeln, Linsen, Erbsen, Bohnen, Reis, Weißkohl, Schweinefleisch und noch manches andere, was auf eine kräftige Verpflegung hinweist. – Im Weibergefängnis, das wir soeben erwähnt, hantierten »Kalfaktrizen«[4] in Küche und Waschhaus, reinliche dralle Frauen und Mädchen, die wohl einen scheuen und devoten Blick auf den eintretenden

Ober-Beamten warfen, aber sonst wenig äußere Zeichen des Gefangenenlebens an sich trugen. In einer Arbeitszelle saß mit mehreren andern ein bleiches Mädchen, das an der Nähmaschine Handschuhe nähte. Es war ein Dienstmädchen, das seine Herrschaft bestohlen. Freundlich trat der Ober-Inspektor auf sie zu und fragte, ob sie denn bei dem Lichte besser sehen könne, wie früher. – Kein barscher Ton wird dort den Gefangenen gegenüber angenommen und eigentliche Ängstlichkeit bemerkt man auch nicht bei ihnen.

In den Isolier-Arbeitszellen verschiedener Strafgefangenen, (es sind dort nur etwa 100 vorhanden, soviel, als zur Hausarbeit verwendet werden können) welche mein Begleiter mir aufschloß, fand ich an den Leuten Spuren selbstzufriedenen Fleißes. Da hantierte ein Uhrmacher über allerlei kleinem Räderwerk und zeigte mir mit Stolz ein kunstvolles Gehäuse, für welches er die Uhr soeben verfertigte; inmitten eines Haufens von Draht saß ein junger Mann, der jene kleinen Drahtteller mit buntem Tellereinsatz, wie sie in den 50 Pfennig-Bazaren verkauft werden, anfertigte. »Sie sind spottbillig«, sagte er mit mattem Lächeln. In der Bibliothek saß ein Gefangener über Bücher und Register gebeugt – der Mann war früher Techniker gewesen und hat nun eine Sinekure[5] – im Gefängnis. Tischler, Buchbinder, Drechsler waren fleißig bei der Arbeit – und hätte auf ihrem Äußern nicht jenes eigentümliche Spinngewebe des Gefängnislebens gelegen, man hätte sie bei ihrer stillen, einsamen Arbeit für Adepten in ihrem Handwerk, die über eine neue Erfindung brüten, halten können.

Ob dieses Gepräge sich wohl auch den Insassen des »Kleinen Männergefängnisses« nach der Rathenowerstraße zu gelegen, aufdrückt? Dort sind nämlich außer dem Lazarett die Zellen für Gefangene höherer Stände, welche freilich einen nahezu wohnlichen Eindruck machen. Sie sind noch einmal so groß, wie die anderen Zellen und erfreuen sich verschiedenen beweglichen Materials. Leute, wie der russische Fürst Cristoff und dergleichen, können dort eventuell eine Art von Salon nebst Schlafkabinet bewohnen – aber auch sie sind eben Gefangene, und wenn sie die vergitterten Gänge durchgehend in die Kapelle geführt werden, um aus dem Munde des Geistlichen den Trost der göttlichen Vergebung zu hören – dann sitzen auch sie, einer vom andern abgeschieden, in den kleinen hochwandigen Zellen, deren sich 90 Stück vor dem Altar und der hohen Kanzel bis zur Decke des Raumes hinauf aufstapeln. Vor dem Worte des Evangeliums, wie vor der heiligen Monstranz – der geweihte Raum birgt bald Protestanten, bald Katholiken – sind sie dort alle gleich, über ihnen wachen diskrete Aufseher, die es, ohne die Andacht zu stören, wohl zu verhindern wissen, daß ein Verbrecher mit dem andern verkehrt.

Ich wollte keine ausführliche Beschreibung von allen Baulichkeiten und technischen Einrichtungen dieses wahrhaft großartigen Institutes, das meisterhaft verwaltet wird, geben. Die Reihe der Einrichtungen ist durch das Gesagte noch lange nicht erschöpft. Nur den Eindruck, den sein lebendes und totes Inventar macht, versuchte ich dem Leser zu schildern. Ein Fremdenbuch, dessen erste, in den Ecken mit gemalten Kornblumen geschmückte Seite der Name unseres Kaisers Wilhelm I. mit dem Datum des 1. Sept. 1884 ziert, beweist das Interesse, welches dieses Institut in aller Welt erregt. Wir finden dort Gäste aus allen Weltteilen, selbst aus dem fernen Venezuela aufgeführt, – – möge der Geist der Ordnung und Humanität, der dort waltet, durch die fachmännischen Besucher auch in alle Lande getragen werden.

»So mancher vagabundierende Slowake«, sagte mein gefälliger Führer am Schlusse der mehrstündigen Wanderung, »der hier eingeliefert, gebadet, gereinigt und gespeist wird, glaubt sich in einem Feenpalast zu befinden, und fürchtet sich das blanke Metallgeschirr, das ihm wie Silber dünkt, mit den Fingern zu berühren!«

Das ist wahrlich kein Wunder. Und doch – selbst der Besucher verläßt diese Räume gern und freut sich, wenn er auf den freundlichen Vorhof hinaustritt. Es ist da drinnen gerade, als wollte jeder, der einem begegnet, die Finger auf die Lippen legen und flüstern: »Sei still, hier walten düstere Schatten und finstere Geheimnisse, auf welche erst das klärende Licht irdischer Gerechtigkeit fallen soll.«

Soldaten-Ede

Ein richtiger Berliner ahnt sofort, daß mit diesem Namen ein Mann aus der Klasse derjenigen Menschen gemeint ist, welche das Prinzip »Thue unrecht und scheue niemand« auf die Fahne geschrieben haben. Trotzdem unterlasse ich zur Steuer der Wahrheit nicht, gleich vorauszuschicken, daß der Mann, mit dem ich die Ehre und das Vergnügen hatte, ein paar Stunden zusammen zu sein, eigentlich nicht den Spitznamen »Soldaten-Ede«, sondern nur einen sehr ähnlichen führt. Wenn ich den wirklichen Namen, den die Liebe und Hochachtung seiner Kollegen ihm beigelegt hat, nicht gebrauche, so geschieht dies, weil derselbe in der Welt der Kriminalisten und der Verbrecher so sehr bekannt ist, daß ich den Mann leicht in »seinen Kreisen kompromittieren« könnte. Gegen die feierliche Zusage Edes, daß er mir von jeder stattgehabten und geplanten »Baldowerung« in meinem eigenen Heim Anzeige machen werde, habe ich ihm versprochen, ihn meinen Lesern unter einem Pseudonym vorzustellen, welches nicht allein seinen wirklichen, gesellschaftlichen Namen, sondern auch seinen Spitznamen diskret verhüllt.

Feuilletonisten sind schon viele in die sogenannten Verbrecherkeller – die, nebenbei bemerkt, eine an Langweiligkeit grenzende äußerliche Harmlosigkeit atmen – hinabgestiegen, sie haben die obligate Gänsehaut bekommen, ihre Glacé-Handschuhe nachher weggeworfen und ein Meer von Tinte all' den schönen Phrasen und Phantasien über das Berliner Verbrechertum geopfert. Da bekanntlich in dem anspruchslosen Rahmen dieser Schrift nicht »feuilletonisiert«, sondern nur schlicht und wahr an der Quelle Gehörtes und Gesehenes erzählt werden soll, so muß ich mich eigentlich entschuldigen, daß ich überhaupt auf diesen vielbetretenen Pfad mich wage. Nun, meine Entschuldigung lautet: ich bringe Ihnen keine allgemeine Gauner-Charakteristik, sondern ich will Ihnen nur erzählen, wie ein augenblicklich außer Dienst befindlicher und, wie er sagt »vom Geschäft zurückgetretener« Verbrecher denkt und spricht.

Der Mann wurde mir von einem Kriminalisten freundlichst als ebenso »schwerer« wie gewitzigter Junge hingestellt und da ich hörte, daß er, wie er sich selbst ausdrückt, gegenwärtig »seine Memorien« (nicht Memoiren) schreibt, so schien er mir für meine Ausfragungsgelüste ein recht günstiges Objekt. Und darin hatte ich mich nicht geirrt. Soldaten-Ede ist ein entschieden intelligenter Mensch, dessen Gesicht sogar dies verrät und noch mehr verraten würde, wären nicht die Wahrzeichen der dem Dienst des Zuhältertums geopferten Nächte und die Merkmale des Zuchthauslebens tief in das blasse etwas verwilderte Antlitz gegraben. Dabei giebt ihm das sichtliche, wenn auch nicht durchweg erfolgreiche Bestreben, gentlemanlike gekleidet zu erscheinen, einen einigermaßen vertrauenswürdigen Anstrich. Er steht übrigens noch bis zum Jahre 1890 unter Polizeiaufsicht. Es ist ein eigentümlicher, für einen Uneingeweihten gewissermaßen atemberaubender Eindruck, den der Inhalt eines solchen amtlichen Formulars macht, durch welches der Begriff der Polizeiaufsicht präzisiert wird. Hier folgen einige Citate aus dem verhängnisvollen Aktenstücke, das den Menschen in gewissem Sinne auf einige Zeit entmündigt:

Erst die üblichen Personalien. Dann: Dem p. X. wird eröffnet, daß er infolge Beschlusses des Königl. Polizeipräsidii auf 3 Jahre, nämlich bis zum November 1890 unter Polizeiaufsicht gestellt werde. Es wird derselbe demgemäß angewiesen, sich binnen fünf Tagen ein Unterkommen, wozu Wohnung und ein ehrlicher Broterwerb gehört, zu beschaffen, widrigenfalls und wenn er nicht nachweisen könne, daß er solches allen angewendeten Bemühungen ungeachtet nicht vermocht habe, wegen Arbeitsscheu werde bestraft werden. 2. wird demselben bekannt gemacht, daß Haussuchungen bei ihm ohne Beschränkung der Zeit nicht blos am Tage, sondern auch zur Nachtzeit abgehalten werden dürfen. 3. Derselbe wird angewiesen, von jeder Veränderung seiner Wohnung, neben der vorgeschriebenen Meldung der Wohnungsveränderung, sowohl dem Vorstande des Polizeireviers, in welchem die verlassene, als auch dem Vorstande desjenigen Reviers, in dem die neue Wohnung liegt, innerhalb drei Tagen eine besondere mündliche Anzeige zu erstatten, widrigenfalls etc.

Es ist gar nicht so leicht, einen notorischen Verbrecher, der äußerlich ganz anständig, ohne jegliches Kettengerassel in einem höchst prosaischen Winterüberzieher vor Einem steht, zu interviewen. Ich wollte geistreich beginnen: »Also Sie sind Dieb?« Aber, merkwürdig, dieses ominöse Wort blieb mir im Halse stecken. Nach einem Umblick auf die journalistischen Wertgegenstände, welche mein Zimmer einschließlich des Papierkorbes zierten, kam ich auf die glückliche Idee, an Soldaten-Ede, halb vertraulich halb gepreßt, die Frage zu stellen: »Wenn ich jetzt auf einige Augenblicke das Zimmer verlasse, würden Sie sich ein Gewissen daraus machen – mir – etwas – zu – zu, sagen wir, klemmen?« Da war ich denn im richtigen Fahrwasser und Ede fing sofort, mit der Versicherung, daß er übrigens nur ein »schwerer Dieb« sei – (diese Form des Präsens machte sich ganz merkwürdig) über die Gaunerehrlichkeit und den Gauneranstand zu philosophieren an. Das sind ja bekannte Tiraden von dem Klassenhasse und den Rang- und Ansehnsstufen unter den Verbrechern, ich kann mir somit deren Wiedergabe hier ersparen.

Das Wort »Gewissen« gab mir Gelegenheit zu konstatieren, daß hinsichtlich seines »Geschäftes« Soldaten-Ede sich mit diesem Luxusartikel seiner Erinnerung nach schon seit dem sehr früh erfolgten Austritt aus dem Heere, dem er von seinem 15. Lebensjahre angehörte, absolut nicht abgegeben hat. Eine Unterschlagung führte ihn nach dem damaligen Gefängnisse am Molkenmarkt und dort trat er, wie er sich selbst ausdrückt, in die »hohe Schule« des Verbrechens ein.

Er machte sehr hervorragende Bekanntschaften und gewöhnte sich sofort an den Verkehr in den Verbrecherlokalen, welche zu jener Zeit in Berlin noch in ihrer ganzen traurigen Originalität florierten.

In diesen angenehmen Erfrischungsstätten: Beim »Dowen« (Tauben) in der Oranienstraße, in der »Tiefen Kute« in der Jerusalemerstraße und in der mit dem lieblichen Namen »Klaukeller« ausgezeichneten Bier- und Schnapshöhle in der Klosterstraße lernte Soldaten-Ede berühmte Muster kennen und erklomm die Staffel zu der Würde eines »schweren Jungen«.

»Glauben Sie nicht, daß das ein leichtes Gewerbe ist, (ich citiere Edes Worte ganz buchstäblich) ich habe zu meiner Ausbildung (!) in Schlosserwerkstätten gearbeitet. Aber die Kunstschlosserei ist immer mehr gestiegen. Die Zeiten (seufzend) sind vorbei, wo man mit drei bis vier Haken durch Berlin ziehen konnte.«

Ach ja – sie sind vorbei! Aber die Idee des Verbrechens, sie triumphiert leider doch, und Gottesgaben, welche der Schöpfer zum Guten und Schönen in den Menschen eingepflanzt, werden mit Eifer in den Dienst nachtdunkler Thaten gestellt.

Ede erzählte mir von einem erfinderischen Kopfe, der eine so vortreffliche Geldschrank-Bohrmaschine konstruiert hatte, daß bei seiner Verurteilung der Richter im Resumé sagte: Man habe mild geurteilt, in der Hoffnung, daß ein so fruchtbares

Talent fortan zum Zwecke eines nutzbringenden Gewerbes leicht und mit Erfolg verwendet werden würde.

»Als der Mann frei war«, fügte Ede hinzu, »war sein erstes, abermals einen Geldschrank anzubohren.« Dieser Mann ist dann, wie sich mein Gewährsmann wörtlich ausdrückte, zum gewöhnlichen Pennbruder »herabgesunken«, hat sich aber »wieder aufgerafft« (sic!) und ist wieder Dieb (!) geworden. Schließlich ist er doch ganz zu Grunde gegangen.

Also von dem Begriffe eigentlicher Gewissensbisse scheint Soldaten-Ede nicht sonderlich viel zu kennen, wie er auf Befragen erklärte, wenn auch zu hoffen steht, daß jetzt beim Beginn seiner ehrenhaften Laufbahn dieses wichtige Rädlein der Seelenmaschinerie auch bei ihm funktionieren wird. Ursprünglich muß ihm das Gewissen wesentlich in den Knieen gelegen haben. Er erzählt, daß er seinen ersten Einbruch in Gesellschaft von »Neese« und dem »dicken Becker« gemacht habe. Während seine beiden Komplizen »arbeiteten«, stand er in demselben Hause eine Treppe höher »Schmiere«. Er giebt zu, daß ihm bei dieser Gelegenheit die »Kniee geschlottert« hätten, will jedoch diese Erscheinung durchaus nicht mit Gewissensangst identifiziert haben. Damals schon empfand er, daß er sich lediglich in der Ausübung seines »Handwerks« befinde und war nur in Angst und Aufregung vor dem Ergriffenwerden und einem Mißerfolge. Da die drei Diebe einen guten Fang machten, und es gelang, »die Sore« (das erbeutete Gut) in Sicherheit zu bringen, so wuchs dem Soldaten-Ede der Mut – und selbst die moralische Sensibilität seiner Kniee stellte sich bei seinen weiteren Kämpfen gegen Gesetz und Recht nicht mehr ein.

Der Gedanke ist furchtbar, aber in meinem Gespräche mit diesem Manne spiegelte sich die unerschütterliche Wahrheit desselben wider, daß der Ehrgeiz, die Triebfeder zu den edelsten Errungenschaften des Menschentums, einer der kräftigsten Ansporne auf der Laufbahn des Verbrechers ist. Aus dem Wesen auch dieses Mannes leuchtet jene renommistische Eitelkeit hervor, welche die Thaten des Verbrechens nicht nur beschönigt, sie nicht bloß im Lichte einer geschäftsmännischen Ausübung erscheinen läßt, sondern sogar den Nimbus heldenhafter Waghalsigkeit und imponierender Klugheit um dieselben webt. Mit welcher Verachtung wies er die Frage von sich, ob er auch Taschendiebstähle verübt!

Mit welchem Eifer sprach er gegen diesen unwürdigen Zweig des Verbrechertums, mit welchem schüchternen Zögern gestand er ein, daß die erste »Braut« seiner Zuhälter-Karriere eine – Taschendiebin gewesen sei!

Naturgemäß spielte unser Gespräch sehr bald auf das Zuhältertum, auf die schreckliche Zunft der »Louis« über, die Klasse, mit welcher Soldaten-Ede heute noch, wenn auch nicht als aktives Mitglied, verkehrt. Es hat sich auf diesem Gebiete so manches geändert, teils durch das energische Vorgehen der Berliner Polizei, teils auch durch Wandelungen in den Gewohnheiten und Lebensumständen der Prostituierten, deren »goldene Tage« vorbei sind. Aber noch existiert sie, diese Zunft, noch schwingt sie die Faust, wenn es nötig ist, und in einigen der sogenannten Athleten-Klubs, deren es fünf in Berlin geben soll, wird der Muskel-Sport getrieben, welcher in der Stunde der Gefahr, auf der Straße, vor der Thüre des Nacht-Cafés, vor dem dunklen Hauseingange wehrhaft und kampffähig macht. Und auf den Athletenbällen, wo die Dirnen in geborgtem Flitterstaat erscheinen und die Zuhälter sich in galante Kavaliere verwandeln, da blüht diesen Leuten die Blume der Geselligkeit.

Meine Feder vermag auf diesem Gebiete dem zwischen mir und meinem Gewährsmann stattgehabten Gespräche nicht zu folgen. Die Irrwege des nächtlichen Lasters sind so furchtbar, so abschreckend, daß ich mich scheue, die unglaublichen Dinge, welche vor den Augen der ahnungslosen Welt mit Nacht und mit Grauen bedeckt sind, hier auch nur anzudeuten. In wieweit aber auch viele sogenannte anständige Leute aus allen Kreisen diesen Dingen mehr oder minder nahe stehen, das mag nur durch die Thatsache charakterisiert werden, daß Soldaten-Ede am Schlusse seiner diesbezüglichen Schilderung mit grimmigem Lächeln sich zu dem merkwürdigen Citate hinreißen ließ: »Wir Wilden sind doch bessere Menschen!« – – –

Ich trennte mich, mit Einladungen zu Athleten-Bällen, Nacht-Cafés und allerlei Spelunken versehen, von meinem Gewährsmann, aber ich nahm, dank der Bereicherung meiner Erfahrungen, ein recht betrübendes Gefühl mit mir heim. – Ein Mann, der zuletzt drei Jahre, vom frühen Morgen bis zum späten Abend, hinter den Mauern des Zuchthauses an einer schwer zu handhabenden Maschine gestanden, während seine Augen unablässig in heiße, flimmernde Gasflammen starren mußten, der Mann, der sich vorgenommen hat – wenn die Gesellschaft ihm die Hand dazu bietet, ein ehrlicher Mann zu werden – derselbe Mann spricht heute noch mit geschäftsmäßiger Gleichgiltigkeit, ja mit einem fast salbungsvollen Stolze von dem Thun und Treiben der Verbrecherwelt, ohne daß auch nur eine Fiber seines inneren Wesens in der Erinnerung an die hinter ihm liegende Zeit erbebt. Da muß man sich voll Bangen fragen: Wo bleibt die bessernde Kraft der Strafe? Sind diesen Menschen die Geißel des Gerichtes und die warnenden Worte des Gesetzes wirklich nichts, gar nichts weiter als »ein klingendes Erz und eine tönende Schelle?«

Berlin und die Sonnenfinsternis

Ich muss zunächst eine angemessene Erklärung dafür geben, daß ich diese Betrachtung diesem Rahmen einfüge: eine Episode aus dem großen astronomischen Welttheater mitten in den Ergebnissen irdisch-großstädtischer Wanderungen und Erkundigung. Allein ich hoffe, der Inhalt wird mich entschuldigen, der Inhalt, der sich als ein Berliner Volksbild entpuppen wird, wie man sich es bezeichnender kaum denken kann. Meine schwache Darstellung vermag nicht im entferntesten die Eigenart jener unvergeßlichen Nacht zum 19. August 1887 zu schildern, welche ich in den Berliner Straßen und Berliner Kneipen bis zum großen Moment des Eintritts der totalen Sonnenfinsternis belauschte. Unter dem frischen Eindruck jener Nacht schrieb ich die nachfolgenden Zeilen. Sie bitten um des Lesers Nachsicht.

Hut ab vor unseren Astronomen! – Es hatte geklappt, auf die Minute geklappt, und so sehr auch unser aller Vertrauen auf die Gutherzigkeit des Helios – der uns auch hätte das bißchen Vergnügen gönnen sollen – erschüttert ist, der schwarzwolkige Toilettenmantel, den die eitle Sonne umnahm, als sie der Mond wider ihren Willen coram publico[6] schwarz schminkte, vermochte doch den Vorgang nicht völlig zu verdecken. Wir konnten alle die Richtigkeit der astronomischen Vorausberechnung mit der Uhr in der Hand feststellen – und daher rufe ich nochmals: »Hut ab vor unseren Astronomen!«

Aber es stand auch viel auf dem Spiel! Was hätte allein hier in Berlin daraus werden sollen, wenn die Tausende und

Abertausende von Menschen all ihre Mühe umsonst gehabt, sich für nichts ruhelos umhergetrieben, umsonst dreimal in der Nacht sich eingebildet, der Wecker der Uhr rasselte los, umsonst sich astronomische Kater geholt, umsonst sich ihre reinlichsten Taschenfutter durch berußte Deckgläser unwiederbringlich eingeschmiert haben würden.

O, kein Zweifel, der Apparat der Vorbereitungen war ein ganz gewaltiger. Es war ein Fieber, das Groß und Klein, Jung und Alt erfaßt hatte, das aller Sinne erfüllte, auf aller Zungen brannte. Der 18. und 19. August 1887 wird zahllosen Menschen unvergeßlich bleiben, wie alle solche Tage im Leben großer Menschengemeinden, an welchen die Interessen, die Neugierde, die Wißbegierde der Mehrzahl sich in einem Brennpunkt konzentrieren.

Die Statistik ist eine Wissenschaft der schlagenden Überzeugungskraft. Statistiker wollen vermöge irgend einer, dieser Zahlen-Wissenschaft oft eigenen geheimnisvollen Methode ausgerechnet haben, daß am Donnerstag den 18. vormittags mehrere Tausend von Ehemännern, sogar viele, die kaum die Strohwitwerschuhe ausgezogen haben, mit dem »Deckglas« in der Tasche zum Frühschoppen gegangen sind und erst am Freitag morgen stark verfinstert auf verschiedenen Anhöhen der Vororte, teilweise Skatkarten vor das Auge haltend, angetroffen worden sind. Das ist möglich und wahrscheinlich.

In der Nacht vom Donnerstag zum Freitag war alles nur Erdenkliche möglich. Ich sah in einem, nach einem bekannten Vergnügungsetablissement der Umgegend fahrenden Pferdebahnwagen zwei Damen mit sehr großen Hüten, sehr großen Sonnenschirm-Ringen und sehr rosenroten Schleiern, ohne Unterlaß die kleine Zwanzigpfennig-Broschüre über die Sonnenfinsternis studieren! Sie pflegen sonst von ihren Augen einen ganz anderen Gebrauch zu machen.

Da ich gerade vom Vergnügungs-Etablissement spreche. – Mehrere Wirte hatten bekanntlich »zur Feier der Sonnenfinsternis« allerlei pompöse Veranstaltungen gemacht, und hielten den Sonnenfinsterlingen ihre Pforten offen. Sie waren natürlich »überfüllt«, – am Abend die Lokale, am Morgen ein großer Teil der Gäste! –

Aber Berlin, das leichtlebige, weltstädtische Berlin war über alle Erwartung solide. Die Stadt-Restaurants, einschließlich der Budikerkeller[7] erstrahlten um die Mitternachtszeit noch von Gasflammen. Aber es wollte nichts Rechtes werden. In den verschiedenen Erfrischungslokalen besserer Art, in denen ich mich umsah, schienen sich die Kellner zum Teil ganz fürchterlich zu langweilen und in einer Nebenstraße sah ich einen wohlbeleibten Budiker, mit einem Freunde an der Kellertreppe stehend, melancholisch in die Tiefe zeigen, indem er sagte: »Dat soll nun ne Sonnenfinsternis sind. Sehn Se man bloß die scheenen Buletten. Der janze Teller liegt voll. Det könnte 'n Hund jammern!« –

Ja getäuschte Erwartungen sind unangenehm. Ich habe es auch empfunden, als ich mir ein lebhaftes sylvesternachtähnliches Straßentreiben vorstellte und statt dessen fast menschenleere Straßen fand. – Es war eine wahre Erfrischung, in der Leipzigerstraße einen Menschen zu treffen, der in genügend sonnenfinsterlicher Stimmung war, um vom Dönhoffsplatz bis an die Ecke der Friedrichsstraße sich mit lautester Brüllstimme und heroischer Selbsterkenntnis selbst unablässig einen »Lump« zu schimpfen. Der Nachtwächter wollte es ihm leider nicht glauben. Er intervenierte und zerstörte dadurch selbst dieses eine Bild der Abwechselung in der Monotonie des Nachtlebens. Die moralisierte Friedrichsstraße war so still und keusch wie ein Klostergang. Berlin schien die Sache mit Ausnahme derer, die sich schon am Nachmittag oder Abend in den verschiedenen Kneipen unbeweglich festgenagelt hatten, von der ernsten und soliden Seite aufzufassen. Es hatte durch die Bank die Wecker-Uhren aufgezogen und schlief friedlich dem himmlischen Schauspiel entgegen, ohne zu ahnen, daß sich am östlichen Horizonte boshafte Wolken zusammenballten, welche die wenigen schüchternen Sterne im Westen zu verhöhnen schienen.

Die größte Lebhaftigkeit herrschte in den Wiener Cafés, aber diese Thatsache konnte mich nicht trösten, denn hierzu bedarf es bekanntlich in Berlin nur der Sonnenfinsternis, welche allabendlich einzutreten beliebt. –

Aber es kamen die Stunden bald heran, wo die Wecker-Uhren den Berlinern die Reveille rasselten. Der Engländer nennt einen solchen polternden, schnurrenden, träumefeindlichen Unhold eine »alarm clock«.

Die Bezeichnung Alarm paßt für den gegenwärtigen Fall vortrefflich. Es muß ein General-Alarm gegeben worden sein. Dort klingelt schon ein Pferdebahnwagen durch die Straßen. Hier und dort und drüben antwortet das Echo mit dem gleichen Laute. Fenster hört man allenthalben öffnen. Ein unsicheres Dämmerlicht – es ist in der vierten Stunde – läßt die Wolken am Himmel doppelt bleiern erscheinen, aber dieses Licht scheint doch genug lebenerweckende Kraft zu haben. Die Schlüssel rasseln in den Hausthüren, Stimmen werden lebendig. Wie Gespenster fast huschen die Menschen aus den Häusern. Hier einzelne in der Morgenkühle schauernde Kinder, da ganze Familien, Kind und Kegel. Menschen in dichte Überröcke gehüllt und mit unternehmenden Touristen-Anzügen bekleidet, Menschen im Sonntagsstaat und im Arbeitskleide, mit Botanisier-Trommeln, ja, mit ganzen Futterkörben, mit Operngucker am Riemen, – mit altersschwachen Fernrohren – Menschen in allen Gestalten: schlaftrunkene Menschen, heitere Menschen, lachende und ernste Menschen, schreiende und johlende Menschen, betrunkene Menschen, aber alle, alle von einer Absicht erfüllt, alle in Eile, alle in einer nicht zu schildernden festlichen Aufregung.

Und nun mehrt sich die Zahl der Fuhrwerke, der Pferdebahnwagen. Das rasselt und poltert und holpert und klingelt auf allen Seiten, nach allen Richtungen. Die Dutzende gespensterhafter Gestalten werden zu Hunderten, die Hunderte zu Tausenden und das Meer von Wagen und Menschen teilt sich in große Ströme, die nordwärts, ostwärts, südwärts und westwärts durch die Hauptstraßen, welche zu den Stadtthoren hinaus oder zu den Bahnhöfen führen, auseinanderfluten.

Der Anhalter Bahnhof und die großen Stadtbahnhöfe gaben ein Bild von Menschenandrang, welches an den Ansturm einer wütenden Volksmasse bei einer Rebellion erinnerte. Kopf an Kopf drängen sich die Sonnenfinsterlinge auf den Stufen. Ängstliches Geschrei, Gelächter, Witze der grausamsten Art. – Der Weg nach dem Kreuzberg ist buchstäblich schwarz von Menschen. So muß es ausgesehen haben, als die beleidigten Plebejer einst aus der alten Roma auf den heiligen Berg gepilgert sind.

Nun sind auch die eigentlichen »Sonnenbrüder«, die Bassermann-Gestalten[8], welche auf den Bänken der Anlagen und in Gott weiß welchen Höhlen geschlafen, auf den Beinen und mischen die schrillen Mißtöne aus rohen, fuselheisern Kehlen in das gewaltige Konzert. Solch ein Nachtbild ist Berlin wohl lange, lange nicht geboten worden. Wer könnte es je vergessen!

Doch ich habe mich bei meinem Rundgang verspätet. Es gilt nun auch für mich »nach der Sonnenfinsternis zu gehen«! Ich eile zum Königsthor hinaus. Alles was auf Rädern geht, ist besetzt. Leute, die sonst den Groschen dreimal wenden, zahlen den Rosselenkern, was sie verlangen. Endlich helfe ich einen Kremser stürmen, der schon, der ersten lebendigen Ladung ledig, von Weißensee zurückkehrt. Alles voll im Nu.

Wir sitzen, wie es kommt, ohne Rücksicht auf Bequemlichkeit oder Sicherheit. Auf dem Bocke sitzt ein Fahrgast, und der Kutscher sitzt auf dem Schutzbrett buchstäblich zwischen den beiden Pferden. »Herr Jott, Sie sitzen ja auf meine Hühneroogen!« Schadet nichts! Vorwärts durch den kühlen Morgenwind vorwärts in den jungen Tag hinein, der allbegehrten, allersehnten Sonnenfinsternis entgegen.

Es ist ein ganz frappanter Anblick, wie wir über die Stoppelfelder bei der Rennbahn hinterm Dorfe Weißensee die Anhöhe hinaufstürmen. »Sie! Wo jeht et denn hier nach die Sonnenfinsternis?« ruft man einem mit Menschen dichtbesetzten Möbelwagen, der durch Querlatten in eine Art von Viehtransportwagen verwandelt ist, und die Aufschrift: »Zur Sonnenfinsternis nach Weißensee« trägt, entgegen. »Herr Jott, loofen Sie man nich so, et jeht nich eher los, als bis wir alle beisammen sind!« so schallt es bunt durcheinander aus den Kehlen der Hügelstürmer. Die Stoppelfelder knirschen unter der Last der Hunderte.

Und mehr und immer mehr kommen heran. Wohin das Auge blickt: Menschen. Am Horizont sieht man in weiten Zwischenräumen große Menschentrupps, die von fern wie schlachtmäßig aufgestellte Abteilungen eines großen Kriegsheeres sich ausnehmen. Endlich konzentriert sich am östlichen Horizont der ungewisse helle Schimmer zu einem weiten, blutroten Streifen, der durch dunkle Wolkenstreifen zerklüftet erscheint. Es ist beinahe fünf Uhr. Der Himmel scheint immer grauer und regnerischer zu werden, auch die Stimmung des Publikums läßt nach, liegt doch die nahende Enttäuschung auf der Hand. Vergeblich kämpft der Sonnenball gegen die dichten Wolkenschichten. Um fünf Uhr erscheint plötzlich ein grau-grünlicher Schimmer im Osten, der rotgoldige Strom fließt nur noch ganz schwach oben darüber hin. Der Himmel wird bleigrau, die grünliche Färbung im Westhorizont intensiver, die ganze Landschaft scheint in diese merkwürdige Farbe getaucht, die Luft scheint kühler zu werden, ein unheimliches Gefühl ergreift die momentan stumm gewordenen Zuschauer. – – –

Da bricht sich der Humor plötzlich wieder Bahn: Die letzte Spur von Rot ist verschwunden in eine unbestimmte Finsternis, wie vor dem Ausbruche eines furchtbaren Sturmes hüllt sich die ganze Umgebung, unter lautem Bravogeschrei und Applaus der zahllosen Menge. Nur zwei Minuten hält diese Finsternis, die zwischen Nacht und Abenddämmerung die Mitte hält, die kühlen Wind mitbringt und alle Sonnenwärme gewissermaßen aufgesogen zu haben scheint, an.

Um 5 Uhr 10 Minuten haben sich schon die wiedererschienenen Spuren der rosenfingerigen Eos in Bänder strahlenden Goldes verwandelt, die Sonnenfinsternis ist für uns zu Ende, denn das letzte Viertel derselben vermögen wir, dank den Wolken, nicht zu beobachten. Keine Korona, keine Protuberanzen, keine aufleuchtenden Sterne! Alles das bleibt hinter den Koulissen und die Flut von Menschen ebbt wieder zurück, die einen befriedigt, die andern enttäuscht, aber alle laut und vergnügt. Sie sehen aber übernächtig aus, matt und staubig, die Menschen alle, die sich wieder zu Fuß, zu Wagen in unabsehbarer Linie stadtwärts zurückbewegen. Es lebe der Frühschoppen! Hei, wie der feurige Cognak im Glase funkelt!

Wohl nur wenige hatten noch ihre Augen ostwärts gerichtet, als die Sonne in ihrer ganzen Glorie, von des Mondes Schatten längst befreit, über dem Horizonte aufleuchtete. Diese wenigen mögen doch wohl ein Gefühl des Wohlbehagens und der Freude über das klare Antlitz unserer majestätischen Freundin, der Leben und Wärme spendenden Feuerkugel empfunden haben. Die bleichen Schatten sind darüber hinweggehuscht, die Krisis ist überstanden! – So mögen auch die Schatten der Trübsal auf unser Leben fallen, – sieghaft dringt das Sonnengold der Lebensfreude dereinst wieder hervor!

Omen accipio![9] –

Eine Berliner Halbferien-Kolonie

Das Wort »Ferien-Kolonie« ist ins Vokabularium des Großstadtlebens, als unvermeidlicher Artikel aufgenommen. Es ist eine der schönsten Perlen im Glorienkranze der Humanität, ein Zug geschickter Taktik in dem unerbittlichen, ewig tobenden Kampfe zwischen werkthätiger Menschenliebe und den Furien der Armut und des Elends, die Leib und Seele zerstören. –

Unzertrennbar ist dieser jetzt »aktuelle« Begriff von dem Gedanken an dichtbevölkerte Stadtteile, an enge, lichtlose Straßen, an hohe Mietskasernen mit kleinen Höfen, die wie starre Menschen ohne Herz und Gemüt aussehen, an dumpfe Kellerwohnungen, von deren Innerem die Sonne ihr fröhliches Gesicht schaudernd wegzuwenden scheint – – – an Scharen bleicher oder wachsgelber, schmutziger, verwahrloster Kindergesichter.

Allen diesen, dem Leben der Berliner mit klettenhafter Zähigkeit anhaftenden Dingen gegenüber ist natürlich die Einrichtung von Ferien-Kolonien wie ein Tropfen Wasser auf einen heißen Stein. Aber dieser Tropfen quillt aus dem schönen Born der Menschenliebe und fordert somit unser warmes Interesse ebenso mächtig heraus, als sei er ein mächtiger Quell, der den Feuerbrand menschlicher Not auf immer und ewig löschen könnte.

Was im Allgemeinen Ferien-Kolonien sind, das darf man bei jedem Großstädter, bei jedem Berliner insbesondere, unbedingt als bekannt voraussetzen. Ich behaupte das, trotzdem ich innig davon überzeugt bin, daß man heutzutage in noch viel zu weiten Kreisen der Gesellschaft, und zwar oben, in der Mitte und unten der Beschaffung von Zahnbürsten und Badehosen für junge Heidenkinder weit mehr Interesse zuwendet, als der Sache der Ferien-Kolonien.

Für die letzteren aber kann gar nicht genug gethan werden. Je weiter das Ungeheuer »Stadterweiterung« mit seinen steinernen Zähnen sich ins grüne Land hinausfrißt, je stärker unsere Stadtparke, unsere städtischen Baumanlagen und Schmuckplätze von Kindern bevölkert werden, die nicht mit Papa, Mama und Bonne nach Heringsdorf oder ins Alpenland reisen können, je enger sich in den Mietskasernen die armen Familien mit ihrer enormen Vermehrungsfähigkeit zusammendrängen, um so mehr gewinnt das Bestreben an Bedeutung, unsere junge bleichsüchtige, stadtverpestete, skrophulöse Generation von armen Kindern auch Blattluft und Meeresbriese schlucken zu lassen.

Das Kind ist der Vater des Mannes resp. der Frau, – bedarf es da noch einer langatmigen Begründung dafür, daß es sozialpolitisch wichtig ist, wichtig für das nachkommende Geschlecht, wenn beim Kinde eine gesunde Seele im gesunden Körper wohnt!? Also möge jeder gute Mann und jede gute Frau die Hände offen halten, wenn zum Besten der Ferien-Kolonien angeklopft wird.

Es ist in Berlin, Gott sei Dank, schon recht Erhebliches auf diesem Gebiete erreicht worden. Kein Sommer vergeht, in welchem nicht eine große Schar bleicher, hohlwangiger Kinder des Elends hierhin und dorthin, in die Waldesschatten oder an den Meeresstrand von den verschiedenen Stadtbezirken Berlins aus, hinausgesandt werden, – um nach einigen Wochen mit glänzenden Augen, sonnengebräunt, erfrischt wieder heimzukehren. – Aber das sind eben nur Scharen, Bataillone – – die Kinder des Elends in Berlin bilden eine Armee!

Unserm alten Stadtteil Friedrichswerder gebührt der Ruhm, zwischen dem Wunsche mehr zu thun und der Unmöglichkeit allen zu helfen, einen Kompromiß geschlossen zu haben.

Der Kompromiß heißt »Halbferien-Kolonie«.

Was das bedeutet, ist leicht gesagt: Da leider eben die Mittel nicht so groß sind, sämtliche kränkliche Kinder armer Leute wochenlang in Kurorten u. dergl. zu verpflegen, so kann man sich damit helfen, nach sorgfältiger Auswahl solche Kinder, welche nicht gerade schwer krank sind, wenigstens auf einige Tage in der Woche dem Dunst der Stadt zu entreißen. Ohne etwa damit die Kinder Alt-Berlins der Wohlthat der Ganzferien-Kolonien entreißen zu wollen (es sind 12 Kinder dem Gesamt-Cötus[10] desselben überwiesen worden), richteten die mildherzigen Bewohner des 9. und 10. Stadtbezirks vor einigen Jahren die Halbferien-Kolonien ein, und heute stehen diese in ebenso voller Blüte, wie manches Kinderantlitz jener Gegend, das noch vor Kurzem den Stempel des Leidens in den welken Zügen trug. –

Meine »Reporterstreifzüge« haben von vornherein darauf verzichtet, schöngeistige Feuilletonplaudereien zu sein. – Sie sollen blos Photographien ohne Retouche, keine künstlerisch-idealistischen Gemälde sein. Ich brauche mich also vor dem »Allzutrockenwerden« nicht zu fürchten und kann ruhig etwas Statistik, etwas von Namen und Zahlen mit einfließen lassen. – Apropos Namen! Unser unvergeßlicher Kaiser Friedrich war auch Friedrichs-Werderianer, auch ein edler und thatkräftiger Patron dieser einzigen Halbferien-Kolonie. Dieser Umstand besagt selbst dem Unkundigen, welches die Pflanzstätte dieser Institution ist: es ist der Häuserkomplex vom Spittelmarkt bis zum Palais des hochseligen Kaisers Friedrich, die Kur-, Niederwall-, Ober- und Unterwasserstraße, Jerusalemerstraße Nr. 23 und 24, Hausvoigteiplatz, Oberwall- und Niederwallstraße, Werderscher Markt und Werderstraße, – mit einem Wort, ein gut Teil des wirklichen alten Berlin, dessen Gemäuer noch von längstvergangenen Tagen erzählt.

So fest wie manch alter Bau dort noch der Zerstörungswut der Zeit trotzt, so besteht auch dort im sozialen, menschlichen Sinne das alte Berlin, die ganze prächtige Solidität des Berliner Kleinbürgertums, welches in anderen Stadtteilen schon mit allerlei bösen Bacillen des modernen Zeitgeistes durchsetzt oder gar nicht mehr vorhanden ist.

Man ist dort nicht etwa mittelalterlich verknöchert, engherzig am Alten haftend. Keineswegs. Dieser Stadtteil, der neben vieler Armut eine beträchtliche Anzahl jener langsam aus eigener Kraft reich gewordenen Handwerker und Kaufleute birgt, denen noch etwas von der antiken praktischen Bürgertugend anhaftet, die noch fähig sind, sich der Pflege jenes urgemütlichen, immer mehr dahinschwindenden Weißbierphilistertums – im besten Sinne des Worts – hinzugeben, ist dabei so rege und thatkräftig, so zugänglich den gesunden Einflüssen des neuzeitlichen Geistes, wie der nagelneueste Komplex der Berliner »Trockenwohndistrikte« im Süden, Südosten oder Westen.

Natürlich entspringt dann auch aus der Kombination dieses »würdigen Alten« mit dem »kräftigen Neuen«, aus der Pflege guter, alter Berlinischer Bürgertugenden manch edles Werk der Menschenliebe, u. a. auch eben jene treffliche Institution der Halbferien-Kolonien. Doch ich bin wieder von den Namen und Zahlen abgekommen. 1400 Mark kam dieser edelste Sport der Wohlthätigkeit diesem nur 2000 wahlberechtigte Bürger zählenden Stadtdistrikt im vergangenen Jahre zu stehen und 22 Mädchen im Alter von 8 bis 14 Jahren genossen die schönen Früchte desselben.

Natürlich helfen Eisenbahn-, Dampfer- und Pferdebahnverwaltung bei dem edlen Werke freundlich durch Preisermäßigungen mit und auch den Wirten der betreffenden Lokale »im Grünen« gebührt das Verdienst, sich mit einem nicht bedeutenden Entgelt für die durchweg gute Verpflegung der Kinder zu begnügen. Dieser Erfrischungslokale im weitesten Sinne des Wortes hat unser Kolonial-Komitee vier auf dem Programm: Hundekehle, Treptow, Sadowa und Johannisthal.

Diese Orte besuchen die Knaben unter Leitung eines Lehrers, die Mädchen unter Leitung einer Lehrerin abwechselnd derart, daß einen Tag um den anderen vier Wochen hindurch die Kinder stets dem Einflusse der freien Gottesnatur vom frühen Morgen bis zum späten Abend ausgesetzt sind.

Dabei wird nicht mit Speise und Trank gekargt. Ich erinnere mich mit aufrichtiger Freude meines Besuches der Halbferien-Kolonie in Hundekehle, im herrlichen Grunewald, wo mir das Glück zu Teil wurde, die 22 Mädchen in Gesellschaft ihrer lustigen, jugendlichen Lehrerin beim – Kaffee und Kuchen zu treffen.

Ein ganzer Tisch voll eifriger Esser mit unsagbar vergnügten Gesichtern, aus denen schon ein gut Teil jener häuslichen Stubenhockerfarbe geschwunden war. Ein gewisser lustiger Übermut leuchtete aus den Augen selbst derer, welche noch den Stempel der bösen Bleichsucht, dieser getreuen Begleiterin so vieler Berliner Mädchen, tragen. Ich war übrigens auf das Bild vorbereitet, da ich schon auf dem Wege zu dieser Stätte der Kinderlust die erfreulichen Erfolge der ferien-kolonistischen Bestrebungen erfahren hatte. Denn ich kam nicht etwa allein. Die Herren vom Komitee sind keine Bureaukraten, welche ihr Werk vom grünen Tische aus dirigieren und dann die Dinge laufen lassen, wie sie wollen.

Mit ihren Familien pilgerten da die Herren hinaus, um selbst nach dem Rechten zu sehen und sie kamen auch nicht mit leeren Händen. Sie bereicherten den Kaffeetisch um Berge von Kuchen.

Vielleicht könnte man behaupten, es heiße dies »Eulen nach Athen tragen«. Denn ein intelligent aussehendes Mädchen entwickelte mir ein Tagesmenu, welches wahrlich Extrazugaben kaum verlangt: Stullen und abgekochte Milch, Suppe, Gemüse, Braten, Schrippen und wieder Milch, wieder Stullen und Braten, – so geht's den Tag durch.

Aber merkwürdig, – als wir nach einer Erholungspause die Kinderversammlung oben auf der Waldeshöhe aufsuchten, waren von dem Extrakuchen keine Krümel mehr vorhanden. Gott segne den Appetit! – Jedenfalls stärkt die ergiebige Befriedigung desselben zu recht frischer Bethätigung kindlicher Lust. – Mit lautem, übermütigem »Hurra!« empfängt uns die Schar und alsbald entwickelt sich ein allerliebstes Bild.

Um die Lehrerin gruppieren sich auf dem Waldesboden die Kinder im Halbkreise und spielen alle jene lustigen Spiele, welche uns, den Zuschauern, die Jugendtage wieder in Erinnerung rufen. Der Waisenvater, Herr H., sitzt mitten darunter, und wohl auch die anderen Zeugen der Szene, die sich unter den Bäumen gruppieren, werden selbst einmal wieder Kinder. Die Geheimrätin St., eine von den »wohlthätigen Frauen Berlins«, blickt, ihr Enkelkind an der Hand, auf das lustbeseelte Treiben dieser armen Kinder des Volkes und schiebt schließlich ihren kleinen Liebling in den Kreis der Spielenden hinein. Kinderlust und der Gottesodem der Natur sind die größten »Gleichmacher«.

»Bumke«, eine kleine Kolonistin, welche diesen Namen als klassische Vertreterin einer Art von weiblichem urkomischen Bendix[11] führt, trägt mit grotesker Komik ein Couplet vor; Duetts werden gesungen, eine der kleinen Besucherinnen deklamiert mit talentverratender, scharfer Pointierung, – Gelächter, Singsang, ungestörte Heiterkeit auf allen Seiten bei Groß und Klein.

Ich brauche das entzückende Bild kaum weiter auszumalen. Wer jemals als Kind unter Kindern im Waldesschatten »getollt« hat, der kennt es in allen seinen Zügen.

Der Beobachter des Bildes wird auf Momente der traurigen Vorstellungen entrückt, welche sich mit dem Gedanken an das Elend der Großstadt, dessen Kinder er hier vor sich sieht, verbindet. Aber noch mehr: Diese Kinder selbst werden dem Gedanken an die Tretmühle ihres armseligen Daseins entrückt und in die schönste Sphäre, in die Region kindlicher, harmloser Heiterkeit versetzt, die nichts von dem rohen Gebahren des in Berlin leider so überhand nehmenden jugendlichen Rowdietums kennt.

So sorgt unsere Halbferien-Kolonie für Leib und Seele. Wenn die Stätte des lustigen Treibens im alten Grunewald zur Nachtstunde still geworden, dann, meine ich, muß durch die Baumwipfel der Nachtwind ein freundliches Danklied denen singen, welche dieses Werk selbstloser Menschenliebe geschaffen! Möge es üppig weiter blühen und gedeihen!

Zur Litteratur der Berliner Straßenschilder

Die Großstadt und Residenz läßt sich mit einer fashionablen Weltdame vergleichen. Sie haben beide sogenannte Repräsentationspflichten. Man kann daher von beiden recht wohl verlangen, daß sie nicht nur ihren inneren Wert kultivieren, sondern auch äußerlich der hohen gesellschaftlichen Stellung, die sie einnehmen, gerecht werden. Daß die stolze Dame Berolina ein standesgemäßes Gewand trägt, daß sie neben der Fülle geistiger, künstlerischer, intellektueller Reize, die sie schmücken, ein strahlendes Gewand trägt, das haben bewundernde Fremdlinge, die sie besucht, längst aller Welt verkündet. Aber wo viel Licht ist, da ist auch viel Schatten. Einen ziemlich dunkeln Fleck in dem Prunkgewande Berlins bildet – die große Anzahl von Firmenschildern, die teils als Produkt unlogischer Denk- und Ausdrucksweise der betreffenden Geschäftsinhaber eine unfreiwillige Komik entwikkeln, teils durch Unachtsamkeiten der ausführenden Maler ganz widersinnige Dinge zur Erscheinung bringen, teils auch durch ganz grobe Verstöße gegen Grammatik und Orthographie geradezu verletzend wirken.

Das Studium der Firmenschilder in Berlin ist an und für sich ein interessantes. Diese stabilen Ankündigungen des Geschäftsbetriebes der zahllosen Kaufleute und Industriellen der Residenz sind ein recht deutliches Spiegelbild von deren verschiedenen Graden von Geschmack und Geschmacklosigkeit, sie sprechen von altväterlicher Pedanterie oder phantasiereichem Unternehmungsgeiste, von Wohlhabenheit und »Dalles«, von Witz und Humor. Wenn ein Milchgeschäft in der

Gitschinerstraße draußen am Hause zwei Öllandschaften mit Schweizerhäuschen, weidenden und am Bache saufenden Kühen anbringt, so ist das schon ein Zeichen von der Tendenz, etwas aus dem alten Schlendrian des Alltäglichen herauszutreten. Vielleicht ist auch die praktische Spekulation nicht schlecht. Der Lotterie-Kollekteur in der Blücherstraße, auf dessen Schild eine eingefriedigte grüne Wiese, als Terrain für ein wohlgenährtes, mit den Vorderfüßen auf einem Geldsacke stehendes Schwein nebst der Unterschrift: »Kgl. Preußische Landes-Lotterie« prangt, hat vielleicht etwas weniger glücklichen Geschmack, – aber der Wille ist zweifellos ein guter, und der Wunsch, daß seine Kunden jederzeit »Schwein« haben mögen, ein menschenfreundlicher. Einen Anspruch auf den Titel eines leidlichen Humoristen oder sollen wir sagen Galgenhumoristen hat der Wirt in der Luisenstraße, der auf seinem Schilde der Welt verkündigt:

Unrein heiß ich,
Das ist peinlich,
Doch, was ich verkaufe
Ist sauber und reinlich.

Den vollen Wert einer eindringlichen Bildersprache hat ein Schuhmachermeister in der Markgrafenstraße erfaßt, welcher ein Schild aushängt, auf dem ein Stiefel und ein Löwe figuriert. Als Motto steht darunter: »Du kannst den Stiefel wohl zerbeißen, aber nicht zerreißen.« Es liegt nicht in meiner Absicht, eine Darstellung von dem bunten Charakter der Berliner Firmenschilder zu geben, die Ausführung eines solchen Planes würde einen größeren Raum beanspruchen, als er mir hier zu Gebote steht. Obige kleine Beispiele führte ich blos an, um einen kleinen Fingerzeig zu geben, welch unendlich weiter Spielraum den Geschäftsinhabern auf diesem Gebiete zur Entwickelung der Phantasie und des Humors geboten ist. Um von der eigentlichen Absicht, welche dieser Betrachtung zu Grunde liegt, nicht abzukommen, möge bedauernd konstatiert sein, daß namentlich in den Reihen der kleineren Geschäftsleute beim Schildermalen mehr Unachtsamkeit, oder vielleicht auch mangelhafte Überwachung der Maler, als Humor und Phantasie zu bemerken ist. Nicht übersehen darf dabei werden, daß böse Beispiele gute Sitten verderben, wir können der Stadtverwaltung den Vorwurf nicht ersparen, daß sie durch manche Inkonsequenzen in der Orthographie der Straßenbenennungen jenes böse Beispiel gegeben hat.

Die Bezeichnung »Rosmarienstraße« – unseres Erachtens hat das Wort mit dem Eigennamen »Marie« nichts zu thun – müßte wohl der Bezeichnung »Rosmarin« (Rosmarinus) weichen. Einen besonders guten Eindruck macht es auch nicht, wenn man sieht, daß an den Ecken der Alten Jakobstraße und Kommandantenstraße einerseits **K**ommandantenstraße, andererseits **C**ommandantenstraße zu lesen ist. Man könnte noch manches Ähnliche dieser Art anführen, was auf die private Schilder-Litteratur nicht gerade von besonders günstigem Einfluß ist. Ein gut Teil Schuld mögen wohl die Schildermaler selbst tragen. Man stelle sich das Schild eines solchen Handwerksmanns vor, wie es thatsächlich in einer Straße des Südostens existiert:

Anfertigung
von
Schilder.
Schilder.
Schilder.
Schilder.
Schilder.

Dieser fünffache Schnitzer gegen die Grammatik wirkt geradezu betäubend. Kann man sich wundern, wenn der Pinsel eines solchen Mannes, der nicht weiß, daß die Präposition »von« den dritten Fall regiert, Schilder verbricht von der Art, wie z. B. an einem Restaurant in der Invalidenstraße bis vor Kurzem zu lesen war? Es stand da nämlich: »Speisen à la Charte«, und kann man es dem Witzbold übel nehmen, welcher zwischen das r und t ein bescheidenes i einfügte, so daß die bewundernden Passanten nunmehr lasen: »Speisen à la Charité«!? Ein Freund erzählt mir eine für diese ganze Angelegenheit recht lehrreiche Geschichte: »An dem Milchkeller eines Hauses der Großbeerenstraße war einer jener unorthographischen Künstler beschäftigt, zu beiden Seiten der Eingangsthür in großen schwarzen, recht schönen Frakturbuchstaben die üblichen Anpreisungen niederzuschreiben. Er war trotz strömenden Regens in aller Frühe schon recht fleißig gewesen, denn die linke Seite prangte bereits in voller kalligraphischer und orthographischer Korrektheit. Aber auf der rechten Seite, die er bereits vollständig vorgezeichnet hatte, da war ihm ein Unglück passiert. Ich konnte den Fehler, der jedem Sextaner sechsfach angerechnet worden wäre, halb aus Ärger, halb aus Mitleid unmöglich passieren lassen, klopfte dem Künstler, der mich gar nicht bemerkt hatte, auf die Schulter und raunte ihm die Worte zu: »Alter Freund, täglich wird klein geschrieben!« – ›2 mal Täglich frische Milch‹ hatte er gerade künstlerisch schön vollendet und für das »t« bei »täglich« das schönste »T« seines Frakturbuchstaben-Vorrates verwendet! – Überrascht und ganz »verdutzt« blickte mich der Malermeister an und nur ein langgedehntes »Sooo?« fand er als Erwiderung; in diesem »Sooo?« lag aber ein so deutlich ausgesprochener Zweifel an der Richtigkeit meiner kühnen Behauptung, daß ich mich – wohl auch des Regens wegen – auf eine weitere Unterhaltung nicht einließ. Gefruchtet hatte meine Rüge aber dennoch, denn mein Sohn hatte den Mann bald nachher beim Auswischen des »T« beobachtet. – Wir möchten, ehe wir auf die teils drolligen, teils recht schmerzlichen Konsequenzen der im Obigen geschilderten Malerhartnäckigkeiten näher eingehen, ausdrücklich darauf aufmerksam machen, daß in sehr vielen Fällen die Auftraggeber selbst eine ganz erstaunliche Begriffsverwechselung zeigen und den Malern Aufgaben für den Pinsel stellen, gegen welche sich eigentlich selbst ein lebloser Pinsel sträuben müßte. Warum in aller Welt überlegt man sich nicht die Sache vorher genau, ehe man eine absolute Ungereimtheit dauernd aller Welt vor die Augen hinmalt. Wenn z. B. in der Artilleriestraße ein Schuhmacher auf sein Schild schreibt: »N. N., Schuhmachermeister. Gegründet 1860«, so muß man sich doch unwillkürlich fragen, ob denn selbst in den wildesten Gründerjahren auch Schuhmacher gegründet worden sind. Übrigens sehen wir aus dem uns vorliegenden Material, daß es sogar gegründete Hoflieferanten giebt. – »Pianofabrik zu Kauf und Miethe« kann man in der Artilleriestraße lesen. Sollte es denn wirklich tastenwütige Backfische geben, die gleich eine ganze Pianofortefabrik miethen?! – Sollte der Herr in der Prinzessinnenstraße, dessen zwei Schilder die Bezeichnung »Tauben- und Vogelhandlung« einerseits und »Vogel- und Taubenhandlung« anderseits tragen, mit Feststellung einer neuen zoologischen Theorie beschäftigt sein, nach welcher Tauben nicht mehr zu den Vögeln gehören? Daß der Inhaber der »klingenden Pedalfabrik« in der Oranienstraße nicht nur ein naher Verwandter des »baumwollenen Schirmfabrikanten«, sondern auch des oben erwähnten »Pianofabrik«-Verleihers ist, steht bei mir außer allem Zweifel. Beinahe wohlthuend wirkt ein Schild, welches an einer Kellerthür in der Kurstraße prangt und dessen Inhalt förmlich dazu einladet, das Lokal zu betreten, um sich an dem Anblick der dort Zeitung lesenden Gäste zu ergötzen. Das höchstbemerkenswerte Schild nagele ich hiermit fest:

**Hier kann die Vossische und Volks-
Zeitung mit Intelligenz gelesen werden.**

Ob wohl derjenige, welcher das Schild gemalt hat, gleichfalls seine Zeitungslekture in jenem Kellerlokale besorgt!? Wie die meisten krankhaften Erscheinungen epidemisch auftreten, so thut es auch auf dem Gebiete der Schildlitteratur die Nachlässigkeit, die Inkonsequenz, der blühende Unsinn. Es giebt da Erscheinungen, die sich in gewissen Stadtteilen geradezu rudelweise zeigen. Schrecklich, aber wahr ist es, daß, trotzdem das »Lebendigbegrabenwerden« hier zu Lande nicht Sitte ist, die Aufschrift: »Begräbnißplatz für Verstorbene« in verschiedenen Stadtteilen auftritt, daß vielfach in Berlin Milchhändler gegen ihr eigenes Geschäftsinteresse verblendet genug sind, um schlankweg an ihrem Laden das klassische Schild anzubringen:

Milch von eichene Kühe.

Hierbei würde selbst die korrektere Anwendung des dritten Deklinationsfalles wenig tröstend wirken, denn selbst von »eichenen« Kühen dürfte kaum erquickende Milch zu erwarten sein. Selbst dann glaube ich das nicht, wenn, wie dies an der Thüre einer Molkerei in der Dorotheenstraße angekündigt wird, ganz besonders als Verkäuferinnen dressierte Kühe vorhanden sind. Die Ankündigung lautet nämlich: »Milchverkauf im Stall, auf Wunsch von einer Kuh.« Gegen diese Molkereischerze scheint mir die massenhaft auftretende »frische Kindermilch« vollständig zu verschwinden.

Ja selbst die etwas beängstigende Schilderankündigung in der Dresdenerstraße: »Jede Sorte Getreide wird in Lohn gequetscht«, vermag mir nur noch ein mattes Lächeln abzugewinnen. Zur Erquickung begeben wir uns zunächst zu einem Restaurateur in der Landsbergerstraße, bei dem es laut Schild: »Warm Frühstück zu jeder Tageszeit« giebt und wo wir somit am späten Abend zur rechten Zeit kommen, wenn uns die Frühstückslust anwandelt. Eine solche Koulanz den Kunden gegenüber halte ich für durchaus angebracht, aber man darf dabei nicht zu weit gehen, namentlich darf man, in dem Wunsche möglichst viele Geschmacksrichtungen zu befriedigen, nicht allzu heterogene Dinge zusammenwürfeln, wie es ein Kaufmann in der Pappelallee thut, an dessen Laden zu lesen ist:

Jeden Sonntag
frischen Schweizer-Käse
Veilchen und Pfannkuchen.

Ich meine doch, daß am Ende das Aroma des Schweizerkäses unter dem Einflusse des Veilchens und des Pfannkuchens leiden könnte. – Eine Gewissensfrage: Was ist eine »Destillation in Vertretung«? wie ein Schild in der Gegend des Askanischen Platzes besagt. Mir erscheint das eben so rätselhaft, wie das in Begriffsverwirrung förmlich schwimmende Schild, das ich in der Mohrenstraße gesehen: »Civil- und Militairgeschäft sowie Effecten-Handlung.« Auch nicht übermäßig klar und zweifelsohne ist meines Erachtens ein Schild in der Lützowstraße, auf welchem wörtlich zu lesen ist: »Reparaturen von Gas und Wasser«. Selbst die darunter stehende Bemerkung: »Verzinnungsanstalt« läßt nur dunkel auf die Bedeutung dieses Instituts schließen, ebenso dunkel, wie das Schild eines Schuhmachers in der Georgenkirchstraße: »Werkstatt für Fußleidende« durchblicken läßt, daß nicht wirklich jeder dort arbeitende Lehrling und Geselle mindestens mit »Hühneraugen« behaftet ist. Ein hoher Grad von Empörung hat mich aber erfaßt, als ich sah, daß an einem Laden in der Oranienstraße ein Schild mit der Bemerkung angebracht ist: »Junge Mädchen können den Putz erlernen«. Das fehlte noch! Ich glaube, daß bei der notorischen Eitelkeit des weiblichen Geschlechtes die »Erlernung der Putzmacherei« vollständig ausreichen dürfte. Bei Gelegenheit der Erwähnung »weiblichen Putzes« fällt mir übrigens ein recht häßliches Schild ein, welches jeden Franzosen zum Lächeln verleiten und jedem guten Deutschen die Galle rege machen muß.

Steht da an einem Hause der Friedrichsstraße folgendes Schild: »Madam N. N. Confection pour robes und ganze Ausstattungen als auch fertiger Damencostümes«. Vor diesem Wust von Stillosigkeit, Fremdworthascherei, Orthographiemangel möchte man fast tief erschüttert das Tintenfaß zuklappen! Diesem Hause wünschte ich (es wäre eine Erleichterung) das an sich auch nicht schöne Plakat, welches ich in der Lothringerstraße gefunden: »Unbefugten ist der Aufenthalt bei Strafe des Hausfriedensbruches verboten«. O heilige Konfusion!

Je weiter man sich in die wunderbaren Mysterien der Schilder-Litteratur vertieft, um so erstaunlicher erscheint das geradezu unglaubliche »Kuddelmuddel« – man entschuldige dieses stark berlinische Wort – welches in den Köpfen mancher Auftraggeber auf diesem Gebiete herrscht. Wir hatten es bisher immer noch mit Schildern unlogischen Inhalts zu thun, und bei diesen liegt ohne Zweifel die Schuld weit mehr auf Seiten der Auftraggeber, als der Maler, denn die ersteren allein können für den allgemeinen Inhalt eines solchen Firmenschildes verantwortlich gemacht werden. Der Maler ist da nur die ausführende Maschine, der Auftraggeber der leider etwas schiefdenkende Kopf.

Wie ist es möglich, daß die Leiterinnen einer Volksküche tagtäglich an der Wand ihres Etablissements eine Inschrift sehen können, welche folgendermaßen lautet:

Leichtsinn ist die erste Quelle
Jedes Unglücks die uns droht.

Ich fürchte, daß auch bei dieser Inschrift Leichtsinn die Quelle des Unglücks gewesen ist. Schrecklich! Die Milch müßte sauer werden in dieser Volksküche.

Kann der Leser sich eine ungefähre Vorstellung davon machen, was eine »Wasch- und Plätt-Anstalt auf neue geplättet« ist? Ich weiß es nicht, der Maler wird's wohl auch nicht wissen, der Inhaber des Instituts vielleicht am allerwenigsten, aber es steht so da in der Neuen Hochstraße, für alle Welt zu lesen. Vielleicht ebenso wenig Begriff von dem was er sagen wollte, hatte der Handelsmann in der Kleinen Stralauerstraße, welcher ungeniert ein Schild mit der Inschrift zur Schau stellte:

Hier wird Spreewasser
und
andere kleine Möbel gefahren.

Dieses Schild gehört ja allerdings der Vergangenheit an, aber auch die Gegenwart bietet Analogien genug. Das häufig zu erblickende »Holz- Torf, Preß- und Steinkohlenhandlung werden frei ins Haus geliefert«, welches wahrlich nicht ausschließlich in der Feilnerstraße zu lesen ist, scheint mir auf demselben Acker gewachsen zu sein, wie jene famose Spreewasser- und Möbelfuhre.

Geradezu epidemisch in Berlin ist das Schild mit der Inschrift: »Hier werden Damen in und außer dem Hause frisiert.« Diese Ankündigung ist durchaus unsinnig, es ist ganz undenkbar, daß sich irgend eine Dame gefallen lassen würde, sich dort, nämlich bei dem betreffenden Friseur »außer dem Hause«, also etwa auf dem Bürgersteig frisieren zu lassen. Halt, – da kommt mir wieder ein Bruder von der Spreewassergeschichte unter die Augen. – In der Sophienstraße ist zu lesen: »Hier werden Instrumente und andere Fuhren gefahren.« O pfui! ein Instrument ist so wenig eine Fuhre, wie Spreewasser ein Möbelstück.

Ein übertriebener Tierfreund muß der Geschäftsmann in der Neuen Königsstraße sein, welcher, ich vermute, nach jahrelangen Bemühungen eine Zuckerdose konstruirt hat, die er mit dem Plakate

Neuester Zuckerkasten von Glas,
Schutz für Fliegen.

in sein Schaufenster gestellt hat. Ich halte mich für verpflichtet im Namen sämtlicher Fliegen Berlins für diesen entschieden süßen Schutz, den ihnen diese Zuckerdose gewährt, zu danken, würde aber nach meiner persönlichen Empfindung jeglichen Schutz gegen Fliegen bedeutend vorziehen.

Ein ganz böser Dämon auf dem Felde der Schildermalerei ist das Wort »Reparatur«. Es schleicht sich in zahllose Schilder ein und richtet die schmerzlichsten Verwirrungen an. »Oberhemden und Reparaturen werden nach Maas angefertigt!« O weh! aber so steht's in der Wallstraße. »Pianinos zu Kauf und Miethe, Annahme von Reparaturen und Stimmungen«. Aber das ist doch eine ganz unhaltbare Annahme! Ein ähnliches Wohlwollen wie der Herr in der Neuen Königsstraße gegen arme schutzlose Fliegen empfindet, scheint die Brust eines Barbiers in der Niederwallstraße gegenüber menschlichen Zähnen zu erfüllen.

Er hat folgendes Blechschild an der Ladenthür:

Schnelle und sichere
Befreiung
kranker Zähne.

Es ist nur schade, daß der Wunsch der Menschheit, von kranken Zähnen befreit zu werden, nachweislich viel stärker ist, als der Freiheitsdrang kranker Zähne.

Ein Kollege des ebengenannten ist übrigens im Besitze einer Gehilfenschaft, welche ebenso billig wie praktisch sein dürfte. Er scheint nämlich – der Herr wohnt in der Alten Jakobstraße – keine lebendigen Friseurgehilfen zu haben, sondern bei ihm »werden sämtliche Arbeiten von ausgegangenen Haaren gefertigt«. Das ist ein Kunststück, das selbst ausgegangene Friseurgehilfen nicht fertig bringen. Halt, – da kommt schon wieder eine Spreewasser-Möbel-Analogie: »Landparthien und andere Fuhren werden gefahren« liest man in der Bergstraße. Ja, ja, es ist eine schlimme Sache mit diesen mancherlei Fuhren in Berlin. Ganz fürchterlich konfus erscheint mir auch das Schild in der Winterfeldstraße, welches also lautet:

Größter Berliner Trockenplatz
sowie
Betten- sonnen u. Teppiche klopffen.

Den Leuten, die sich auf ihren Firmaschildern derart vergallopieren, ist es bei ganz geringem Maße von Schadenfreude, beinahe zu gönnen, daß boshafte Humoristen aus dem unfreiwilligen Humor durch kleine Änderungen einen absichtlichen machen. Ein solch unberufener Korrektor war jener Schalk, der das Schild eines Schlächtermeisters in der Friedrichsstraße, auf welchem »frisches Rinderpotenfett« empfohlen wurde, ein ganz klein wenig änderte, so daß eines Tages »Kinderpotenfett« zu lesen war. Aber so muß es kommen.

Auf dem dornenvollen Wege zu dem furchtbaren Chaos der unorthographischen Schilder, d.h. derjenigen, welche gegen die elementarsten Regeln der Rechtschreibung und der grammatischen Satzbildung verstoßen, stolpern wir immer und immer noch über allerlei Zeichen von verworrenem Denken. Stelle man sich vor, daß in einem von Berlinern stark besuchten Restaurant des Grunewalds von dem Wirt beim Eintritt in den Tanzsaal laut Plakat folgendes verlangt wird:

Bitte beim Eintritt
in den Saal auf den Decken
die Füße abzutreten.

Das finde ich unbillig, um so mehr, als man doch gerade im Tanzsaal der Füße dringend benötigt ist. Auch ist nicht gesagt, an wen man sie abtreten soll, oder sollen die Gäste sich wirklich dieser wertvollen Gliedmaßen durch starkes Stampfen entledigen? Aber das ist eine Inschrift in einem Grunewald-Restaurant.

Etwas bedenklich erscheint mir der Umstand, daß im Berliner Rathaus, im Flur des dritten Stockwerkes der höchst denkwürdige Vers zu lesen ist:

Denk an die faule Tage
Und arbeite darauf los.

Das ist ganz fürchterlich dunkel, abgesehen davon, daß es ganz ungrammatisch ist. Es ist ein Kunststück, an faule Tage zu denken, wenn sie in ganz undenkbarer Entfernung vor uns liegen. Soll denn das heißen, daß jeder Mensch auf eine Rentier-Zukunft losarbeiten soll? Ja, – »erst können vor Lachen«. Indem wir nun noch einen scheuen Blick auf die bemerkenswerte »Metalldreherei für Gas und Wasser« in der Ritterstraße werfen, versenken wir uns in das unabsehbare Meer der orthographischen und grammatikalischen Schnitzer.

Dieselben lassen sich in zwei Klassen teilen. In solche nämlich, welche durch eine geradezu sträfliche Unachtsamkeit und Lüderlichkeit in der Ausführung falsche Worte oder einen ganz entstellten Sinn zeigen, und in solche, deren Ausführung einen absoluten Mangel der elementarsten Schulkenntnisse auf seiten des Malers verraten.

Es handelt sich bezüglich der ersten Klasse zuweilen nur um Bindestriche, Punkte, Kommas u. dergl., deren Mangel oder überflüssiges Vorhandensein einen durchaus verkehrten Sinn, ja grobe Lächerlichkeiten zu Tage fördern.

Kann man mit ernstem Gesichte an folgender Giebelinschrift in der Urbanstraße vorbeigehen, welche lautet:

Dachpapen Pappen Papier Fabrik.

Das ist ein hübscher Happenpappen von Unachtsamkeit. Wie schön würde sich da ein Bindestrich und das Wörtchen »und« oder ein Komma u. dergl. ausmachen. Welch eine entsetzliche Perspektive eröffnet eine Schaufenster-Inschrift in der Markgrafenstraße, welche von

Familien Fett-Seife

spricht. Sollte wirklich Familienfett dazu verwandt sein? Ist für den ersten Bindestrich keine Farbe mehr im Topfe gewesen? Ich wünschte, daß die Verfertiger der beiden vorgenannten Malereien nur den hundertsten Teil der Vorliebe für Interpunktion besessen hätten, wie derjenige, welcher in einem Hause der Belforterstraße folgende Inschrift an die Wand gezaubert hat:

Es wird gebeten, die, Sachen
und Teppiche, nicht, auf die
Treppe, aus, zu klopfen.
Der Wirth.

Ein Witzbold soll bei Anblick dieses Schildes gesagt haben: »die Inschrift hat ja die Cholera! voller Kommabacillen!« – Dem Grundsatze, schreibe wie du hörst, respektive schreibe wie du sprichst, dürfte der Bäckermeister in der Brunnenstraße in hervorragender Weise huldigen, welcher durch Plakat bekannt macht, daß bei ihm »Kremtochten à 5 Pfennige« zu haben sind. So berlinerisch darf man denn doch nicht sein, daß man der lokalen Aussprechweise des »r« selbst auf einem Ankündigungsschilde zu Willen ist. Daß das französische Wort Crème in Verbindung mit der Torte auch »schief« gegangen ist, das darf uns noch gar Wunder nehmen, denn wenn gewisse Herren Schildermaler auf das Glatteis der fremden Sprachen geraten, dann gleiten sie manchmal in ganz erschrecklicher Weise aus. Wie lüderlich aber von diesen Herren ganz unnötiger Weise verfahren wird, geht noch aus folgenden merkwürdigen Schilderleistungen hervor. Bei einem Grünkramhändler in der Gypsstraße werden unter anderen Herrlichkeiten auch »Eieer« offeriert. An einem Restaurant in der Kommandantenstraße ist zu lesen »Münchener Lövenbraü«.

In der Potsdamerstraße verspricht ein Dentist »schmerzlose Zahnoperation«; ein Heilgehilfe in der Lützowstraße spricht auf einem Schilde von »Zahnzien«. Ein anderer in der Brandenburgerstraße hat eine »chiurgische Officin für sämmtliche Hülfeleistungen«. Vor dem Justizpalast, Ecke der Straße Alt-Moabit, steht ein Pfahl, an dem auf einer Tafel mit blauem Grunde zu lesen ist »Ueberfahrt nach Thiergarten-Stadtbahn-Hoff«. In der ersten Etage eines Hauses in der Ritterstraße ist auf einem Anzeigeschild zu lesen: »Leihaus«. Etwa darum, weil dort Geld ausgeliehen wird? – Ein wahrer Schilder-Raphael ist der Mann, welcher in der Schützenstraße das folgende Schild verbrochen hat:

N. N. Schneidermeister 3 Trqqenn.

Das ist nicht Dummheit, das ist bodenlose Nachlässigkeit. »Jede Krüppel-Arbeit wird bei mir angefertigt«, behauptet ein Schuhmachermeister in der Alexandrinenstraße etwas dunkel. Auch stark lokalpatriotisch angehaucht ist der Besitzer einer Dampffschneidemühle in der Lausitzerstraße, welcher u. a. Holzarbeiten, schauerlicherweise auch »Schauerleisten« ankündigt. Ja, das ist wohl berlinisch, aber weder richtig noch schön. Auf eine Kuriosität möchte ich zum Schluß noch aufmerksam machen, welche sich in der Weißenburgerstraße befindet. Daselbst prangt folgendes Schild:

Ganz klar ist mir die Sache nicht, ob der Herr Fischermeister Robert Böttcher heißt, oder der Herr Böttchermeister Robert Fischer.

Der Hüter der Morgue

Lebhaft steht mir eine arme, alte Frau vor Augen, welche eine Zeit lang fast jede Woche mehrmals in meinem Redaktionszimmer zu erscheinen pflegte. Sie sah immer abgehärmt, immer traurig aus, und meist waren die alten Augen gerötet vom Weinen. Der Frau war ihr Sohn, die einzige Stütze ihres Alters entlaufen. Ich sollte durch die Hilfe der Presse ihr den Sohn wiederfinden helfen.

»Er hat in der Nacht einmal bei mir ans Fenster geklopft, aber ich bin nicht aufgestanden. O, mein Gott, warum habe ich ihn nicht hereingelassen, meinen armen Jungen!«

Und dann brach sie in ein herzzerreißendes Schluchzen aus. – –

Der redaktionelle Beruf bringt den Menschen mit den schmerzlichsten Seiten des Lebens zusammen und härtet die Nerven. Ich konnte mich nicht enthalten, die Frau daran zu erinnern, daß in Berlin fast täglich unbekannte Leichen gefunden werden.

Wortlos ging sie davon, und von jenem Tage ab hat sie mit Gier die lakonischen Mitteilungen des Polizeiberichtes studiert, hat sie unermüdlich vor den hohen Glasscheiben der Morgue gestanden.

Eines Tages kam sie wieder und es glänzte etwas wie Freude in dem abgehärmten Gesicht. »Nun, Frau E., haben Sie ihn gefunden?« »Ja, ja – ich habe ihm mit der Hand über den Kopf gestrichen. Am Haar habe ich ihn erkannt – – – O, mein Gott, hätte ich doch meinen Jungen in der Nacht hereingelassen.«

Und sie ging wieder weg, während der Gram den alten Körper förmlich durchzuschütteln schien.

Damals vergegenwärtigte ich mir im Geiste das Furchtbare der Erkennungsszene und ich beschloß, der Stätte, welche die düstersten Bilder des Berliner Lebens birgt, einen Besuch abzustatten, den »Hüter der Morgue« mit in den Kreis meiner »Interviews« hineinzuziehen.

Die Behörde kam meinem Wunsche mit weitgehendster Zuvorkommenheit entgegen.

»Königl. Leichen-Kommissarius«. Dieser seltsam klingende Titel muß einem mit etwas lebhafter Phantasie begabten Menschen naturgemäß die Vorstellung von einem düstern, ernsten Manne vorspiegeln, in dessen Zügen die ganze unsagbare Melancholie seines Berufes wiederstrahlt. Als ich Herrn Kommissar Mühsam zur Begrüßung die Hand drückte, sah ich das Urbild der gutmütigsten liebenswürdigsten Berliner Jovialität. Eine vertrauenerweckende Verschmelzung der Begriffe »Beamter und Mensch«.

Das erstere muß der Berliner Leichen-Kommissar, der zugleich etatsmäßiger Kriminal-Kommissar ist, bei der hohen Verantwortlichkeit und weiten Verzweigung seines Berufes voll und ganz sein, das letztere kann er inmitten der Szenen von namenlosem Menschenweh, wenn er nicht von Natur eisenhart ist, bleiben.

Herr Mühsam erzählte mir in seiner schlichten, von jedem Sensationskitzel fernen Weise, wie er sein Debut als Leichen-Kommissar, nachdem er seinen Amtsvorgänger Di Dio wiederholt vertreten, gerade bei Gelegenheit der furchtbaren Steglitzer Eisenbahn-Katastrophe im Jahre 1883 angetreten habe.

Das nenne ich eine Feuertaufe. Drei volle Tage saß der Beamte von früh bis abends fast ununterbrochen unter Leichen und Leichenteilen. Er mußte sein Bureau unter den stummen, grauenvollen Zeugen des blutigen Ereignisses aufschlagen und die erschütternden, langwierigen Szenen des Rekognoszierens über sich ergehen lassen. »Am vierten Tage war ich an Körper und Seele wie gebrochen. Man mußte mich fast nach Hause tragen.«

Ich glaubte es ihm gern und ich glaubte ihm ebenso gern, daß sehr oft bei minder großen Katastrophen, er sowohl wie seine Leichendiener – es sind deren drei angestellt – sich thränenden Auges abwenden müssen, wenn die Mutter den Sohn unter den traurigen Resten von Menschentum entdeckt, oder die Frau mit einer ganzen Kinderschar sich laut jammernd über den entstellten Leichnam des Ernährers wirft, auf den sie so lange, bange Nächte, die Stunden und Minuten zählend, gewartet hat. Da schlägt das Menschenherz in den Beamten rasch und stark, und die Hand greift wohl auch in den Geldbeutel und spendet der Armut, die durch namenloses Leid noch schrecklicher, noch drückender geworden ist, eine Gabe. Es ist schwer, sich hier nicht auf das dankbare Gebiet feuilletonistischer Genremalerei zu verirren.

Wer sieht dem blumengeschmückten Friedhofe an, daß sein Erdreich die Schauer der Verwesung birgt? – Tausende würden an dem schmucken, zweiflügeligen Ziegelgebäude an der »Kommunikation« (Neues Thor) das einen mit grünem Rasen gezierten Vorgarten einschließt, vorübergehen, ohne die Bestimmung desselben zu erraten. Erst das Schild mit dem bekannten preußischen Adler und der Aufschrift: »Königl. Leichen-Kommissariat« läßt den traurigen Anblick ahnen, der den Besucher da drinnen erwartet.

Wenn es etwas giebt, was den trüben Eindruck einigermaßen mildern kann, so ist das die geradezu überraschende Eleganz, die peinliche Sauberkeit, welche in diesem Institute herrscht, die uhrwerkmäßige Exaktheit und Ruhe, mit welcher die Arbeit dort gethan wird, – Momente, die selbst dem flüchtigen Beschauer auf den ersten Blick in die Augen fallen.

Herr Mühsam meinte, »da, wo wir hinkommen, können wir gut und gern eine Zigarre rauchen«. – Ich machte von der menschenfreundlichen Erlaubnis Gebrauch, aber ich darf hinzusetzen, daß es kaum nötig war, den Teufel irgend welcher Miasmen[12] durch den Beelzebub des Nikotins auszutreiben. Von den Leichenkellern bis hinauf zur eigentlichen öffentlichen Leichenschauhalle giebt es keine Desinfektion, aber auch, soweit die Räume selbst in Betracht kommen, keinen auffällig schlechten Geruch. – Im unterirdischen Geschoß steht eine Dampfmaschine, welche mit Hilfe von Ammoniak kalte Luft erzeugt und dichte Eiskristalle bedecken die durch alle Ecken und Winkel sich schlängelnden Röhren, durch welche diese Eisluft geleitet wird. – Jede Leichenzelle kann einzeln gekühlt werden. Eine andere, kleinere Maschine sorgt für eine Ventilation, die ich in solcher Vollendung in ähnlichen Instituten nie getroffen. –

Wie traulich liegt der westliche Flügel da, welcher die Dienstwohnungen des Leichen-Kommissars und seiner Beamten enthält. Die sauberen Tüllgardinen und die Blumen an den Fenstern sehen so altväterlich gemütlich aus, als gebe es keinen Schrecken hier, als verlören sich die Spuren von Selbstmord und vernichtenden Schicksalsschlägen, von Blut und Jammer weit, weit draußen in den lärmreichen Straßen der Großstadt, und berührten nimmer dies freundliche Idyll. Und doch – nur wenige Schritte davon lauern schon diese Schrecken.

Eine breite Flügelthür bildet vom langgestreckten Zentrum des Gebäudes, zu dem einige Stufen hinaufführen, den Mittelpunkt. Ist sie geschlossen, so ist der dahinter liegende Raum leer. Ein Plakat besagt, daß keine unbekannten Leichen in der Anstalt vorhanden seien. Steht aber die Thür offen, so sehen wir beim Eintritt eine Reihe von sieben geräumigen Zellen, in welcher wir durch dicke, klare Glasscheiben hineinschauen können. Wir befinden uns in der eigentlichen »Morgue«, dem einzigen Raume des Gebäudes, der dem Publikum jederzeit offen steht, falls jene bleichen »Namenlosen« darin liegen, welche die Spree angeschwemmt, welche tot in den Gängen des Tiergartens gefunden wurden, oder welche die kalte, mitleidlose Straße dorthin geliefert. In halb aufrechter Stellung, bekleidet mit den schmutzigen Fetzen der Armut, die sie noch lebend getragen, oder mit schmucken Gewändern des Reichtums, mit friedlichen Zügen oder mit schauervoll aufgedunsenen Gesichtern, vom Wasserschlamm besudelt oder mit Blut befleckt, jung und alt, schön und häßlich, – so ruhen sie ohne Unterschied auf den eisernen Gestellen. Und vor den Glasscheiben drängen sich die Leute, kalte, neugierige Seelen, welche die Schaulust dahingetrieben, und Menschen mit angstvoll pochenden Herzen, welche starr den Toten in die bleichen Züge schauen. Zuweilen unterbricht ein qualvolles Stöhnen die Stille. Erkannt! – – – –

Doch draußen fährt der städtische Leichenwagen vor – der Fuhrherr Scharfenberg hat auf dem Wege der Submission die Aufgabe erhalten, diese Wagen zu stellen – und bringt neue Beute. Dem Leichen-Kommissar ist telegraphisch Kunde gegeben, daß ein Selbstmörder abgeholt werden soll. Auf gleichem Wege benachrichtigt er den Fuhrherrn, und der schwarze Kasten bringt den Entseelten hier an. An der Hinterseite des Gebäudes fährt der Wagen ein. Sorgsame Hände tragen die Leichen ins Erdgeschoß. – Ein Begleitschein giebt Auskunft über den Namen, die Wohnung – und die unselige That des Selbstmörders. In einem gut ventilierten Raume des Erdgeschosses steht ein eiserner Tisch. Dort wird der Tote entkleidet und mit Wasser nach Möglichkeit gereinigt.

Da man weiß, wer er ist, wird er nicht wie die unbekannten Toten, durch den Fahrstuhl in die Höhe befördert, um an der Rückseite der öffentlichen Schauhalle in eine der Zellen hineingeschoben zu werden, vielmehr rollt der eiserne Wagen hinab in den Keller, der sich unter der Leichenschauhalle befindet. An dem entblößten Körper haftet ein Zettel, welcher von dem tragischen Geschicke des Toten in kurzen, lakonischen Worten Kunde giebt.

Es ist die Schreckenskammer des Leichenschauhauses, in die wir hinabsteigen. Fahl und leblos erscheint hier unten selbst der unsichere Schimmer des Tageslichts, der da hineinfällt. Schon erblicken wir hier und da jene trübseligen schwarzen Armensärge, von denen das Stück wenig über drei Mark kostet. »Nasenquetscher« hat sie mit grausamer Ironie der Volksmund genannt.

Mein freundlicher Begleiter deutet auf den Hintergrund und fragt mich, ob ich starke Nerven habe. Hinter eisernem Gitter, in gleich großen, vergitterten Zellen, wie oben in der Schauhalle, liegen hier, je vier in einer Zelle, auf den eisernen Bahren die langgestreckten, gelblich-grauen Körper der Unglücklichen, von deren traurigem Geschick der »Polizeibericht« in so wenigen Worten so viel Schreckliches sagt. Man müßte kein Herz im Leibe haben, wenn man ohne stillen Schauder diese Chronik der Schrecken in den verzerrten Zügen zu lesen vermöchte. Der Leichendiener zeigt mir auf Geheiß des Kommissars wie sinnreich und einfach die Vorrichtung ist, vermöge welcher diese Toten in der Rollbahre in die Zelle und aus der Zelle auf die Rollbahre geschoben werden können.

Mein Begleiter zeigt mir einen Mann, der sich durch Karbolsäure vergiftet hat. Die Blätter hatten schon davon berichtet, der Körper ist besser erhalten als irgend einer seiner stillen, starren Gefährten. Eine saubere Naht zieht sich die Brust entlang. Er war schon unter dem Seziermesser des Gerichtsarztes.

Die Erinnerung hieran führt uns hinauf in die Domäne der Geheimräte Dr. Wolf und Dr. Long, welche im östlichen Flügel des Gebäudes gelegen ist, in das sogenannte »Obduktionshaus«. Es hatte kurz vorher eine Obduktion dort stattgefunden, aber die gewissenhaft waltende Hand der Sauberkeit, die dort in allen Räumen arbeitet, hatte alle häßlichen Spuren rasch verwischt. Es ist ein hoher, heller, freundlicher Raum, und das Sonnenlicht lacht mit wahrhaft kindlicher Heiterkeit hernieder auf die gekehlten, mit Spülvorrichtungen versehenen, drehbaren Sektionstische, auf die weiten Gummimäntel der Ärzte, die dort in der Ecke hängen, auf die Tische der Richter und Protokollanten, auf die Schränke, die Spülbecken und Gläser, als sei es der harmloseste Raum von der Welt, der alle diese Gegenstände birgt. Und das ist die Stätte, wo der Mörder von der Hand des Richters vor sein Opfer geführt wird, die Stätte, wo er gezwungen wird in die gebrochenen Augen zu blicken, welche im Augenblicke der blutigen That vielleicht hilfeflehend auf ihn gerichtet waren.

Dieser östliche Flügel enthält übrigens noch Räume, welche zu dem Leichenschauhause nur indirekt in Beziehung stehen. Im oberen Stockwerk befindet sich das unter Leitung des Professor Dr. Liman stehende Institut für »forensische Medizin«, der Hörsaal und die Arbeitsstätten für die Studierenden der Medizin (respektive der Rechte), welche Kollegien über die gerichtliche Heilkunde hören, oder Mediziner, die sich zum Physikats-Examen vorbereiten.

Auch dort ist ein Seziersaal, auch dort sind Laboratorien und Präparierzimmer, sämtlich in fast eleganter Weise ausgestattet, hoch und hell, sauber und trefflich ventiliert. Eine blutige Chronik des Verbrechens und Urteils birgt die kostbare Sammlung im Präparatenzimmer. Da sehen wir in Standgläsern Spiritus-Präparate von Leichenteilen, die von Mord oder Selbstmord erzählen. Die Eingeweide Vergifteter, durchschnittene Kehlen Ermordeter, Luftröhren Unglücklicher, denen ein verschluckter Kern, ein Gebiß, ein Stein den Tod gebracht, – kurz hunderterlei Dinge, mit deren Beschreibung ich die Nerven meiner Leser nicht erschüttern möchte. Mehrere Regale eines Schrankes sind gefüllt mit Messern, Scheren und anderen Instrumenten, welche Selbstmördern als tötliche Waffen gedient. Kleine Zettel künden die Geschichte der That. Und darunter grinsen uns, mit meisterhafter Realistik in Ausdruck und Färbung nachgebildet, jene Castan'schen Totenmasken entgegen, von denen bei Mordfällen in den Blättern so oft die Rede war. Da ist das Antlitz der Witwe Königsbeck, der zerschmetterte Kopf der Frau Päpke, das aufgedunsene Totengesicht des Geldbriefträgers Kossäth in Gesellschaft des Hammers, womit Sobbe ihn erschlug. – –

Unermüdlich führt der gefällige Kommissar mich weiter. Zahllos sind die Räume, welche das weite, prächtige Gebäude birgt. Die »Mörderzelle« zeigt er mir, wo vorgeführte Mörder auf den Richter warten. Die Wartezimmer für Richter und Zeugen, die Einsargungsräume für die Toten, den Raum, wo die Leidtragenden warten, und den, wo sie ungestört noch einen letzten thränenvollen Blick auf ihr Liebstes werfen, das der draußen am Seitenflügel stehende Leichenwagen mit dem Trauergefolge erwartet. Und hier die ernste, kleine Kapelle mit den gemalten Draperien und dem winzigen Altar, auf dem das noch winzigere Kruzifix schier zu verschwinden scheint.

Als wir in den Vorgarten des Gebäudes aufatmend wieder hinaustraten, kam gerade ein junges Mädchen durch die Pforte hinein und schritt, neugierig umherblickend, auf die Stufen zu der öffentlichen Schauhalle los.

»Eine Schaulustige«, flüsterte Herr Mühsam mir lächelnd zu. »Passen Sie auf, sie wird sich auch durch die geschlossene

Thüre und das Plakat, welches die Leere der Halle ankündigt, nicht abhalten lassen.«

Es geschah genau so, wie er sagte: Die Dame sah das Plakat, schien enttäuscht, aber sie drückte auf die Thürklinke. Als auch diese versagte – – da blickte sie angestrengt durch's Schlüsselloch!

»So sind die Leute«, sagte der Kommissar. »Wenn die Flügelthüre offen steht, dann drängen sich viele Hunderte von früh bis spät in den Raum, hat aber gar eine Zeitung die Notiz gebracht, ein junges, hübsches Mädchen liegt unrekognosziert im Leichenschauhause, dann suchen Tausende einen Blick hinter die Glasscheiben zu werfen!«

Ich schied mit wahrer Hochachtung von dem freundlichen Beamten, der mit strenger Pflichttreue und Menschlichkeit seinen schweren Beruf erfüllt, und nahm einen erneuten Eindruck von der Großartigkeit unserer öffentlichen Institute mit heim. – Wie herzerfreulich schien mir draußen der Anblick der heiteren, der eiligen, der geschäftigen Menschen. Kinder spielten an der alten, häßlichen Stadtmauer.

Möge der Himmel vor ihren Augen für immer die Schrecknisse verschließen, welche jenseits dieser Mauer walten und weben.

Der Damentag und die Pohlmänner

Man denkt bei der Bezeichnung »Damentag« unwillkürlich an eine Art von jour fix.

Das ist auch richtig. Nur sind die Damen von der Art, »wie die sind, welche nicht so sind, wie sie sein sollen«, und der Gastgeber ist das – Königl. Schöffengericht. Der jour fix – es ist gewöhnlich der Freitag – wird demgemäß auch nicht in einem Salon mit Sammetfauteuils abgehalten, noch atmet er einen zehnten Teil jener Langeweile, die durch lyrische Gedichte mit Thee oder Cakes erzeugt wird.

Die Empfangssalons der Themis sind niemals langweilig, denn in ihnen fällt der Schleier von zahllosen Geheimnissen, die guten und die bösen Leidenschaften der Menschen stehen in nackter Wahrhaftigkeit vor dem Auge des Beschauers. Was auch die Geister des Unheils brauen, was die Dämonen des Lasters den Menschenherzen eingeben, dort passiert es Revue vor dem Auge der Göttin mit den verbundenen und doch so scharf blickenden Augen. So ist auch unser »jour fix« geartet.

Freilich ist der Boden, auf dem Recht gesprochen wird, in Berlin sehr verschieden. Ich geleite an anderer Stelle dieser Bücher meine Leser in ein Prunkgemach der weltlichen Gerechtigkeit. Durch hohe, bunte Glasscheiben fällt das Licht auf vergoldete Kronleuchter, auf eichene, geschnitzte Wandtäfelungen und wirft einen Schein auf das bleiche Gesicht eines Mannes, der auf der Anklagebank – selbst diese trägt ein fast vornehmes Äußere zu Schau – des Mordes angeklagt, steht.

Bei dem Damentag, den ich jetzt meinen Lesern zur Anschauung bringen will, fehlt jeglicher dekorative Luxus, der etwa geeignet wäre, den tiefen Ernst und die düstere Melancholie der sich dort abspielenden Szenen in freundlicher Weise abzutönen.

Die Justiz hat sich da ein wunderlich altes Gemäuer ausgesucht: das Polizeipräsidial-Gebäude am Molkenmarkt. – Wer jemals dort »oben« – man nennt dies merkwürdigerweise in Berlin immer »oben« – etwas zu thun gehabt hat, der wird wissen, welchen Gesamteindruck die schmucklosen Tünchwände, dunklen Holztreppen, niedrigen, dunstigen Zimmer, in denen selbst die aufgehängten Plakate, Stadtpläne und Wandkalender den Eindruck alter, leberkranker, vergilbter, für jede Lebensfreude unempfindlicher Geschöpfe machen, hervorzubringen imstande sind.

Nur wenigen dürfte bekannt sein, daß in dieser trübseligen Umgebung, welche die heilige Hermandad[13] Berlins noch kurze Zeit zu ertragen haben wird, zwei Abteilungen des Königl. Amtsgerichts tagen, daß dort Richter und Schöffen mit demselben unermüdlichen Eifer zu Rate sitzen, wie in dem glanzvollen Kriminalpalast in Moabit.

Es hat eine besondere Bewandtnis mit dieser Schöffenabteilung. Sie muß den engen, unfreundlichen Raum mit der Polizeibehörde teilen, denn sie schöpft ihr Material direkt aus dem »grünen Wagen«, jenem bekannten Sammelwagen, der die Arrestanten der verschiedenen Polizeiwachen nach der polizeilichen Zentralstelle am Molkenmarkt überführt.

Die Fälle, die dort abgeurteilt werden, bestehen, soweit sie nicht gleich durch das Kriminal-Kommissariat nach dem Moabiter Justiz-Palast hinübergespielt werden – aus Vergehen geringerer Natur, die, wenn nicht ein herzerleichterndes Geständnis das ganze Verfahren durch den Urteilsspruch des Einzelrichters Dr. Holzapfel (Abteil. 101) im untern Stockwerk abkürzt, um eine Treppe höher befördert werden, nämlich vor das Forum des Schöffengerichts (Abteil. 102), das unter dem Vorsitz des Amtsgerichtsrats Dr. Lehmann steht. –

Lange, lange Jahre sitzt in dem schmucklosen, einer im Inneren getünchten Zigarrenkiste gleichenden Raume der kleine alte Herr mit dem eigentümlich interessanten hagern Gesicht, den klugen, scharfen, durchdringenden Augen, hinter dem erhöhten grünen Tisch; lange, lange Jahre tönt schon diese mehr schneidende, als melodische Stimme nach den großen und breiten Einzäunungen hinüber, welche zwei Wände des Zimmers garnieren. Ich habe bemerkt, daß diese scharfe Stimme auch einen weicheren Klang annehmen kann. »Rat Lehmann« verkehrt zuweilen mit den Delinquenten wie mit Kindern, bei denen väterliche Ermahnung noch fruchtet.

Diese Delinquenten rekrutieren sich aus denjenigen Produkten des Berliner Lebens, welche direkt aus der feinsten Kellerwohnung in die Sündenschule der Straße steigen – aus den Klauen der Armut in die Krallen des Lasters, aus solchen, denen der Alkohol die Moral aus der Seele herausgezogen hat, aus denen, welche den bekannten großstädtischen Stufengang abwärts machen, von der Wohlhabenheit zum Müßiggang, zur Verführung, von der Verführung – zum Molkenmarkt. Keine raffinierten Gauner, keine »schweren Jungens«!

Ich war, wie gesagt, durch freundliche Vermittelung eines Bekannten und dank der liebenswürdigen Gewährung des Herrn Amtsrichters zum »Damentag« geladen. – – – Der Mantel der Decenz muß über das gedeckt bleiben, was da verhandelt und besprochen wird. – Nur ein Bild in allgemeinsten Umrissen vermag ich zu geben. Die »Anklagebänke« fassen nicht die Zahl der inhaftierten Frauen und Mädchen, welche durch den Nuntius[14], – der, wie alle Personen dort, ein typisches Bild jener durch Gewohnheit ausgebildeten, an

Gleichgiltigkeit grenzenden, altväterlichen Diskretion bietet – in den Raum gelassen werden.

Alle Altersstufen sind vertreten. Alte, nahezu 60-jährige Megären, die noch der Sittenkontrolle unterliegen, und jugendliche Mädchen, die das Laster alt gemacht hat. Wer zum ersten Mal diesen Abschaum der Weiblichkeit zu Hauf erblickt, den ergreift ein unsagbares Grauen. Aber mit stoischer Ruhe läßt der Richter eine nach der andern an sich Revue passieren, mit fast maschinenmäßiger Einförmigkeit in dem gemütlichsten Konversationstone, oft mit sarkastischen, oft mit ermahnenden Bemerkungen erledigt er einen Fall nach dem andern.

Da hört man Dinge, bei denen der Begriff »Weiblichkeit« ein Ende hat. Berlin bei Nacht, in seiner schlimmsten Form, unsaubere Geheimnisse, Ausgeburten der niedrigsten Laster zaubern uns die Aktenstücke, welche berghoch vor dem Richter aufgestapelt liegen, vor Augen. Einförmig sieht sich das Nicken oder Kopfschütteln der Schöffen an, – einförmig tönt das »ein Tag Haft« oder »freigesprochen« aus dem Munde des Richters. – Schluchzen, gleichgiltiges Achselzucken, triumphierendes Lächeln, ja auch höhnisches Lachen tönt zur Antwort wieder.

Sinnlos betrunken will das Mädchen, dessen verlebtes, wüstes Gesicht mit dem koketten, nagelneuen Jaquet gar wunderbar kontrastiert, gewesen sein, als sie in der Leipzigerstraße einen lauten Lärm erregte. Da tritt ein strammer Nachtwächter als Zeuge ein. Seine Aussage entreißt ihr auch diesen bedenklichen Einwand.

Das blasse Fabrikmädchen, das unter »Kontrolle« gestanden und die Meldung versäumt hat, weil sie von ihrer Arbeitsstätte, welche sie allein noch von dem Sündenpfuhl fernzuhalten vermag, nicht weggehen wollte, wird wohl mit Dankbarkeit der milden Richter gedenken, die ihr einen Tag

Haft diktierten, mit dem Rat, sie könne die Strafe am nächsten Sonntag abmachen, damit sie ihre Arbeit nicht verliere.

Ein Kind an Jahren und an Aussehen, das sich vagabondierend herumgetrieben hat, erzählt dem Richter, es habe sich da und da bei ihrer Tante aufgehalten. Mit stoischer Ruhe und freundlichem Lächeln beweist ihm der Richter, daß seine Tante seit fünf Jahren gar nicht mehr am angegebenen Orte wohne.

Eine weint bei ihren Aussagen, die andere kehrt eine cynische Frechheit heraus, die eine blickt fast verschämt vor sich nieder, die andere studiert fast jedes Knopfloch in der Kleidung ihrer Leidensgefährtinnen. – In diesem Punkte verleugnen auch diese Verworfenen die Weiblichkeit nicht.

Da ist eine robuste Dame, die mit auffälliger Nervenstärke das Inquisitorium besteht, welches gar nicht wiederzugebende Dinge berührt, und die Nerven des Gerichtshofes angreift, indem sie den Bürgersteig (ihr Operationsfeld) hartnäckig »Trehtoir« nennt. Aber ein zerrissener Pelzkragen, der wiederholt erwähnt wird, veranlaßt sie zu lauten Schmerzensausbrüchen. Vanitas, Vanitatum![15] –

»Nun den Fall Olga B!« ruft der Amtsrichter. Der unbeschreibliche Dunst ist in dem Saale inzwischen schier unerträglich geworden. Die Schöffen sehen ermattet aus. Aber aller Aufmerksamkeit belebt sich, als Olga B. hineingeführt wird. Gehört dieses etwa 19jährige schöne Geschöpf mit den unschuldig blickenden Kinderaugen, den frischen, roten Lippen, der gesunden Hautfarbe, durch welche die Röte der Scham noch hindurchzuschimmern vermag, wirklich hier hinein?

Selbst die Augen der jungen und alten, der runzlichen und geschminkten Dirnen in den Anklagebänken richten sich mit einer Art von stupider Bewunderung auf das jugendfrische Wesen, das in eleganter Straßentoilette mit unbewußter Koketterie vor den Richtertisch tritt.

Sollen wir ihre Geschichte erzählen? O, die ist nicht neu und ist auch in Worte nicht zu kleiden. – Es ist die Geschichte einer bildhübschen Försterstochter und eines leichtsinnigen Studenten, es ist die Geschichte der ewigen Ungerechtigkeit, die das Weib tiefer, immer tiefer in den Schmutz und in die Sünde hineinzieht, nachdem der Mann, straflos, es hineingeworfen. Düstere Schatten nach glanzvollem Rausche. Die Leidensstätte der Charité, die abendliche Straße, dunkle Stadtbahnbogen spielen mit hinein.

Da ist die 15jährige Zeugin, die Freundin der Beschuldigten, ein Blumenmädchen in der Friedrichstraße. Sie spricht von all den nachtdunkeln Dingen mit der Routine und Sicherheit einer Kourtisane. Und wer ist der Kläger, der Denunziant? Ein verbummeltes Subjekt, das dem Mädchen nachgelaufen ist, ein Mensch, an dessen Verlogenheit und seelischer Gemeinheit selbst die eiserne Geduld der Richter sich bricht. Es ist merkwürdig, wie das hübsche Gesicht fast beständig die heitere Ruhe der Unschuld, ja ein kindlich schelmisches Lächeln zeigt, wie plötzlich aber Thränen den Augen entströmen, als die Gefahr dem Mädchen klar wird, in welche die Aussagen des Denunzianten sie bringen sollen. – – –

Freigesprochen! Ich glaube mich nicht geirrt zu haben, wenn ich sah, wie eine gewisse freudige Genugthuung selbst im Auge des Richters aufblitzte, als er den Urteilsspruch verkündete. Ist nun dieses, der Sittenkontrolle momentan entrissene Wesen für immer gerettet?

Der Saal leert sich von dem Abschaum der Weiblichkeit. Der »Damentag« ist zu Ende. Der stoische Nuntius führt ein paar Dutzend wüst aussehender, zerlumpter, zerzauster Männergestalten herein.

»Na, nun kommen die Pohlmänner«, ruft der gemütliche Amtsrichter mit lächelnder Miene. Der bekannte »Pennengeruch« erfüllt den Raum. Mein Gott, was sind das für Gestalten! Der Schmutz von Neubauten, der Schlamm von Chausseegräben klebt an den Kleidern.

Fuselgeister treiben ihr Spiel in den Augen, den starren, glanzlosen Augen. Die Schnelligkeit, mit welcher diese Leute, deren Vergehen fast durchweg in Arbeitsscheu und Bettelei besteht, abgefertigt werden, ist erstaunlich. Ein großer Teil wird freigesprochen. Herr Pohlmann ist ihr Retter. Herr Pohlmann ist Vorsitzender des Vereins für entlassene Strafgefangene und hat das Vergnügen, Woche für Woche vor den Schranken des Gerichts zu erscheinen um zu bezeugen, daß, wie dieser und jener der Inhaftierten behauptet, die Leute bei ihm um Arbeit angefragt haben. Daher der Name »Pohlmänner«.

Mag auch dieser Appell um Arbeit auch nur Maske sein in den allermeisten Fällen – – wer vermag das zu beweisen?!

Freilich der Gedanke reizt fast zum Lachen, daß jener Mensch mit dem struppigen Haar, den buschigen Augenbrauen, dem aufgedunsenen Gesicht, dessen gelb-braun-rot-graues Halstuch stark an einen um den Hals gewundenen Galgenstrick erinnert, ernstlich gehofft hat – Arbeit durch Herrn Pohlmann zu erhalten. Aber Herr Pohlmann muß eidlich aussagen, daß besagtes Individuum nach Arbeit gefragt hat – – und das Individuum ist mit manchen andern der »Pohlmänner« vor der Gefahr des Arbeitshauses errettet. –

Einen kläglichen Eindruck machen zwei taubstumme Angeklagte, die sich mit Hilfe einer dolmetschenden, hierzu gerichtlich bestellten Dame, mit dem Richter verständigen. Unheimlich ist die Stille, mit der dies Inquisitorium geführt wird, mitleidig der Blick des Richters und des schneidigen Amtsanwaltes, der auf den Delinquenten unablässig ruht. Es ist ein Stück ernster, schwerer Arbeit, das Richter, Schöffen und Amtsanwalt an einem einzigen Vormittage in diesen düstern Zimmern am Molkenmarkt erledigen. Das ist nicht der tragische, heroische Zug des Verbrechertums, der durch die Bilder weht, die dort vor dem Richtertische erscheinen. Keine Familiendramen, kein verirrter Ehrgeiz, keine Thaten verbrecherischen Mutes und Scharfsinnes, gaunerischer Schlauheit. Nur das niedrigste Laster, tierische Rohheit, Schmutz, Hunger, Armut und Elend.

Vormittags bei Vater Renz

Man hat gegen den Charakter der bisher erschienenen unretouchirten Berliner Momentphotographien nicht ohne Berechtigung den Tadel ausgesprochen, daß dieselben so gar düstere Bilder aus dem weltstädtischen Leben zum Vorwurfe hatten. Das ist richtig, war aber darum unerläßlich, weil bei dem Suchen nach solchen Dingen und Personen, deren Betrachtung sich eben dem Auge der Menge entzieht, ich naturgemäß zu allererst auf jene Gebiete kommen mußte, die in erster Linie geneigt sind, sich der Oeffentlichkeit im breitesten Sinne des Wortes aus diesem oder jenem Grunde zu entziehen. Auf der Oberfläche des Großstadtlebens glitzert eben zu allermeist das Schöne und Gute, am Boden dieses weiten Meeres liegen die häßlichen und die traurigen Dinge und die Welt sieht sie nicht oder will sie nicht sehen.

Wenn auch nicht ganz – denn dies war undurchführbar – so doch theilweise werde ich in dieser zweiten Serie das Tauchen vermeiden und mich möglichst auf der anmuthigeren Oberfläche halten. Giebt es doch auch der Dinge und Erscheinungen genug, deren Details nur dem Eingeweihten bekannt werden, während sie die Neugier und Wißbegier der Meisten reizen. – – – Ein Circus ist für Tausende und Abertausende eben nur eine glanzerfüllte Arena, in welcher die Pferdedressur ihre Triumphe feiert, Clowns und Akrobaten aller Art der Menge Bewunderung erregen. An den Geruch von Sägespähnen, Lohe, Sand – – und Pferden knüpfen sich Vorstellungen aus glücklichen Kindertagen, wo diese Flitterwelt, von hellem Lichterschein bestrahlt, uns wie ein Feenreich erschien, und im Uebrigen verbindet man mit dem Circuswesen Ideen von möglichst vagabondenmäßigem Gauklerthum, chaotischer Unordnung, etwas Rohheit, wie sie eben in der Stall-Atmosphäre gedeiht, und eine starke Dosis weiblicher Verführungskunst, wie sie in Romanen an so und soviel schönen Kunstreiterinnen, die über Männerherzen just wie über Hürden hinweggaloppiren, illustrirt wird. Alles das ist heute zum Theil gar nicht, zum Theil nur halb wahr. Wir leben in der Aera ordnungsreichster Systematik, in einer Zeit, wo das sogenannte »Zigeuner-Volk« früherer Tage eine Genossenschaft mit Korporationsrechten bildet und seine ganz philiströs-nüchterne »eingetragene Hilfskasse« hat.

Als ich eines Vormittags den Sohn des Kunstreiter-Nestors, des »Vater Renz«, wie der Berliner diesen hier so populären alten Herrn nennt, aufsuchte, um mir Wissenschaft über das Circusleben außerhalb der Vorstellungsstunden zu verschaffen, galt meine erste Frage den gesellschaftlichen Gewohnheiten der Circus-Mitglieder. Ich schalte hier ein, daß es wohl kaum einer Erklärung bedarf, weshalb ich das Institut des zum Kommissionsrath avancirten »Vater Renz« als Objekt für meine diesbezüglichen Untersuchungen wählte. »Circus Renz« ist als Vereinigung der menschlichen und thierischen »Elite« auf dem weiten Gebiete des Kunstreiterwesens zu einem typischen Begriff geworden – und vor diesem schwindet selbst der anrüchige Begriff der Reklame dahin.

Der älteste Sohn des berühmten Circusdirektors ist eine markige Erscheinung mit den Allüren eines Landedelmannes und Sportsman. Vom Parfüm des Stalles haftet ihm so gut wie gar nichts an. Ich konstatire mit Vergnügen, daß er meiner journalistischen Neugierde mit der weitgehendsten Liebenswürdigkeit entgegenkam und mit besonderer, sonst niemals gegebener Erlaubniß des Altmeisters das vierfüßige Prachtexemplar des Circus mir selbst außerhalb der beengenden Grenzen der »Stall-Boxen« auf der Straße vorführte. Daß diese Maßnahme das besonders dankbare Interesse der in der Nähe befindlichen Straßenpassanten, erwachsenen und unerwachsenen Alters, erregte, bedarf kaum der Versicherung.

Also meine Frage nach den gesellschaftlichen Gewohnheiten der Circus-Artisten führte zu den erstaunlichen Resultaten, daß diese Damen und Herren im Großen und Ganzen zu den solidesten Familienhäuptern zu rechnen sind, welche sich sehr leicht von der Nothwendigkeit eines Hausschlüssels emanzipiren. Das wilde Kneipenleben, das sogenannte »Durchgehen« – der Leser kennt vielleicht diesen Berolinismus für »Nachtschwärmen« – ist den Leuten weder sympathisch noch geläufig und eben derselbe Clown, der in der Arena die tollsten Sprünge macht, trinkt am liebsten seinen Thee bei Muttern, schwärmt keineswegs für Wiener Cafés und Herrenabende und hat – natürlich unter Anerkennung von Ausnahmen – einen bemerkenswerthen Hang zur Solidität, um welche mancher wirkliche Künstler ihn beneiden könnte. Das ist für denjenigen, welcher den Maßstab des alten Zigeunerlebens an diese Leute legt, verwunderlich, aber es ist eben eine Thatsache. Diese Damen und Herren sehen übrigens auch in der Tagesbeleuchtung bei ihren Hantirungen in den Ställen, bei ihren Proben u. s. w. ganz merkwürdig »solid« – wenn ich hier diesen Ausdruck gebrauchen darf – aus. Sie haben äußerlich weniger Excentricität an sich, als der Bühnenkünstler.

Natürlich ist der Stall gewissermaßen die Seele des Riesengebäudes in der Karlstraße – die Domäne des langjährigen Verwalters der Renz'schen Stallungen, des Herrn Ackermann, eines handfesten Sachsen, der den Lesern vielleicht durch seinen Riesendurst bekannt ist, den er als Gambrinus[16] und bei seinem Tonnenritt in der Pantomime »Die lustigen Heidelberger« öffentlich zur Schau trägt. Die Ställe, oder richtiger die Stallungen sind der Stolz des »Vater Renz«, und das mit Recht. In denselben steckt nicht nur ein Riesen-Kapital, sondern herrscht auch eine wahrhaft herzerfreuende Ordnung und Sauberkeit und daneben eine unermüdliche Thätigkeit, welche vom frühen Morgen an beginnt und eigentlich selbst in der spätesten Nachtstunde nicht ganz zu Ende ist. Der alte Herr selbst ist der Unermüdlichsten Einer. Dort steht er schon seit dem Morgen mit der Reitpeitsche in der Hand in einer kleinen, an den Hauptstall sich anschließenden Dressir-Manege. Langsam und gravitätisch übt dort ein herrlicher Hengst allerlei elegante Schritte. Geduldig verfolgt der alte Herr die Bewegungen seines – Privatschülers. Man sieht es ihm an, daß er in seiner Pflicht förmlich aufgeht. Kurz und freundlich ist die Begrüßung, als ich in das kleine, mit dem charakteristischen Manege-Geruch erfüllte Heiligthum hineintrete. Sofort wendet »Vater Renz«, der ziemlich wortkarg, aber sehr energisch ist und von allen seinen Leuten ebenso gefürchtet, wie geliebt wird, sich wieder den Uebungen der an der »Longe« sich bewegenden Vierfüßler zu.

Wir schreiten die lange Reihe der Vollbluthengste entlang, welche das Entzücken der Circusbesucher bilden. Der Stallmeister giebt mir eine Uebersicht über den Bestand: 123 große Pferde, 24 Ponies und 2 Hirsche. Und was für Pferde! Alles Pferde, welche da zu wissen scheinen, daß sie – ein »Pedigree« haben. Weiß der Leser, was ein Pedigree ist? Kurz gesagt, es ist ein Stammbaum, ein Geburtsschein, welcher über die makellose Ahnenschaft des edlen Vollblut-Rosses dokumentarische, verbriefte und besiegelte Auskunft giebt. Was diese prächtigen Geschöpfe bei der eingehenden Besichtigung zu so außergewöhnlicher Zeit gedacht haben, ich weiß es nicht, aber soviel steht fest – – es herrschte eine enorme Aufregung im Stalle, besonders als Herr Renz junior eines nach dem andern der kostbarsten Exemplare, deren Werth hier und da nach vielen Tausenden von Mark sich beziffert, aus dem Stalle hinaus und hinein führen ließ. Das war ein Stampfen und Wiehern, ein Scharren und Aufbäumen, welches einer Pferderevolte glich.

Ich werde mich hüten, hier über die besonderen äußeren Vorzüge von Forgiveneß und Lavigna, von Goldbird und Galgenstrick, oder von der boshaft die Ohren an den Kopf legenden Stute Gazette (Gazetten wollen bekanntlich niemals gern »geniret« sein[17]) Betrachtungen anzustellen oder mich auf die Unterschiede zwischen den einzelnen dieser sorgsam in Gruppen geordneten Pferde-Kategorien, den Manege-Pferden, den Manöver-Pferden, den Schulpferden oder den irischen, russischen, arabischen Pferden einlassen, oder die besonderen Merkmale der schottischen und der japanischen Ponies aufzuzählen – – bei mangelndem Pferdeverstand fürchte ich hippologische Schnitzer und daran sich knüpfende höhnische Postkarten liebenswürdiger Leser. Es genügt, einen Begriff von der kolossalen Menge dieser herrlichen Geschöpfe zu geben, von dem kolossalen, wenn man den Dressurwerth hinzurechnet, zum Theil imaginären Werthe derselben und von der geradezu überraschenden, bis in's kleinste Detail gehenden Sorgfalt, mit welcher jedes einzelne dieser Thiere belehrt, gefüttert und gepflegt wird.

Wir steigen jetzt in höhere Regionen des Circus und zwar zunächst in die Requisitenkammern. Hier beginnt der theatralische Glanz der Circuswelt. Man vermeint bald in einer Waffenhandlung, bald in einem Spielwaarenbazar zu sein. Mit gewissenhaftester Beobachtung aller Regeln der Symmetrie hängen hier Schilde und Schwerter, Trommeln, Becken, Hörner, stehen dort Humpen, Gläser, Flaschen, liegen da Puppen, Gummibälle, Steckenpferde aufgestapelt, lehnen wiederum dort Speere, Lanzen, Flinten – – mit einem Wort alles das, was in den großen Pantomimen zur Verwendung gelangt.

Auch die große Sattelkammer zeigt denselben Reichthum und dieselbe peinliche Ordnung. Da liegt friedlich ein Häuflein schmucker Reitpeitschen – – selbst von diesen trägt eine Jede den Namen ihres Besitzers resp. ihrer Besitzerin. – Aus einem Nebenraum schallt der Ton einer Violine, von Kommando-Worten begleitet. Ich sehe eine kleine Schaar Knaben und Mädchen in Straßenkostümen, welche ganz wunderliche, stumme Geberden machen. Sie stampfen und drohen einander mit dem Finger, sie umfassen sich und ringen miteinander, sie tänzeln an einander vorüber – – es ist eine Figurantenprobe unter Leitung eines Balletmeisters. Das niedliche kleine Mädchen, vor dem eben ein Bürschchen niederkniet, zeigt einen heiligen Ernst in ihrer Miene. Und auf dem Gange nach dem Raume, wo die prächtigen Geschirre mit den massiven Silberbeschlägen aufbewahrt, wo auch nahebei die Zimmermannswerkstatt sich befindet, sehen wir ein anderes, ähnliches Schauspiel. Eine jugendliche Ballerina in einer kuriosen Interims-Toilette, halb Trikot, halb Morgen-Negligee, übt graziöse Pas und Pirouetten, während der Balletmeister ihr seine rhythmischen Weisen mit halblauter Stimme vorsummt. Alles geht in ganz erstaunlicher Ruhe und Systematik vor sich, kein Jagen, kein Schreien, kein unnöthiges Wort.

Nun einen Blick von der höchsten Spitze der Gallerie hinunter in die Arena des 5000 Personen fassenden Riesenbaues. Wahrhaftig, auch dort wird gearbeitet, wie in allen Räumen des Circus. Plaudernd gehen jugendliche Künstlerinnen rings um die Arena herum, zwei angehende Artistinnen, noch im Backfischalter, jagen sich munter hin und her, wartend, bis an sie die Reihe zur Uebung kommt. In der Arena aber übt auf dem galoppirenden Pferde Frl. Artiselli, gleichfalls in dem bequemen Turnkostüm, welches unten in langen, dunkeln Trikotstrümpfen abschließt, ihre Battements. Sie ist an einer Leine befestigt, welche oben an der Decke des Circus über eine Rolle geht und inmitten der Arena von einem der Stallmeister in der Hand gehalten wird. In dem Moment, wo ihr Fuß von dem Rücken des Pferdes abgleitet, zieht der Mann die Leine an, und die Reiterin schwebt in der Luft.

In den Garderobe-Räumen sind Schneider mit der Durchsicht der Kostüme beschäftigt, die je nach den verschiedenen Zwecken, Vorführungen, Pantomimen etc., zu denen sie gebraucht werden, sauber in einzelne Koffer verpackt sind. – – – Ist das wirklich der sogenannte »Flitterkram« der Circuswelt? Vom hellen Sonnenlichte beschienen, funkelt die Goldstickerei dieser Mäntel, Blousen, Wämmse und Jacken so stolz, wie auf dem Prunkgewande eines Märchenprinzen, und all' die Seide und der Sammet, die da zu Tage kommen, zeigen keinen Makel, keinen Flecken, keine Schäbigkeit, wie man sie so oft bei all' dem »Theaterkram« findet, wenn die rücksichtslose Sonne ihn bescheint. Die in langen Packeten, mit rothen Bändchen sauber zusammengebundenen Strumpfpaare, welche in der Pantomime: »Deutsche Turner« gebraucht werden, lagen wie zum Verkauf da und können sich ruhig in dieser Form in ein fashionables Schaufenster hineinwagen.

Ich will von der Wagenburg, die in dem weiten Korridor sich hinzieht, von den zahllosen Fantasiewagen, die zu den großen Evolutionen gebraucht werden, gar nicht sprechen, das Gesagte dürfte von der Fülle sowohl, wie von dem Charakter alles dessen, was dort aufgespeichert ist, von der Arbeit, die dort unablässig und unermüdlich gethan wird, ein immerhin ausreichendes orientirendes Bild geben. Mit der Vagabunden-Romantik des Circuslebens ist es vorbei: Sachlicher Ernst, fachmännische Kenntniß, eiserner Fleiß und peinliche Systematik schwingen auch in dieser bunten, glanzvollen Welt der Arena das Scepter.

Hinter den Coulissen

Ein geheimnißvoller Nimbus umgiebt das Coulissenleben. Schon in früher Jugend fängt derselbe an auf uns einzuwirken von dem ersten Male an, da unser Auge den Bühnenvorhang aufgehen und fallen sieht. Es ist das, abgesehen von allen Gemüthseinflüssen, welche die dramatischen Vorgänge auf der Bühne auf den Beschauer ausüben, ganz natürlich. Schon der jugendliche Geist, dessen Inhaber jemals einen glattrasirten Mimen mit dem vorschriftsmäßigen Apollokopf zu seiner Arbeit hat gehen sehen, um ihn kurz darauf in völlig veränderter, karikirter und phantastisch geputzter Gestalt, vom Rampen- und Soffitenlicht[18] beschienen, zu erblicken, empfindet das Vorhandensein eines dunkeln Etwas, einer geheimnißvollen Pause, während welcher mit dem Menschendarsteller jene wunderbare Metamorphose vorgeht. In diesem dunkeln Etwas konzentrirt sich das Coulissenleben, und ich glaube nicht fehlzugehen mit der Behauptung, daß gerade diese Phase des Theaterlebens, daß alles das, was geheimnißvoll von Seiten-Coulissen und Prospekt, von Garderobenthum und Versenkungsklappen vor dem profanen Auge des Publikums verborgen wird, auf den empfänglichen Geist des jugendlichen Theaterbesuchers einen noch weit intensiveren Eindruck macht, als der lebendige Glanz, der von der offenen lichtstrahlenden Bühne herab wirkt.

Jedenfalls knüpft sich an das Leben hinter den Coulissen in allererster Linie die üppige Mythenbildung, welche das »Publikum« um das gesammte Theaterwesen fruchtbaren Geistes zu ranken gewohnt ist.

Von einer Mythenbildung darf man mit Fug und Recht sprechen. Aber daran ist nicht allein die lebhafte Phantasie der Jugend oder das werkthätige Interesse ergrauter Theaterhabitués schuld, sondern das Heer der Romanciers und Feuilletonisten, welche das Coulissenleben als eine unerschöpfliche Fundgrube pikanter romantischer, phantastischer Detailmalereien betrachten. Wenn man den Herren glauben wollte, welche, durch die Brille der Phantasie schauend, das Leben und Treiben auf der Bühne schildern, so müßte man zu dem Resultat gelangen, daß die Bühnenwelt ein außerordentlich romantisches Sodom und Gomorrha ist, in welcher vor allen Dingen die leichtsinnige Tänzerin, der Herr Baron mit dem Monocle und dem Brillant-Armband, der etwas paschaartig veranlagte Herr Direktor dominiren, und wo jede freie Minute damit ausgefüllt wird, finstere Intriguen zu spinnen, bei denen die neidische, antiquirte Heldenmutter die berufliche Existenz der neckisch-verführerischen Naiven, und der ergrauende »erste Held« die Seelenruhe und den Ruf des jugendlichen Liebhabers durch finstere Pläne und Machinationen untergräbt. Hierzu kommen noch reichliche Dosen von zigeunerhafter Unordnung, Frivolität, Regisseurgrobheit, Hin- und Herschwirren galanter Kavaliere – – und das landesübliche Feuilletonisten-Rezept für Bühnenleben-Schilderungen und Theater-Romane ist fertig.

Es geht natürlich weit über den Rahmen dieser meiner naturwahren Momentphotographien hinaus, eine eingehende Schilderung des Coulissenlebens in all' seinen charakteristischen Pfaden zu geben. Dennoch will ich an die Spitze meiner diesbezüglichen auf Selbstgesehenem beruhenden Mittheilungen die Thatsache setzen, daß von all' den Feuilleton-Schwärmereien über dieses Thema die Hälfte unwahr und die andere Hälfte halbwahr ist. Nach meinen Erfahrungen ist das Treiben hinter den Coulissen zunächst recht nüchtern, ferner bei den meisten, besseren Theatern nach dem Schnürchen geordnet, drittens von den romanhaft zugestutzten Kavalierbesuchen fast vollständig frei. Ich habe den Eindruck gewonnen, daß unsere moderne Bühne – natürlich habe ich speziell die reichshauptstädtischen im Sinne – ein ernstes Kunstinstitut ist, in welchem auch ernst gearbeitet wird und aus welchem der Hauch des leichtlebigen Vagabundenthums, welches vielleicht noch in den Resten der ebenfalls auf den Aussterbe-Etat gesetzten »Schmieren« existirt, längst verschwunden ist.

Ein Possentheater kenne ich hier, in welchem Bühne und hinterer Theater-Raum in ganz absonderlich grellem Kontraste stehen. Während vor der Rampe meist die ausgelassenste, lauteste Tollheit das Szepter schwingt, herrscht hinter den Coulissen eine so strenge Disziplin, daß selbst das laute Wort verpönt ist. Als ich einmal eine fesche funkeläugige Soubrette[19] »interviewte« und dabei wohl die bei der Konversation übliche Tonstärke anwendete – legte plötzlich die gegen eine Coulisse gelehnte Dame die Finger auf die leicht geschminkten Lippen und sah mich so ernst an, als ob sie im Gesangbuch läse. Der Herr Direktor ging sprachlos an uns vorüber, freundlich grüßend, aber – – in seinen Augen mochte wohl ein drohendes quos ego[20] gelegen haben. Das ist durchaus nicht belachenswerth – nein, es ist zu loben. Ordnung und Disziplin hinter den Coulissen reflektiren unbedingt auch auf das treffliche »Klappen« des Zusammenspiels auf der Bühne.

Strenge Regeln herrschen hier in den meisten Theatern. Das schwarze Brett, an welchem die Aufgaben des nächsten Tages (Proben, Aufführung etc.) aufgezeichnet sind, bildet gewissermaßen die Ordre de Bataille, deren strengste Erfüllung der theatralische Feldherr oft durch empfindliche Ordnungsstrafen, Gagenabzüge etc. durchsetzt. Es sind auch genug »Ordnungsbeamte« auf der Bühne, welche nach allen Seiten hin die Augen aufhalten: der Direktor, der Regisseur, der Inspizient, der Theatermeister und – last not least – die behelmten Feuerwehrleute, welche mit der diesen Beamten eigenen pflichttreuen Ruhe von ihrem Posten dicht beim Vorhang aus die ganzen Beleuchtungsapparate der Bühne im Auge halten. Somit ist zu bequemem Coulissenbummeln und ausgedehnter Schäkerei auf dieser wohlorganisirten und wohlbewachten Bretterwelt keineswegs so viel Gelegenheit, als man gemeiniglich annimmt. Sie ist wirklich nüchtern, diese Welt. Es kann gar nichts Langweiligeres geben, als diese schlappen Häuserwände von Dekorationsleinen, diese Holzgestelle und Böcke, die Leisten, welche die Flächen der Seitencoulissen zusammenhalten, dieses Gewirr von Schnüren und Stricken, welche von oben herabhängen, dieser Kramladen von Möbeln, Vasen, Zimmer-Dekorationen etc., welche im nächsten Akt »dran kommen« und, genau betrachtet, hier hinten – so ganz anders aussehen, als da draußen im Rampenlicht. Damit ist es überhaupt eine merkwürdige Sache! die verschönende Kraft der Bühnenbeleuchtung ist in der That erstaunlich. Mancher Theaterhabitué würde die Hände über dem Kopfe zusammenschlagen, wenn er seinen Liebling hinter den Coulissen sähe. Geschick und Ungeschick spielt ja im Schminken und »Maske-Machen« eine sehr hervorragende Rolle, aber selbst ein geschickter Mime sieht zuweilen mit der dicken Lage glänzender Fettschminke und den von großen schwarzen Rändern umgebenen Augenlidern dem Neuling geradezu erschreckend aus. Daß das nachsichtige Licht der Bühne auch manchen Kostüm-Defekt verbirgt, daß mancher Frack hinter den Coulissen etwas fadenscheinig aussieht, der sich »draußen« im imitirten Salon des Herrn Baron gar stattlich ausnimmt, das versteht sich von selbst.

Wir haben neue und renovirte Theaterbauten, in welchen auf den Comfort der Garderoben- und Coulissenräume, auf praktische Raumeintheilung und erfreuliche Sauberkeit großes Gewicht gelegt ist – bei den meisten älteren Theatern unserer Stadt trägt aber die unglückselige verzwickte und verwickelte, winkelige und versteckte Lage der Garderobenräume und die rohbauartige Schmucklosigkeit der hinteren Bühnenräume zur »Vernüchterung« dieser Coulissenwelt unendlich viel bei. Enge, halsbrecherische Treppen, schlecht getünchte Wände, dunstige, enge und ungemüthliche stallartige Ankleidezimmer sind da allenthalben zu sehen. In manchen Theatern halten sich die Darsteller – wenn sie nicht müssen – während des Spieles der Anderen schon darum nicht gern außerhalb der Garderobenräume auf, weil es mörderlich zieht. In manchen Theatern ist auch der Aufenthalt der Schauspieler auf der Bühne und in deren Umgebung während der Pausen streng verboten. Da hat also der »Herr Baron« mit dem Monocle, der im Theaterraume eine so hervorragende Rolle spielt, zum Süßholzraspeln verzweifelt wenig Gelegenheit.

Je größer das Theater und je bunter, gestaltenreicher, kaleidoskopischer der Charakter der Aufführungen ist, um so bewegter ist auch das Leben und Treiben, welches sich hinter den Coulissen, während das Publikum theils harrend, theils bewundernd vor der Bühne sitzt, abspielt. Ich hatte mir zum Studium gerade dieser besonders bewegten Massenbilder die klassische Stätte des Ausstattungsstückes in Berlin, das Victoria-Theater gewählt und mir Stanley's Durchquerung Afrikas[21] – von der nüchternen Rückseite angesehen.

Dort ist die theatralisch-maschinelle Kunst der Täuschung, das Kopiren der Natur nach der bühnentechnischen Seite hin, der Bühnendrill der Darsteller-Massen ebenso imponirend, wie das achtlose Herumlaufen auf der zum Theil halbdunklen Riesenbühne für den kurzsichtigen Erdensohn lebensgefährlich ist. Versenkungen sind bekanntlich nur so lange gut – wie man nicht hineinfällt! Wenn ich vorhin auf die lautlose Stille hindeutete, die hier und da während der Aufführung hinter den Coulissen herrscht, so muß ich ausdrücklich erwähnen, daß dies auf das Victoria-Theater keine Anwendung findet. Abgesehen von dem Lärm der Maschinen und dem Geräusch, welches die Theaterarbeiter, die jetzt schon einen Platz in Zanzibar hinten aufbauen, während vorn noch Stanley mit den Herrschaften vom »Daily Telegraph« dinirt, hat der Leser wahrscheinlich keine Ahnung von der Stentorstimme, mit welcher hinten der umsichtige Herr Oberregisseur seine Befehle ertheilt. In die lauten Gespräche der auf der Bühne Agirenden mengen jene Geräusche sich gar nicht hinein. Wenn ich sage, daß hinten die Theaterarbeiter bauen, während vorn das Stück ruhig seinen Gang geht, so wird das dem Leser erklärlich werden, wenn ich ihm sage, daß die riesenhafte Tiefe dieser Bühne nicht nur eine mehrfache Theilung gestattet, sondern auch noch eine zweite Bühne hinten daran stößt, welche zu dem früheren Sommer-Theater gehörte, dessen Zuschauerraum jetzt – Urwaldbäume, Canoes, leinene Congo-Wellen, Transportschiffe, Karavanen-Koffer und -Kisten und ähnliche schöne Dinge birgt, welche in diesem wechselvollen Ausstattungsstücke zur Darstellung gelangen. Die Tiefe der Versenkungen ist geradezu unabsehbar – zwei Etagen übereinander – und die Höhe des Schnürbodens vermag Schwindel zu erregen.

Die bunten Gestalten der Stanley'schen Expedition und ihre Feinde, einige Kannibalen und böse gearteten Zanzibariten, treiben sich plaudernd in den breiten Gängen neben und hinter der Bühne umher. An riesigen, senkrecht stehenden Walzen sind eben Dekorationen aufgerollt worden, Prospekte und andere Coulissen haben sich vom Schnürboden herabgesenkt. Ich habe einen sicheren Platz, nachdem zwei Theaterarbeiter mir mit irgend einem Stückchen Urwald fast den Kopf eingerannt, entdeckt und sehe mir den Trubel an.

Stanley-Litaschy[22] zeigt mir die Stätte seiner Qual in statu nascendi[23]. Mit affenartiger Geschwindigkeit pflanzen die Arbeiter die von hinten hergeholten Palmenbäume mit Pflöcken in den Boden, eine elektrische Leitung wird nach der ominösen Stätte gelegt, wo die niedliche Begleiterin der Miß Tinney die Bratpfanne umwirft und den Waldbrand veranlaßt. Hinten werden auf hohen Böcken die blaugrünen Leinen-Planen aufgespannt, die nachher von zwei prosaischen Theaterarbeitern hin und hergezogen werden. Das sind die Stromschnellen des Congo. Und daneben erbauen sich quer über die Bühne hohe schienenartige Gerüste. An diesen »schliddern« nachher die Boote Stanley's entlang. Links und rechts öffnen sich breite Spalten in der Bühne, aus welchen die in der Tiefe befindlichen Dampfmaschinen mächtige Dampf-Wolken entsenden – – der Rauch des brennenden Urwaldes. Und der Urwald brennt nieder. Leichte Wolkenschleier senken sich von oben herab. Inzwischen stürzen die Arbeiter mit einer wahren Berserkerwuth auf die Urwald-Bäume. Im Handumdrehen – während der Wolkenschleier wieder emporgeschwebt – sind sie wieder hinten auf der Sommerbühne aufgespeichert. Lächelnd muß die Gruppe der Stanleyaner jetzt auf die Boote, die man auf die hohen Böcke emporhebt: »Sternecker's Rutschbahn« ruft mir Leila einsteigend zu: Los! – – Das Boot saust auf den Schienen die »Stromschnellen« herab. – – –

Dort schläft Stanley, d. h. er schläft eigentlich nicht, sondern steht vergnügt hinter der Coulisse. Aber er hatte sich zum Schlafen hingelegt und die Traumgöttin hatte ihm eine Rede gehalten. Durch einige transparente Stellen am Prospekt lassen Männer von der Hinterseite mit Hilfe eines elektrischen Reflektors und bunter Glasscheiben allerlei wunderliche Lichterscheinungen auf die Bühne fallen. Inzwischen strömen die Massen von den Garderobenräumen herab, während allerlei Prospekte und Salon-Coulissen von oben niederschweben. Ein phantastischer Tempel, in dem Afrikas Zukunft choreographisch dargestellt wird, baut sich auf. Hier stehen plaudernde Gruppen von Friedensengeln. Der Oberregisseur stürzt plötzlich auf sie zu: »Fräulein R., sind Sie denn toll!« Er greift nach den Ohren des jungen Mädchens. Ein empörtes Stampfen mit den Füßchen – – aber die junge Dame muß sich fügen. »Das fehlte noch! Ein Engel mit Ohrringen!« murmelt empört der Gestrenge. Fräulein Ada reibt mit üblicher Grazie die Füße auf dem Colophonium[24] herum, während Fräulein Friderici noch mit Windeseile einiges an ihrer Toilette ordnet. Die kleinen Kinderchen, welche mit der großen Mittelsäule bei der Apotheose aufsteigen, klettern mit drolligen Amtsmienen die Versenkung hinunter – hin und her, her und hin fluthen all' diese bunten, glänzenden, flimmernden grotesken Gestalten, Lachen und Scherzen erklingt – – – doch die Glocke des Regisseurs bringt Ordnung in die Sache. Das echte, lustige Lächeln wird zum obligaten. Selbst das mürrische Gesicht (»Sehen Sie, das ist ein nettes Mädel – aber sie will nicht lachen!« bemerkt scherzend der Direktor) versucht sich in verbindliche Falten zu legen – – – der letzte Akt beginnt! – –

Es sind alles das nur flüchtige Momentbilder, aber sie haben den Vorzug, absolut ungeschminkt zu sein! Viel anders spielt es sich in dieser drolligen Coulissenwelt nirgends ab. Die Romane flunkern und die Feuilletonisten phantasiren.

Drei Stunden Zuchthaus

Das Gesetzbuch kennt natürlich das in der Ueberschrift ausgedrückte Strafmaß nicht. So ein kleines Zeitpartikelchen von Zuchthausstrafe wäre auch in seiner Winzigkeit gar zu bedeutungslos. Dennoch gestehe ich ganz offen ein, daß die drei Stunden, während welcher ich im Berliner Zuchthause, der unter dem Namen »Zellengefängniß« allgemein bekannten Strafanstalt an der Lehrter- und Invalidenstraße zubrachte, gerade lang genug waren, um jenes Gefühl seelischer Depression zu erzeugen, welches von dem Anblicke enger Zellen, rasselnder Schlösser, bleicher Sträflingsgesichter und sonstiger Attribute der ernsten, unerbittlichen, strafenden Gerechtigkeit untrennbar ist. Ich finde »drei Stunden Zuchthaus« gerade schlimm genug. Es ist verhältnißmäßig still, sehr still in den drei übereinander liegenden, durch eiserne Gallerien abgetheilten Zellen-Corridoren dieser strahlenförmig gebauten Anstalt. Die maschinenmäßig, wie unter dem Zwange einer unsichtbaren Gewalt hin- und herlaufenden »Calefactoren« (Sträflinge, welche Hausarbeit aller Art verrichten) haben weder die Befugniß, Geräusch zu machen, noch scheinen sie in der aufgezwungenen stumpfen Willenlosigkeit dazu besondere Lust zu haben. Von den Aufsehern aber hört man nur kurze, abgebrochene Bemerkungen, knappe dienstliche Meldungen, mit denen sie beständig an den Oberaufseher herantreten, selbst wenn sie nur formell zu melden haben, – daß eben nichts Neues zu melden ist. Aber eben diese Stille spricht mit tausend Stimmen. Sie ist unheimlich in des Wortes eigenster Bedeutung. Man athmet mit ihr gewissermaßen eine Fülle von Vorstellungen ein, die sich auf entsetzliche Seelenqualen, auf trotzige Verbissenheit, auf stupide Gleichgiltigkeit, auf namenlose menschliche Verworfenheit oder thränenlose Reue beziehen. Die Ventilation ist vortrefflich, dem Sinne des Geruches drängt sich wenig oder gar nichts von der eklen Gefängnißatmosphäre auf, – – aber welcher Windhauch wäre stark genug, den ideellen Kerkerdunst wegzuwehen, den man mehr fühlt, als man ihn riecht. Ich verdanke es der liebenswürdigen Vermittelung des hochverdienten Anstaltsgeistlichen Pastor Wießner und der dankenswerthen Zuvorkommenheit des Anstaltsdirectors Herrn Krohne, daß ich der umsichtigen und bis in's kleinste Detail eingehenden Führerschaft des Herrn Oberaufsehers Lembke überantwortet wurde, eines Mannes, der schon lange Jahre im Dienste des Strafanstaltswesens steht, die verschiedensten Phasen desselben durchgemacht hat, sichtlich aber sich ein warmes Herz und einen dem Weltgetriebe »draußen« – wie er immer sagt – offenen Sinn erhalten hat. Das ist, meine ich, nicht so leicht, wenn man tagaus, tagein hinter diesen düstern Mauern steckt, wo selbst hinter den freien Menschen die Eingangspforten sich doppelt und dreifach schließen. Es sind doch wirklich ganz absonderliche Eindrücke, die solch ein Mann immer auf sich wirken lassen muß. Herr Lembke hat aus den Zeiten, da von diesem Zuchthause aus die Mörder auf das in einem Hofe desselben aufgestellten Schaffot geführt wurden, sich ein kleines Museum an sich werthloser Dinge angelegt, welche jenen Delinquenten angehörten, die ihre letzte Nacht in der verhängnißvollen Zelle Nr. 12 zugebracht hatten. Auf jedem Päckchen steht der Name des hingerichteten Mörders. Da ist ein altes Portemonnaie von Graßnick, eine abgebrauchte hölzerne Cigarrenspitze, aus der Schunicht[25] nach der Henkersmahlzeit rauchte (noch steckt der alte Stummel darin), da ist noch manch' andere grausige Rarität, die an unselige Namen aus der blutigen Chronik des Schaffots erinnert. Die Henkersmahlzeit ist also keine Fabel, es ist Thatsache, daß dem Delinquenten vor dem Tode noch allerlei kleine Lebensgenüsse gegönnt werden. »Elf Stück Cigarren hat der Doppelmörder Keller in der Nacht vor seinem Tode verpafft«, erzählte der Oberaufseher. Auch von dem jüngst dort verstorbenen, zu lebenslänglicher Zuchthausstrafe verurtheilten »Commissionair« Dickhoff wußte Herr L. zu berichten. – »Wenige Minuten vor seinem Tode war ich noch bei ihm. Er war fürchterlich schwach geworden und schrieb noch verschiedene Worte mit zitternder Hand auf eine Tafel. Uebrigens erklärte er in seinem letzten Augenblicke noch, er sei des Mordes nicht schuldig.« – –

Wenn ich oben sagte, daß die Henkersmahlzeit keine Fabel sei, so klärte mich andererseits mein freundlicher Führer über die Thatsache auf, daß die »draußen« verbreitete Ansicht von der Existenz einer wirklichen »Mörderzelle«, also eines für die Aufnahme hinzurichtender Verbrecher speciell und ausschließlich bestimmten Gelasses, absolut irrig ist. Die Zelle No. 12 ist eine gewöhnliche Zelle wie alle andern. Ein schmaler Raum, der einen in eine Pritsche zu verwandelnden Tisch, einen Stuhl, die üblichen Eimer und sonstiges Inventar enthält und von der schmalen Wand aus durch ein schräges Fenster beleuchtet wird. Gegenwärtig bewohnt diese Zelle ein schmächtiger, hohlwangiger Bursche, der an der Friedrichsgracht einen schweren Diebstahl verübt hat und ob seiner schlimmen Vergangenheit eine fünfjährige Zuchthausstrafe erhalten hat. Er ahnt es nicht, wie viele Männer mit blutbefleckten Händen in eben diesem Raume der furchtbaren Stunde warteten, welche sie zu ihrem letzten Gange rief. Ich konnte mich eines Schauers beim Betreten dieser Zelle nicht erwehren. Was haben diese kahlen, grauen Wände gehört und gesehen! – – – Lediglich aus praktischen Gründen ist diese, sonst mit anderen Gefangenen belegte Zelle zur Aufnahme der Todeskandidaten verwendet worden. Man will doch einen solchen Menschen auf seinem letzten Gange nicht durch das ganze weite Gebäude auf den Richthof hinausschleppen. Dicht neben dieser Zelle befindet sich nämlich die Thür, von welcher aus man durch einen kleinen Gang auf den Hof hinaus gelangt. Wir gingen langsam eben denselben Weg, den so oft zitternd jene Mörder zurückgelegt. Es gehört kaum ein sehr hoher Grad von Sensibilität dazu, um von einem unbestimmten Gefühl der Angst, des Albdrükkens erfaßt zu werden, wenn man sich auf diesem Gange die Situation der Todeskandidaten vergegenwärtigt. Hier führen einige steile Stufen in den Hof hinab. Ich hielt einen Augenblick unwillkürlich schaudernd vor diesen Stufen an. In meinem Erinnern stieg das Bild jenes Schunicht auf, wie er an einem bitterkalten Wintermorgen diese Stufen mit schlotternden Knieen, von dem Caplan geleitet, hinabstieg, um vor den Tisch des Staatsanwalts, der das Todesurtheil in der Hand hielt, zu treten. Jener Hof, der »Schulhof« genannt, weil daselbst in einem kleinen Anbau die von zwei Lehrern geleitete Schule der Anstalt sich befindet, war das Einzige, was ich damals von dem Berliner Zuchthause gesehen. Jetzt wird dort kein Schaffot mehr errichtet werden. Harmlos deckt aufgeschüttete Erde den Platz, wo einst der Block gestanden, eine neue Mauer, die den Hof theilt, ist jetzt gezogen, und selbst an der Stelle der Wand, wo noch vor kurzem das schrilltönende Sünderglöckchen angebracht war, mahnt nur ein aus dem Mauerwerk hervorragender Eisenriegel an die damalige Bestimmung dieses unheimlichen Fleckchens Erde.

Wenn ich s. Z.[26] bei Schilderung des Untersuchungsgefängnisses von dem beklemmenden Eindruck sprach, den diese langen Zellen-Corridore machen, so darf man von einem solchen im Zuchthause mit noch größerer Berechtigung reden.

Dort waltet noch die Hoffnung, dort regiert noch die große Frage: schuldig oder nichtschuldig? dort tragen die Zellen Nummern, aber die Menschen darin sind noch bis zu einem gewissen Grade individuelle Theile eines Ganzen. Hier im Zuchthause sind auch diese Menschen nur uniformirte Nummern losgerissen von dem Ganzen der Außenwelt, einsam arbeitend, einsam denkend, einsam schlafend und essend, keine andern Stimmen hörend als die der Beamten. Es fehlt eben hier der Sonnenstrahl des Außenlebens, der von Zeit zu Zeit in das Leben der Untersuchungsgefangenen doch hinein scheint. Bekanntlich gehört unser Moabiter Zuchthaus zu den wenigen, welche mit einigen Ausnahmen das Princip der Einzelhaft streng durchführen. Es sind dort im Ganzen 540 für Gefangene eingerichtete Zellen darin, während einige übrige Zellen zu anderen Zwecken benutzt werden. 528 Sträflinge barg bei meinem gestrigen Besuche die Anstalt, darunter 6, die zu lebenslänglicher Strafe verurtheilt waren. Nur wenige von ihnen, nachdem sie eine dreijährige Isolirhaft hinter sich haben, bewegen sich häufig unter Aufsicht außerhalb der Zelle, um die Hausarbeit zu versehen, von diesen wiederum arbeiten einige gemeinsam, wie die Köche, Bäcker u. s. w. Alle Uebrigen aber sind Tag und Nacht auf ihre Einzelzelle angewiesen, auf den engen Raum, der ihre Welt, ihre Arbeitsstätte, ihre Heimath bildet. Hier steht einer an der Hobelbank und arbeitet Stuhllehnen, dort arbeitet ein anderer an der Kurbelmaschine jene buntverzierten Leinwandtaschen, wie man sie in den »billigen Bazaren« zu Dutzenden findet. In einer Nebenzelle näht ein Dritter diese Taschen an der Maschine zusammen. Jeder hat sein bestimmtes Pensum, das er stumm und still in seiner Zelle zu erledigen hat. Eine gewisse Quote des Ertrages wird ihm gutgeschrieben, und arbeitet er mehr, so erhöht sich der Betrag entsprechend, der ihm nach dem Verlassen des Zuchthauses die ersten Schritte in der wiedergewonnenen Freiheit erleichtern soll. Außerdem kann er aber alsdann 1 Mk. 50 Pf. monatlich für kleine Aufbesserungen seiner Kost, z. B. durch eine Quantität Schmalz, einen Häring und dergl., verwenden. In einer Zelle fand ich einen langen, hagern Mann, der theilweise an einer mit kolossaler Geschwindigkeit functionirenden Maschine, theilweise auch mit der Hand aus cubischen Korkstücken, die in Massen seine Zelle füllten, jene gewöhnlichen Bierflaschen-Korke schnitzte. Mit der Maschine muß er täglich 5000 Stück herstellen, mit der Hand 1500. Natürlich ist dieses »Muß« ein eisernes, unerbittliches, welches dem Delinquenten keine Zeit gewährt, in seiner einsamen Zelle zu faulenzen. Die Einförmigkeit dieses Daseins bleibt naturgemäß nicht ohne Wirkung auf den Gefangenen, sie hat zu allermeist das Gute, ihn sozusagen »kirre« zu machen. Einer dieser »Arbeiter« – sein Gesicht war eingefallen und ein apathischer Ausdruck lag in seinen Augen – antwortete auf Befragen, was er begangen habe, mit gleichgiltiger Stimme: »Straßenraub!« – – Mein Führer sagte mir, nachdem die Zellenthür sich wieder geschlossen: »Das ist einer der gefährlichsten Gesellen, die wir hier haben. Ich bin überzeugt, sobald der draußen ist, fängt er von vorn wieder an zu rauben und zu stehlen. Ich sehe hier nicht selten dieselben Gesichter mehrmals!« – – – Ein anderer wurde vom Oberaufseher aufgefordert, mir ein Lesebuch zu zeigen, das ihm für die Freistunden gegeben ist. Der Mann mit dem wachsbleichen, abschreckend häßlichen Gesicht starrte uns lange wie geistesabwesend an und es bedurfte mehrfacher Wiederholungen der Aufforderung, ehe er verstand, um was es sich handelte. Er saß schon im dritten Jahre in seiner Zelle. Nur die geradezu musterhafte Ordnung und Sauberkeit, welche in dieser Anstalt uns auf Schritt und Tritt entgegenleuchtet, macht es möglich, angesichts der engen Zellenräume und der großen Mannichfaltigkeit der darin verrichteten Arbeiten, die Luft in denselben auf einem Grade von Reinheit zu erhalten, der nach den landläufigen Vorstellungen vom Gefängnißleben geradezu erstaunlich ist.

Mit dieser Ordnung und Sauberkeit, über welche der Director mit dem Oberaufseher und den dreißig Aufsehern (der zweitgenannte ist, wie die letzteren, stets uniformirt und trägt einen Säbel an der Seite) mit hochanerkennenswerther Peinlichkeit zu wachen scheinen, geht das Princip einer vernünftigen Humanität, welches daselbst sichtlich herrscht, Hand in Hand. Wohl leuchtet überall die unerbittliche Strenge durch, wohl haftet jener furchtbare Ernst, der in dem Begriff der Strafe liegt, allen Dingen und Menschen an, die man innerhalb dieser Mauern sieht, doch hört man nichts von Brutalität. Der Ober-Aufseher bot beim Eintreten in die Zellen, welche wir besuchten, den Gefangenen stets guten Tag. Das ist immerhin charakteristisch. – – »Die Aufseher sind strengstens angewiesen, sich jeder Rohheit zu enthalten!« sagte er. – – Die Behandlung ist im übrigen eine durchaus gleiche. Es spuken da allerlei absonderliche Vorstellungen im Publikum herum von leichten und schweren Verbrechern im Zuchthause, von solchen, die womöglich verhätschelt, und solchen, die geprügelt werden, von rasselnden Ketten, Prügeln und Lattenarrest. Das ist alles unrichtig. Dort im Moabiter Zuchthause heißt es: »Was dem einen recht ist, das ist dem andern billig.« Ob Mörder, ob Einbrecher, ob Dieb, die Behandlung ist in allen Punkten die gleiche, die Zellen sind die gleichen und auch die Verpflegung ist durchweg die nämliche. – Die Prügelstrafe existirt nach den Principien des Anstaltsdirectors nur auf dem Papier und ebenso der Latten-Arrest, beide figuriren nämlich wohl als Abschreckungsmittel auf den Hausordnungs-Placaten, welche in den Zellen angebracht sind, aber der Prügelbock führt unten im Souterrain des C-Flügels ein beschauliches Stillleben schon seit vielen,

vielen Jahren. Dort steht es in einer offenen leeren Zelle, das unheimliche, hohe, pritschenartige Instrument mit den dicken Lederpolstern, und die Schnallriemen, welche früher den Körper des straffälligen Zuchthäuslers festhielten, hängen von dem bestaubten Gestell ganz trübselig herab, als betrauerten sie den Fortschritt der Cultur.

Dieser C-Flügel ist überhaupt ein unheimlicher Ort, dort sieht man die finsterste Seite des Zuchthauses, dort weht eine undefinirbare Art von Kellerluft, eine Atmosphäre, welche einigermaßen an die Zeit der Folterkammern erinnert. So schlimm ist es nun freilich nicht, aber doch muß die Justiz oft zu strengen Mitteln greifen, wo es heißt, den wilden Sinn oder die überschäumende Frechheit eines Zuchthäuslers zu bändigen. Wo die ernste Strafe beginnt, darf, ja m u ß auch der oft recht falsch verstandene Begriff der Humanität seine Grenze haben.

»Meine Rustkammer«, sagte lächelnd der führende Beamte, als er einen Raum aufschloß, an dessen Wänden gar eigenthümliche Geräthschaften hingen: zwanzig Pfund schwere eiserne Stangen mit Handschellen und Beinketten, in welchen der zu bestrafende Gefangene krumm geschlossen wird, schwere Zwangsjacken mit Eisenschienen und »Maulkörbe« für solche, welche durch Schreien ihrer Wuth Luft machen wollen. – – Wir treten an eine in der Nähe befindliche Zelle. An der Thür hängt ein Täfelchen mit der sonderbaren Aufschrift: »Guter Tag«. – – »Eine Arrestzelle«, sagt mein Cicerone lakonisch, während er die Thüre öffnet. Ich trete ein. Es herrscht ein Dämmerlicht in dem Raume. Mein Auge fällt auf einen großen, viereckigen Eisenkäfig, in dem eine Pritsche und ein Stuhl stehen. In dem Eisenkäfig sitzt ein Mensch, der sich bei unserem Eintritt erhebt. Er ist ein zu vierzehn Tagen Arrest verurtheilter Zuchthäusler. Heute hat er seinen sogenannten »guten Tag«. Etwas Sonnenlicht fällt in seine Zelle, er erhält warmes Essen und darf einen Spaziergang machen. Sobald jedoch die Sonne dieses Tages Abschied genommen hat, bleibt es drei Tage und drei Nächte völlig finster in diesem Käfig und nichts als Wasser und Brod wird in denselben hineingereicht. Ein Eisenring an der Wand mahnt überdies an die schweren Ketten in der ominösen »Rüstkammer« des Herrn Oberaufsehers. – – – Hier, ich gestehe es, ergriff mich wieder ein stilles Grauen. Der Gefangene athmete tief auf, als wir durch die Thür wieder hinaustraten. Er hatte einen Moment etwas von der »Freiheit« geathmet, die er oben in seiner hellen Zelle bei fleißiger Arbeit genießt. – – –

Der eigenartige Eindruck, den ich in dieser Zelle hatte, ist an Nachhaltigkeit nur demjenigen gleichzustellen, den ich beim Anblick eines zum Tode verurtheilten und zu lebenslänglichem Zuchthause begnadigten Mörders empfand. Er verrichtet Hausarbeit in der Anstalt und ist, wie mir der Oberaufseher versicherte, fleißig, ruhig und gehorsam. Es war fast rührend anzusehen, als der stämmige Beamte dem Mörder die Hand auf die Schulter legte, freundlich sagte: »Er ist immer gut und artig gewesen« und dieser ihn mit einem halb scheuen, halb dankbaren Lächeln anblickte. K.... hat in Görlitz ein Mädchen ermordet. Er war damals 25 Jahre alt, jetzt ist er 40 – – 15 Jahre hat er schon die Zuchthausluft geathmet. Die eingesunkenen Augen sehen nicht gerade böse darein. Als ich ihn fragte, wie er sich denn fühle, da sagte er: »Ach, ich habe viele Thränen vergossen.« – – – »Sie haben einen Mord begangen?« – – Bei dieser Frage traten thatsächlich Thränen in die Augen des Mannes. »Ich war betrunken, sonst hätte ich nie einen Menschen angerührt, ich wußte nicht, was ich that!« – – »Sie wurden zum Tode verurtheilt. Was fühlten Sie bei der Begnadigung?« – – »Da bin ich vor Freude in die Kniee gesunken!« – – – Es ist doch etwas Schlimmes um die Todesangst! Mir wird das Antlitz dieses Mannes mit den ängstlichen Augen unvergeßlich bleiben.

Am intensivsten kann man den eigenartigen, charakteristischen Eindruck des Zuchthauslebens haben, wenn man diese sonst einsamen Sträflinge in größeren Trupps zusammen sieht. Beim »Spaziergange« ist das nicht möglich. Da wandelt jeder allein in einem kleinen dreieckigen, von hoher Mauer umgebenen Raume des Hofes umher. Diese Räume sind strahlenförmig an einander gesetzt und in der Mitte von einem Aufsichtsthurm gekrönt, von welchem aus der Wärter jeden der einsamen Spaziergänger beobachten kann.

Aber beim Kirchgang gewinnt man einen geradezu frappirenden Ueberblick. Wir stehen auf einer der Gallerien an dem Eingange der Capelle. Da öffnen sich in dem weiten Gebäude die Zellen. Im Geschwindschritt kommen die unheimlichen Gestalten truppweise heranmarschirt, einer hinter dem Andern. Sie tragen dunkelbraune Jacken mit hellbraunen Hosen, fast schauerlich, dämonenhaft nehmen sich die mit einer »Maske« bedeckten Gesichter aus. Die Maske wird durch eine bis über die Nase hängende, an der schwarzen Mütze befestigte Tuchklappe gebildet, in welcher zwei Augenlöcher angebracht sind, wie bei der Vermummung des Behmrichters[27]. Keiner kennt den Andern, er weiß es kaum, daß ein Anderer hinter ihm herläuft, mechanisch, lautlos, vornübergebeugt bewegen sie sich vorwärts, nur die Augen blitzen aus den Oeffnungen unheimlich hervor und mit stupider Maschinenmäßigkeit führen sie salutirend die Hand an die Mütze, sobald sie an uns vorbeikommen. Dann verschwinden sie durch die engen Gänge in der Capelle, tauchen in den hochwandigen, zellenartigen Kirchstühlen unter, in denen einer den Andern nicht sehen, alle aber den schlichten, hohen Altar mit den links und rechts angebrachten zehn Geboten erblicken können, hängen die an der linken Brust befindliche

Zellen-Nummer an eine Oese oben über dem Kirchstuhl – – die Thüren schließen sich – – der Laut einer Glocke ertönt. Der Geistliche im Talar steigt ernst und ruhig die Wendeltreppe hinauf, die zur Kanzel führt. Es wird alles still – die Donnerstags-Betstunde hat begonnen.

Ein Massenbild erhält man auch bei der Mittagsspeisung. Mit dem Schlage 12 beginnt die Vertheilung. Eilig, taktmäßig gehen die Calefactoren mit einem Aufseher von Zelle zu Zelle, aus welchen die Gefangenen, gierig an der Thür stehend, ihre Näpfe herausreichen. »Schellfisch mit kräftiger Brühe, ein Liter Kartoffeln und ein Stück Brod« [ ] das war pro Mann das Menu dieses Tages. Sonst giebt es irgend ein durchgekochtes Essen (Hülsenfrüchte, mit Speck oder Fleisch gekocht, u. dergl.) nebst Kartoffeln und Brod. Ich will nicht unterlassen zu constatiren, daß ich in der Anstaltsküche, wo auch nur Gefangene arbeiten, von dem Fisch und der Brühe gekostet habe und zu dem Entschluß gekommen bin, einem Restaurateur, bei dem ich vor kurzem zufällig »hineinfiel« und Schellfisch aß, zu empfehlen, daß er sich an der diesbezüglichen Kochkunst des Moabiter Zuchthauses ein Beispiel nehmen soll. Fisch und Brühe und das kernige Schwarzbrod waren vorzüglich.

Beim Hinausgehen verabschiedete ich mich noch vom Anstaltsdirector. Ich fand in ihm einen Mann, wie ihrer wohl nicht übermäßig viele an einer solchen Stelle stehen. Es scheint ein idealer Hauch sein Thun und Lassen zu durchwehen. Mit einer seltenen Wärme entwickelte er mir seine Principien zu Gunsten der Einzelhaft. Ich fand mit Freude, daß diesem Beamten nicht das unklare Ziel einer schwachen Humanitätsduselei oder andererseits einer rigorosen Peitschen-Despotie vorschwebt, sondern das schönste Princip des Strafvollzugswesens: die Erweckung des s[ittl]ichen Ernstes in dem Gefangenen, der Wunsch, der Versuch, nicht nur zu strafen, sondern auch zu bessern, mindestens aber eine Verschlechterung und Verrohung zu vermeiden, welche in der gemeinsamen Haft, wo das Laster vom Laster lernt und die Verirrung des Leichtsinns zur Systematik des Verbrechens herangebildet wird, unerläßlich, unvermeidlich ist.

Unter den »wilden Männern«

Jeder, der einmal die näheren Umstände gesehen oder gehört hat, unter denen ein alkoholistisch veranlagter Mann in irgend einer Kellerwohnung nach längerer Abwesenheit vom heimathlichen Herd mit vollem Kopf, aber leerem Geldbeutel wieder eingetroffen ist, um aus Wuth über seine eigene Lüderlichkeit, seine Ehehälfte durchzuprügeln, hat unbedingt auch den Ausdruck »den wilden Mann machen« vernommen. Derartige Leute »machen« nämlich »den wilden Mann«, indem sie ihr Geld verjubeln und auf Stunden, zuweilen sogar auf Tage vergessen, wo sie wohnen. In der Annahme, daß gerade diese Anwendung des echt berlinischen Ausdrucks vom »wilden Manne« die am allgemeinsten bekannte ist, schicke ich voraus, daß ich über diese Species von »wilden Männern« heute kein Wort verlieren will.

Es giebt noch eine andere Sorte, und zwar eine viel gefährlichere. Die »wilden Männer«, die ich im Sinn habe, sind die Simulanten des Verbrecherthums. Bekanntlich giebt es keine bessere Entlastung für einen Uebelthäter, als wenn sein Richter zu der Ueberzeugung kommen kann: »Der Mann hat nicht gewußt, was er that, er hat unter dem Eindruck geistiger Krankheit gehandelt.« Man müßte nun sehr gering von der Durchtriebenheit der Herren Verbrecher denken, wenn man annehmen wollte, daß dieselben sich diese Thatsache nicht nach Möglichkeit zu Nutze machen. Ich weiß nicht, ob wir dem »Verbrecher-Jargon« oder dem ganz allgemeinen Volks-Jargon den Ausdruck zu verdanken haben, – jedenfalls sagt man von einem Verbrecher, welcher Geistesstörung schauspielert, um von der Strafe loszukommen: »Er macht den wilden Mann.« Der Ausdruck trifft darum nicht so ganz den Nagel auf den Kopf, weil – wie man mir erzählt hat – diese Herren Pseudo-Irrsinnigen sich viel weniger auf das »Rollen-Fach« der Tobsüchtigen, als auf das des stupide vor sich hinbrütenden, wortkargen Melancholiken werfen. Letzteres ist ja wohl auch bequemer.

Nach dieser hoffnungsvollen Einleitung muß ich meinem werthen Leser eine Enttäuschung bereiten, an welcher selbst die Ueberschrift dieses Artikels einen Theil von Schuld trägt. Diese Enttäuschung geht natürlich nur diejenigen an, welche sich ganz besonders abenteuerliche Vorstellungen über die Behandlung dieser »wilden Männer« gemacht. Natürlich ist das die Mehrzahl der Menschen. Ich gestehe selbst ein, daß ich mir in dieser Sache gewisse landläufige Ideen zurecht gelegt hatte, die mit stark befestigten Beobachtungszellen, Gucklöchern, Zwangsjacken und ähnlichen Dingen sich beschäftigten. Dies war der wesentliche Grund, der mich veranlaßte an die Leitung der Königlichen Charité, insbesondere an den wohlbekannten Generalarzt Dr. Mehlhausen das Ersuchen zu stellen, mir einen Einblick in die Geheimnisse der sogenannten »Neuen Charité« zu gestatten, woselbst bekanntlich außer den sonstigen Geisteskranken auch die auf ihren Geisteszustand zu prüfenden Uebelthäter, großen und kleinen Kalibers, Aufnahme finden. Wenn nun bei diesem, mit dankenswerther Zuvorkommenheit gewährten und unter sachkundiger Führung des dirigirenden Arztes stattgehabten Besuche sich herausstellte, daß ich der Phantasie meiner Leser hinsichtlich der »wilden Männer« keine neue Nahrung würde geben können, so nahm ich andererseits die Genugthuung mit heim, falsche Vorstellungen beseitigen, Neues und für viele vielleicht Ueberraschendes erzählen zu können. – – – –

Die »Neue Charité« ist, wie schon aus der Bezeichnung zu errathen ist, ein Appendix des großen und durch seine trefflichen Einrichtungen weltberühmten Königlichen Charité-Krankenhauses. Die ganze Anlage dieser Anstalt, ihr freundlicher Anblick, ihre hellen, luftigen Hallen und die anmuthigen und ausgedehnten Baumanlagen, welche gewissermaßen das Herz der umfangreichen Baulichkeiten bilden, ist so schön, so poetisch schön, möchte ich fast sagen, daß sie wahrlich einen ehrlichen deutschen Namen mit vollem Recht verdiente. Setzen wir für das französische »Charité« das deutsche Wort »Barmherzigkeit«, so werden wir leicht auf Schritt und Tritt die Berechtigung des Namens finden, welchen diese alte Anstalt und ihr etwas neueres Anhängsel, das den Geisteskranken und allerdings in seinen oberen Stockwerken auch den Hautkranken gewidmet ist, trägt.

Daß die Barmherzigkeit in erster Linie gegenüber den Unglücklichen angebracht ist, deren Geist umnachtet ist, liegt auf der Hand. Die Wissenschaft der Psychiatrie, der Irrenheilkunde, ist gerade in diesem Theil ihrer gottbegnadeten Mission auf die höchste Stufe gelangt. Das wurde mir schon in der Unterredung klar, welche ich mit dem gegenwärtigen Oberarzte der Neuen Charité, Herrn Dr. Siemerling, in seinem traulichen Arbeitszimmer vor Eintritt in die Anstaltsräume hatte. Nicht nur der sinnende Ernst, gepaart mit dem Ausdrucke einer wohlthuenden Milde, der aus dem Wesen dieses Irrenarztes strahlt, sondern auch seine Auslassungen über die gegenwärtigen und hier zur Geltung kommenden Grundsätze der Irrenpflege, zeigten mir, daß die moderne Psychiatrie sich hier und an vielen andern Orten von dem Mittel der brutalen Gewalt so gut wie ganz emancipirt hat. Romanschriftsteller und sensationssüchtige Dramatiker, welche geisteskranke Helden ihrer Phantasie bisher sehr fleißig mit Zwangsjacken und Douchen zu behandeln beliebten, würden recht enttäuscht sein, wenn sie Herrn Dr. Siemerling reden hören und die Krankensäle der Neuen Charité sehen könnten. Es weht dort der Geist des verstorbenen Psychiaters Prof. Westphal, welcher auf dem Gebiete der Reform in der Irrenbehandlung Bedeutendes geleistet hat. Auf meine Frage nach den »wilden Männern« erwiderte Herr Dr. Siemerling, daß es solche im Sinne der landläufigen Volksansicht, d. h. als eingesperrte, heimlich beobachtete Individuen, überhaupt gar nicht gäbe. »Wer zu uns gebracht wird, gilt zunächst als Kranker und wird als solcher behandelt. Er wird gebadet, untersucht, bekommt die weißleinene Anstaltskleidung, wird zunächst zu Bett gebracht, die Temperatur wird gemessen – und hiernach wird er von Aerzten und Wärtern in den gemeinsamen Schlafsälen im Conversationszimmer, event. in der Zelle beobachtet und behandelt, genau so, wie alle anderen Patienten der Irrenanstalt! – – Damit fällt also die bekannte Mythe von der mit allerlei Gucklöchern versehenen Gefangenen-Zelle der »wilden Männer« vollständig. – – »Und die Gummi-Zelle? Die Zwangsjacke?« – – »Abgethane Dinge«, erwidert mein sachkundiger Gewährsmann. »Immer mehr und mehr tritt heute bei der Fürsorge für Irre das Bestreben zu Tage, die Geisteskranken, ob sie sich in Anstalten befinden oder nicht, möglichst ohne Zwangsmaßregeln zu behandeln, ihnen, soweit angänglich, Freiheit zu gewähren. Gerade diesem Bestreben verdanken wir von England aus das System der freien Behandlung der Geisteskranken, im weitesten Sinne des Wortes das No-Restraint-System. Unlängst hat sich sogar in Schottland eine Art der Anstaltsbehandlung Anerkennung verschafft, welche unter dem Namen ›Open-Door-System‹ (Offene Thür-System) bekannt geworden ist. Man sucht hierbei die größtmögliche Gewährung der persönlichen Freiheit der Irren zu erreichen durch Beseitigung des Thürverschlusses, durch Entfernung der umschlossenen Höfe, kurz durch Fortfall aller Hindernisse, welche einer freien Bewegung in allen Theilen innerhalb der Anstalt sowie der ungehinderten Communication nach außen hin im Wege stehen.« – – –

Man ersieht aus diesen Worten des Arztes, wie weit man heutzutage schon in der freiheitlichen Behandlung der Geisteskranken gelangt ist. Es ist hier nicht der Ort und am allerwenigsten liegt für mich hier die Möglichkeit vor, die systematische Anwendbarkeit dieser schottischen Grundsätze auf unsere Verhältnisse zu erörtern. Thatsache ist, daß die jenem strict durchgeführten System zu Grunde liegende Idee, nämlich Zwangsmittel in der Irrenbehandlung nach Möglichkeit zu vermeiden, auch hier in der »Neuen Charité« in weitestgehender Weise zur Anwendung gebracht wird. Die Möglichkeit hierzu wird durch eine sorgfältigere individuelle Behandlung, durch größere persönliche Bemühung der Aerzte und durch eine peinliche Sorgfalt und Vorsicht in der Auswahl des denkbar besten Wärterpersonals gefunden. Es ist ja natürlich unendlich viel bequemer, einen tobsüchtigen Irren zu binden, ihn in eine Zelle zu sperren und nun einfach seinem Schicksal zu überlassen. Aber zu allermeist ist, wie die wissenschaftliche und praktische Erfahrung aufmerksam beobachtender Irrenärzte ergeben hat, die Nothwendigkeit dieser schroffen Zwangsmaßregeln nur eine eingebildete. Wohl wünschte ich, diese Zeilen hätten Wucht genug, um in der großen Masse des Volkes der Ueberzeugung Bahn zu brechen, daß ein großer Theil der entsetzlichen Gewaltthaten, welche Geisteskranke, speciell tobsüchtige Personen begehen sollen, ins Reich der Fabel, der romanhaften Phantasie, der amerikanischen Zeitungsente gehören. Es würde das vielleicht dazu beitragen, die oft kindische Angst zu beseitigen, welche viele vor geisteskranken Personen hegen, es würde das werkthätige Interesse des Publikums für die Pflege dieser unglücklichen Wesen heben und jenem Familial-System, d.h. der häuslichen Pflege gewisser Geisteskranken, welchen mein ärztlicher Gewährsmann sehr warme Worte der Anerkennung widmete, weiteren Eingang schaffen.

Der dirigirende Arzt der Charité ist ein schlanker, kräftiger Mann, der sich mit ruhiger, imponirender Sicherheit unter seinen Patienten bewegt und sicherlich eine reiche Erfahrung hinter sich hat. Trotzdem, so versicherte er mir auf Befragen, könne er sich irgend welcher schweren thätlichen Angriffe auf seine Person seitens der Geisteskranken nicht erinnern. »Das einzige Erinnerungszeichen«, sagte er, »wäre diese Narbe auf meiner Wange. Die verdanke ich dem heftigen Schlage eines evangelischen Geistlichen, der übrigens jetzt, vollkommen geheilt, wieder auf der Kanzel steht. Sonst ist die Sache wirklich nicht so schlimm. Ein paar unvorhergesehene Ohrfeigen giebt es ja allerdings ab und zu, und namentlich die weiblichen Irren haben zuweilen die häßliche Angewohnheit, einem den Rock aufzureißen, daß die Knöpfe herumfliegen!« – – –

Unser gemeinsamer Gang durch die Räume der Anstalt dürfte als lebendige Illustration zu dem meisten dienen, was ich oben gesagt. Ich darf mit gutem Rechte behaupten, daß neben dem naturgemäß traurigen Gesamteindruck, den derartige Räume, bevölkert von den gespensterhaft weiß gekleideten Insassen, machen müssen, auch ein gewisser Hauch des Trostes dem Besucher entgegenweht. Es ist freilich schwer zu sagen, aus welchen Atomen er sich zusammensetzt.

Das allmächtige »Jodoform«, dieses kostbare Antisepticum, welches bekanntlich gegenwärtig trotz verschiedenartiger neuer chemischer Entdeckungen in der Chirurgie die Alleinherrschaft führt – welcher Laie kennt nicht dessen äußerst liebenswerthen Geruch – hat unbedingt das früher so sehr beliebte Carbol an sehr vielen Punkten des großen wissenschaftlichen Kampfplatzes aus dem Felde geschlagen. Nichtsdestoweniger bleibt der Geruch von Carbol untrennbar von recht trüben, häßlichen Vorstellungen, von Blut und Wunden, von Leiden und Sterben. Der ziemlich hervorstechende Carbolgeruch, der mir auf den breiten, aber doch wegen der hohen Lage der Fenster etwas halbdunkeln Gängen der Irren-Station sich aufdrängte, schien mir in das ganze Bild vortrefflich hineinzupassen. Der Eindruck ist traurig, ernst und düster, und selbst die äußerst freundlichen Baumanlagen, welche durch ein hier und da offenes Fenster frischen Blatt- und Blumenduft hineinsandten, kämpften vergeblich mit dem materiellen und ideellen Einfluß des Carbols. »Die Dielen werden hier im Hause durchweg mit carbolisirtem Wasser gewaschen«, erklärte mir Dr. Siemerling. Beim Eintritt liegen links die Männerabtheilungen, rechts die Frauenabtheilungen, und zwar findet man, wenn man aus einer Abtheilung in die andere, resp. aus einem Krankenraum in den andern will, durchweg verschlossene Thüren. Das beständige Rasseln der Schlüssel trägt nicht wenig zur Verdüsterung der ganzen Physiognomie dieser Räume bei. Die Unglücklichen dort drinnen sind auch Gefangene, die Fesseln, welche die gesunde Thätigkeit ihres Gehirnes binden und lähmen, sie erstrecken sich auch auf ihre persönliche Freiheit, und mit ihnen tragen die Last dieses einförmigen, engbegrenzten Lebens auch die Wärter und Wärterinnen. Das ist wirklich ein schwerer, verantwortungsvoller Beruf. »Ein geschultes, zuverlässiges Wärterpersonal ist das wesentlichste Moment der Anstaltspflege«, sagte mir mein freundlicher Führer. »Wir dürfen uns eines solchen rühmen. Die größte Anzahl der Wärter und Wärterinnen, welche den aus einem Oberarzt und drei Assistenzärzten bestehenden Aerzte-Stab unterstützen, recrutirt sich aus der bekannten v. Bodelschwing'schen Anstalt in Bielefeld. Diese Leute bekommen persönlich kein Gehalt. Außerdem sind natürlich fest angestellte Wärter und Wärterinnen vorhanden und zwar sehr viele. Es kommt durchschnittlich auf drei bis vier Patienten ein Wärter!« – Vergegenwärtigt man sich, daß die durchschnittliche Frequenz in der Neuen Charité monatlich 150 bis 160 männliche und 70 bis 80 weibliche Geisteskranke beträgt, so ergiebt das eine ganz erkleckliche Anzahl von Wärtern und Wärterinnen. Wenn man diese Leute so ruhig und geduldig zwischen den Kranken sich bewegen sieht, wenn man bedenkt, mit welcher Unermüdlichkeit sie dort, hinter verschlossenen Thüren, das Jammern und Klagen, das Lachen und Schimpfen, das tolle Reden oder das gehaltlose Murmeln ihrer Pflegebefohlenen mit anhören müssen, dann kann man nicht ohne gewisse Bewunderung zu denen aufblicken, die treu solch' schwerem Berufe nachgehen. In einem der Krankensäle fand ich eine noch sehr jugendliche Wärterin stumm und still neben einem Schemel stehend. Auf dem Schemel saß ein junges Mädchen in der weißleinenen schlafrockartigen Anstaltskleidung und hielt die eine Hand der Wärterin fest an ihre Wange gedrückt, während sie den Kopf dicht an deren Körper schmiegte. Der Ausdruck der Verzweiflung, des stummen, tiefen Seelenschmerzes, welcher in den Augen dieser Irren sich spiegelte, wird mir ebenso lebhaft in Erinnerung bleiben, wie die Gestalt jener jungen Wärterin, die wortlos, regungslos das stumme Seelenbild der Unglücklichen überwachen und beobachten mußte. Wie gesagt, die Zeiten sind vorbei, wo das Zellensystem alles beherrschte, wo eine Irrenanstalt einer mit nummerirten Käfigen ausgestatteten Menagerie glich, in denen, wohlgeborgen, die Patienten in erster Linie unschädlich gemacht wurden für Aerzte und Wärter. Dort in der »Neuen Charité« kann man genau beobachten, wie thatsächlich in der Hand des Wärters die Behandlung liegt, wie der Wärter absolut gezwungen ist, sich um jede Bewegung des Kranken zu kümmern. Die Zelle ist heut zu Tage nicht eigentlich als Kranken-Wohnraum, sondern als Aushilfsmittel für vorkommende Fälle zu betrachten. Mein Führer geleitete mich in verschiedene derartige Zellen, die groß und hell sind. Hoch oben ist das Fenster angebracht, von dickem, gedämpftem Glase. Eine Matratze und ein Paar bequeme Filzstiefel bilden die ganze Ausstattung. Von Gummiwänden und Polsterwänden ist nichts zu sehen. Dort wird der Kranke eingesperrt, wenn er gar zu ungeberdig wird, und erhebt er zur Nachtzeit seine Stimme gar zu laut, so giebt es auch noch eine Doppelthür, welche sich hinter ihm schließt und das Geräusch vollständig dämpft. Die Vorstellung, Tobende suchten sich den Kopf an den Wänden zu zerschellen ist im Großen und Ganzen irrig.

Wir treten in einen der Krankensäle, wo die Kranken, wie in jedem anderen Hospital, in den Betten liegen. Hier begegnen dem Auge freilich schmerzliche Bilder. Die meisten liegen mit blassem Antlitze stumm da, starr vor sich hinblikkend, oder mit geschlossenen Augen. Dort liegt ein junger Mann, einem Leichnam gleichend, im Bett. Auf seinem Kopf liegt ein Eisbeutel. Ihm zur Seite steht, ihn aufmerksam beobachtend, ein Assistenzarzt. Einen eigenartigen Eindruck macht das sogenannte »Kastenbett«. Wie der Name schon andeutet, ist es ein, den Kinderbetten nicht unähnliches Gestell, innerlich ausgepolstert mit hohen Seitenwänden. Dort werden unruhige Bettpatienten –, welche sich wild auf ihrem Lager umherwerfen, untergebracht. In der Frauen-Abtheilung sah ich in einem solchen Kastenbett, von einer Wärterin sorgfältig bewacht, ein altes Weib in halbaufrechter Stellung sitzen, welches mit lauter Stimme und nicht zu bändigendem Redefluß auf eine andere Irre loskeifte, die, mit apathischem Gesichtsausdruck an einem Fenster stehend, ihr zuhörte. Im Großen und Ganzen kann man sich geraume Zeit in diesen Zimmern, in welchen die Kranken internirt sind – (von den eigentlichen Schlafsälen abgesehen) – aufhalten, ohne zu der Erkenntniß zu kommen, daß man es mit geisteskranken Personen zu thun hat. Ein blödes Lächeln, ein ängstliches Aufblicken, ein scheues Davonlaufen oder stummes Vorsichhinbrüten sind die sichtbarsten Zeichen. Meinen ärztlichen Führer schienen die Kranken alle recht wohl zu kennen. Die meisten erhoben sich respectvoll von ihren Sitzen, als wir eintraten. Hier und da hatte der Arzt für den oder jenen Patienten ein freundliches Wort. Ein junges Mädchen hatte sich hinter der Thür versteckt, als wir eintraten. Ich glaube, sie hätte sich zwischen Thür und Angel klemmen lassen, hätte nicht der Arzt die Kleine mit dem schämigen Gesicht unter freundlichem Zuspruch hervorgezogen. Es ist kaum zu glauben, welche Ruhe dort im allgemeinen herrscht – mit wenigen, selbstverständlichen Ausnahmen. Und dabei sind es nicht etwa sogenannte leichte Kranke, die man da sieht. Die Neue Charité ist bekanntlich eine Art von Versuchsstation, in welcher sämmtliche Irre, Deliranten und Epileptiker, welche nicht in der Lage sind, eine Privat-Anstalt aufzusuchen, so lange Aufnahme finden, bis sie entweder geheilt sind, oder der Städtischen Irrenanstalt in Dalldorf als »unheilbar« überantwortet werden. Es sind also zumeist »die Enterbten des Glückes«, die man dort findet, aber, wahrlich, was unter den gegebenen Umständen an Comfort ihnen geboten werden kann, das wird geboten. Die mit bunten Bildern, Pianino etc. gezierten Gesellschaftszimmer, das Billard-Zimmer, Speisezimmer athmen eine gewisse Gemüthlichkeit und Noblesse, welche zweifellos von unendlich wohlthuendem Einflusse ist.

Natürlich fehlt es auch an einem Garten nicht, in dem abwechselnd die männlichen und weiblichen Irren einherspazieren. Wehmüthig genug ist der Eindruck, den es macht, wenn man diese weißgekleideten Gestalten, zuweilen mit recht tollen Bewegungen, da umherlaufen sieht zwischen dem

Laubgrün der jugendfrischen Bäume. Was ist ihnen das Lenzesgrün, was ist ihnen oben der blaue Himmel! Der Arzt ruft einen an. Dieser nimmt Reißaus, als solle er geschlachtet werden. Ein anderer hat einen festen Gurt um die Kutte, vergeblich sucht er sich dieselbe vom Leibe zu reißen. Ein dritter verhöhnt einen Fernstehenden. »Der Kerl ist verrückt! Kaltes Wasser! Der muß kaltes Wasser haben!« Ein junger Mann ist so liebenswürdig, unablässig hinter uns herzulaufen mit allerlei Bemerkungen, welche dem Alberti'schen Complimentirbuch[28] unbedingt nicht entstammen. Als wir jedoch den Garten verlassen, da scheint sich seine Stimmung gegen uns etwas zu ändern. Halb herausfordernd, halb höflich – ruft er uns nach: »Ich lade Sie zu meiner Hochzeit ein!« – – –

Und die »wilden Männer«? wird der Leser fragen! Nun ja, ich sagte es ja schon in den einleitenden Worten, daß ich ihm hierin eine Enttäuschung bereiten müßte. Ich habe ihn mitten unter die wilden Männer geführt und er hat sie nicht gesehen, ebenso wenig, wie ich sie gesehen habe, weil sie eben in nichts sich von den anderen Unglücklichen unterscheiden, welche diese Mauern bergen. Das beobachtende Auge des Arztes und Wärters ersetzt eben hier alle Künsteleien, die man etwa erfinden würde, um den Simulanten in die Karten zu sehen, um das falsche Spiel aufzudecken, welches sie in der Angst vor der gesetzlichen Strafe spielen. Das dürfte, wie gesagt, dem Leser eben so neu sein, wie das Fehlen der Gummizelle, der Zwangsjacke und der Kalt-Wasser-Douche.

Wenn ich oben sagte, daß mich ein Gefühl des Trostes, trotz der Melancholie, die in jenen Räumen waltet, überkam, so meine ich, wenn ich mir's recht überlege, daß ich dies einer Aeußerung des Arztes verdanke, die hier zum Schlusse nicht unterdrückt werden soll. »Wie sieht es mit den Heilerfolgen aus?« fragte ich Herrn Dr. Siemerling. Da wurde mir folgendes zur Antwort: »Ich kann mit Freude sagen: ein großer Theil der Kranken wird geheilt, und als solcher auch aus dieser Anstalt entlassen. Und dann, vergessen Sie eines nicht sich zu notiren: Wenn wir von hier Einen als unheilbar nach Dalldorf senden, so meint das Publikum immer, es sei nun dieses Menschen unabwendbares Loos, hinter den Mauern des Irrenhauses den Rest seines Lebens zu verbringen. Das ist ein Irrthum. Es kann so sein, aber es muß nicht so sein. In sehr vielen Fällen bedeutet dieses ›unheilbar‹ nur, daß der Patient noch längerer Zeit der Anstaltspflege bedarf, nach Ablauf dieser Zeit aber als gebessert den Seinen wiedergegeben werden kann, ohne Gefahr für ihn oder für seine Umgebung!« – – Also auch Dalldorf kein lebendiges Grab?! Also auch dort noch der Schimmer einer leisen Hoffnung? Das ist doch sicherlich eine Beruhigung, sicherlich ein freundlicher Trost.

Im Dienste des »Census«
Betrachtungen eines Volkszählers

In der großen Bruchrechnung des Lebens ist es unbedingt angenehmer, Nenner zu sein, als – Zähler! Ich sende diesen schmerzlichen »Witz« unter dem Gefühle der Zerknirschung in die Welt, welches heute wohl unzählige jener Herren mit dem »freiwillig übernommenen Ehrenamt« nach ihren Wanderungen über Kellertreppen und auf Bodenräumen, durch Gehöfte und auf Kanalschiffe erfüllt. Es war eine Art geistiger Massage, und solch' ein Knetproceß macht bekanntlich müde. – – – Im Dienste des Census! Letzteres ist ja der fremdsprachliche, technische Ausdruck für die am 1. December vorgenommene große statistische Operation. Aber ich will diesen, wenngleich recht kurzen und prägnanten Ausdruck durchaus nicht etwa an Stelle des Wortes Volkszählung empfehlen. Angesichts meiner Erfahrungen auf der kurzen Laufbahn eines mit freiwilliger Staatsbeamten-Qualität ausgestatteten Menschen dürfte nämlich jenes lateinische Wort bei einer großen Menge der lebendigen Zählobjecte einen noch unheimlicheren Eindruck hervorrufen, als das gute deutsche Wort auf den Zählbriefen, den Zählkarten A, a und B. Es ist ganz erstaunlich, welche Angst gewisse Leute, selbst solche mit dem makellosesten Staatsbürger-Gewissen, vor allem haben, was wie eine staatlich concessionirte »Liste« aussieht. Natürlich macht man diese Erfahrung zumeist bei den Frauen aller und bei den Männern und Frauen der mindergebildeten Klassen. Helfen denn die öffentlichen Beruhigungs-Erlasse und die vorausgeschickten Trostesworte der Presse gar nichts!? – – »Na wat is'n det nu wieder? Et war doch vorichte Woche erst Eener mit 'ne Liste da!« – – Nach vielen Bemühungen wurde festgestellt, daß besagte Liste den Zwecken des Adreßbuchs gedient hatte, aber ebenfalls mit den grollenden Gefühlen tiefsten Mißtrauens ausgefüllt worden war. Und nun erst die Zählkarten, welche von indiscreten Fragen strotzen, und zunächst durch die Zahl ihrer Rubriken und durch das beigelegte Musterformular auf den völlig Uneingeweihten anscheinend eine sinnverwirrende Wirkung haben. Kein Wunder, wenn man von den Herrschaften zuweilen mit einer Miene empfangen wird, welche dem unglücklichen Zähler einen tiefen Stoß in sein »freiwilliges Beamten-Ehrgefühl« versetzt. Wohl dem, der auf einen einsichtsvollen Vicewirth stößt – die Hauswirthe selbst wohnen ja sehr häufig nicht im eigenen Hause – bei dem man das »Vertheilungs-Geschäft« centralisiren, der dem Zähler mit seiner genauen Lokal- und Personenkenntniß aufwarten kann. Ist das nicht der Fall und hat man in seinem »Zählbezirke« ein von sehr vielen »kleinen Leuten« bewohntes Haus, dann kann man freilich ganz absonderliche Erfahrungen machen hinsichtlich des Verständnisses, welches dem Werthe der Anforderungen der statistischen Wissenschaft entgegengebracht wird. – – »Ich komme in Sachen der Volkszählung.« – Die Frau sieht etwas erstaunt darein und deutet auf ein Nebenzimmer, in welches sie erst etwas Unverständliches hineinruft. Drinnen erhebt sich jemand vom Sopha, den man recht wohl für den »Haushaltungsvorstand« ansehen könnte. »Ich komme wegen der Volkszählung. Sie sind doch der Miethszahler hier im Haushalt.« – »Nee – det is die Frau da draußen, – aber die ›Volks-Zeitung‹ die bezahl ick selber!« – (wörtlich!) Es galt nun, den wesentlichen Unterschied zwischen einem Abonnentensammler und einem Sendboten der heiligen Statistik klarzumachen. Daß in den Fällen, wo es schließlich gelingt, den Zweck des Besuches klarzumachen, die Frage nach der

Anzahl der in dem Haushalte zu zählenden Personen häufig in einer orakelhaft-unklaren Weise gegeben wird, versteht sich von selbst. Nach längerem Familienrath werden schließlich 15 oder mehr Zählkarten verlangt, wobei sich herausstellt, daß ein Theil der verheiratheten Verwandtschaft, sowie einige liebe Tanten und Onkel aus der Provinz, die durch Bande des Blutes und verwandtschaftliche Liebe an den »Haushaltungsvorstand« gefesselt sind, mitgezählt werden sollen. Du lieber Himmel – was wird z. B. als »vorübergehend Anwesende«, Besucher etc. aufgefaßt. Ich fand bei der Revision einer Zählkarte, sehr verdächtig, eine »Amalie X.« als vorübergehend anwesende Waschfrau angeführt. Mein Verdacht bestätigte sich. Amalie X. weilt »vorübergehend« alle vier Wochen auf wenige Stunden am Waschfasse bei der Familie! Von der Unklarheit der Begriffe spricht auch folgendes drollige Beispiel: Dem Dienstmädchen eines im Luisenstadttheil wohnhaften »Haushaltungsvorstandes« war auf irgend eine Weise die Idee gekommen, daß dieselbe zu der bevorstehenden Volkszählung auch das Gewicht ihres Körpers anzugeben habe. Die Unschuld vom Lande erkundigte sich nun bei ihrer Herrschaft, wo sie sich wiegen lassen könne, und der Hausherr, den Schalk im Nacken, schickte die Küchenfee nach der städtischen Rathswaage am Oranienplatz. Von dort kehrte dieselbe mit der amtlichen Bescheinigung des vereideten Waagemeisters Herrn Schirmer zurück, daß auf dortiger Rathswaage Fräulein Ida Schw. ihre eigene Person hat wiegen lassen, die 60,6 Kilogramm gewogen und das tarifmäßige Waagegeld mit 15 Pf. bezahlt hat. – Nein, so neugierig ist ja schließlich selbst das böse Gespenst »Census« nicht.

Bei der im Großen und Ganzen etwas zweifelhaften Sympathie, mit welcher ein Theil des Publikums dem Census-Beamten entgegenkommt, darf sich der Herr Zähler nicht wundern, wenn die zu zählenden Herrschaften ihn zumeist mit einem Boten, der eine Sch[ne]iderrechnung bringt, über einen Kamm scheeren. Als Aufenthaltsort für wartende Zähler habe ich außer dem etwas kühlen Treppenflur kennen gelernt: die Küche mit und ohne Speisereste, in Gesellschaft von Milchkrügen und Petroleumkannen, Schlafstuben mit mehr oder minder »ramponirten Betten« und dunkle Eckchen hinter gemüthlichen Kleiderspinden im Corridor, – wo man dem Schirmständer Gesellschaft leistet. In einer Bodenkammer traf ich einen etwas verwegen aussehenden Polakken, der mich zunächst durch eine Thürspalte mißtrauisch fixirte. Sein Gewissen wurde durch »Schlafburschen« bedrückt, welche, wie mir der Hausverwalter erzählte, jene Räume allnächtlich frequentirten. Der »Haushaltungsvorstand« lag im Bett, als ich eintrat. Er figurirte nachher auf der Zählkarte A als »weiblich« »ledig.« Es war nämlich ein in ein merkwürdiges Lumpen-Conglomerat gehülltes Frauenzimmer, welches offenbar vorgezogen hatte, durch Stöhnen und Krankheits-Vorspiegelung etc. aus irgend welchen Gründen Mitleid zu erwecken. Die Leute thaten so, als sei der Zählbrief ein Verhaftsbefehl. Der vorsichtige Polacke, welche die Thür zu einem Nebenraume behutsam schloß, leugnete natürlich jeglichen Schlafburschen ab. Er war zwar nur Nebenperson, »Gesellschafter« in diesem Haushalte, versicherte, er werde den im Bett stöhnenden Haushaltungs-Vorstand erst binnen kurzem heirathen – der Beneidenswerthe – bequemte sich aber doch dazu, den Zählbrief für sich und seine »Freundin« entgegenzunehmen.

Wahrlich, man blickt da oft in ganz wunderliche Verhältnisse hinein, in Verhältnisse, welche oft erst durch eine Reihe indiscreter Fragen erklärt werden, durch Fragen, welche schließlich einen auf den Gesetzen der »freien Liebe« aufgebauten Haushalt ergeben, für den eigentlich neue, besondere Zählkarten-Muster erfunden werden müßten. – Nach solchen Erscheinungen thut es natürlich unendlich wohl, wenn man alsdann in die Haushalte solcher »Gezählter« kommt, wo man von vornherein warmes Verständniß für die ganze Glorie des »freiwilligen Ehrenamtes« und für die Rubriken der Zählkarten A, a und B findet.

Mit dem letzteren Punkte hapert es allerdings oft recht bedenklich. Der Zähler wird bei der Revision seiner Zählkarten und Ausfertigung der Kontrolllisten zu der überraschenden Erkenntniß kommen, daß ein ganz tadellos, vorschriftsmäßig ausgefüllter Zählbrief zu den allergrößesten Seltenheiten gehört. Fast ausnahmslos hat man noch eine Correctur vorzunehmen. Wo aber directe Verständnißlosigkeit die Feder geführt hat, da – o heilige Statistik, verbirg schaudernd Dein Haupt. Gegen Fett- und Tintenflecke bin ich abgehärtet. Wenn man aber so wenig Interesse für die Zusammensetzung des »musterhaften« Brüning'schen Haushaltes hat, daß man mit Beharrlichkeit die dauerhaftesten Familienmitglieder auf die »Abwesenheitskarte« setzt, daß man getreulich seine eigene Wohnung auf der Rubrik für »vorübergehend Anwesende« des Zählbriefes vermerkt, daß man schonungslos sämmtliche Mitglieder des Haushaltes, Dienstmädchen eingerechnet, als »männlich« bezeichnet, daß man Berlin im Kreise Teltow, Rowawes im »Kreise« Potsdam liegen läßt, daß man in die Rubrik »Beruf, Beschäftigung« den Vermerk »Kind« einträgt, daß man die Amme vor der Ehefrau numerirt, oder die Frage nach dem Verwandtschafts-Verhältniß zum Haushaltungsvorstande beim Dienstboten mit einem entrüsteten »weder verwandt noch verschwägert« beantwortet, daß man schließlich sogar die Zählkarten gar nicht und nur die Haushaltungskarte ausfüllt, »ich denke die Karten sind blos für Schlafburschen« – – – das zeigt eine tiefbeklagenswerthe Gleichgiltigkeit gegen die Seelenqualen eines Volkszählers. Wenn man sich durch solche Karten glücklich durchgearbeitet hat, dann ruft man mit einem Seufzer der Erleichterung aus: Gott sei Dank, so etwas kann Einem höchstens in fünf Jahren einmal passiren.

Im Reiche der Desinfection

Das Wort Desinfection hat einen häßlichen Klang. Man denkt unwillkürlich an Jodoform und Carbolsäure, und dies erzeugt wieder durch Vermittelung des Geruchssinnes Vorstellungen von Krankheit und Tod. Aber das Wort Desinfection hat gegenwärtig, zu einer Zeit, wo die Welt wiederholt von Erörterungen über den Kampf der Bakteriologen gegen die unsichtbaren Krankheitserreger hört, wo die hygienische Wissenschaft mit ihrem vorsorgenden und verhütenden Charakter in der Heilkunde die erste Geige spielt, auch einen ungemein aktuellen Klang. Diese Ueberzeugung führte mich dieser Tage nach der »Städtischen Desinfections-Anstalt«, welche, wie ich zur Ueberraschung wohl sehr zahlreicher Berliner Bürger verrathen will, in der Reichenbergerstraße 66 gelegen ist. Ich rede mit Vorbedacht von Ueberraschung. Denn vorausgesetzt – was mehr als zweifelhaft ist – daß Jeder von der Existenz dieses der öffentlichen Gesundheitspflege gewidmeten Institutes Kenntniß hat, so darf man bestimmt behaupten, daß nur sehr Wenige von seiner Lage und noch weniger Menschen von seinen Einrichtungen, seiner erstaunlichen Systematik, seiner musterhaften Organisation unterrichtet sind. Theilweise Indolenz, theilweise auch jene schwer zu bekämpfende Scheu vor Allem, was an sanitaire Zwangsmaßregeln, an Gesundheitspolizei, an Krankenwagen, Krankenträger, -Bahren erinnert, verhindert die Majorität der Bevölkerung, sich mit diesem Thema näher zu befassen, und hat über unsere öffentlichen Desinfectionseinrichtungen insbesondere eine Unsumme der falschesten Vorstellungen geschaffen. Diesen falschen Vorstellungen und damit verbundenen Vorurtheilen zu begegnen, halte ich für eine gemeinnützige publicistische Pflicht. Die nachfolgenden Zeilen sollen der Erfüllung dieser Pflicht gewidmet sein.

Ich will nicht leugnen, daß mich ein etwas unbehagliches Gefühl überkam, als ich, von dem jovialen und umsichtigen Instituts-Verwalter, Herrn Waldow, geleitet, vor der sogenannten »unreinen« Abtheilung, angethan mit dem nicht gerade salonfähigen grauleinenen Schutzcostüm, anlangte. Man gewöhnt sich bei der journalistischen Laufbahn an Allerlei, nicht zum mindesten an grauenvolle Anblicke. Aber eben der völlige Mangel jeglichen sichtbaren Gewinns, verbunden mit der Vorstellung, daß unsichtbare Geister der Krankheit uns umschweben, daß sich gierige »Bacillen« verschiedenartiger Construction grimmig, unsichtbar auf uns stürzen und den leinenen Schutzkittel zu durchbohren suchen – hat etwas, sagen wir nur: »Ungemüthliches« an sich. Blickt man nun noch durch die halbgeöffneten Thorflügel der »unreinen« Abtheilung und sieht man, wie die mit den gleichen Leinenkitteln und Kappen geschützten Arbeiter an den anrüchigen Wäschebündeln, Möbeln und Betten mit vor dem Munde befestigten, angefeuchteten Levante-Schwämmen herumhantiren, sieht man ferner, wie im Hofe ein Arbeiter einen der »Abholungswagen«, der soeben entleert worden ist, mit dem ominösen Carbol auswäscht (das geschieht nach jeglicher Benutzung), dann erhöht sich einigermaßen das Gefühl der Unbehaglichkeit, man ertappt sich auf sorgfältiger Schließung des Mundes und fängt an, die eingeathmete Luft durch die Nase zu filtriren. Doch dauert dieses Gefühl nur sehr kurze Zeit. Man gewöhnt sich rasch an diese großen Bündel, welche, aus den Kranken- oder Sterbezimmern abgeholt, in buntem Durcheinander, doppelt eingehüllt in ein trockenes und dann noch in ein feuchtes Leinentuch, dort lagern, wartend auf die Einwirkung des Dampfes in den mächtigen Desinfections-Apparaten. Ja – in der That, gerade in dem »unreinen« Raume riecht es eigentlich am wenigsten, man müßte denn gerade mit den Betten und Wäschestücken in gar zu nahe Berührung kommen. Im »reinen« Raume, da, wo die dampfenden Effecten, nachdem die Lebensfähigkeit der Krankheitserreger ihr Ende erreicht hat, sich abkühlen und auslüften, da wird der Geruchssinn weit mehr beleidigt; während es im erstgenannten Raume eben eigentlich nur nach Wasserdampf und ein klein wenig nach Carbol riecht, duftet es im »reinen« Raum nach Art einer Krankenstube. »Bei uns sagt man: Es riecht hier nach Menschen« – bemerkte der Herr Verwalter, als ich einen großen Bogen um einen nichtswürdig dampfenden Strohsack machte, dessen klein-»gelegenes« Häckselstroh, mir seinen Duft direct in die Nase sandte. Natürlich sind aber eben diese Gerüche, welche, sobald die Effecten sich abgekühlt haben, verloren gehen, durchaus unschädlich.

Zur näheren Erklärung dieser Verbindung zwischen dem reinen und dem unreinen Raume der Anstalt diene folgende, allerdings nur ganz rohe Skizze.

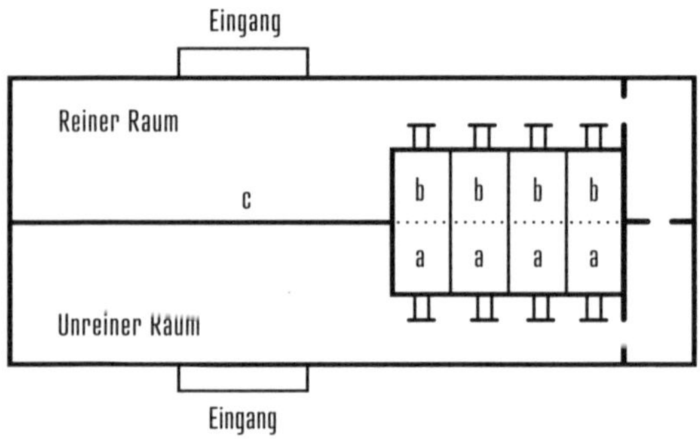

Die Trennungsmauer c scheidet das Hauptgebäude in die genannten zwei Abtheilungen ab. In den Desinfectionsapparaten a a a a werden die Effecten der heißen Luft und dann dem strömenden Dampf ausgesetzt, indem sie in Gestellen, welche umgekehrten Bettboden gleichen, auf Schienen hineingeschoben werden, auf der andern Hälfte der Apparate, also bei b b b b kommen sie gereinigt wieder heraus. Man sieht, daß jede Verbindung zwischen den beiden Räumen, bis auf die eine innerhalb der Desinfections-Apparate, vollständig verhindert ist. Dieses Princip wird in allen Punkten streng durchgeführt. Die Reinen und die Unreinen, welche übrigens im Dienste abwechseln, meiden einander wie Angehörige zweier feindlicher Lager. Eine besondere Bade-Anstalt ist eingerichtet, in welcher die Unreinen nach gethaner Arbeit sich reinigen müssen, ehe sie andere Räume der Anstalt betreten. Ihre Dienstkleidung hängt, von der Arbeitskleidung gesondert, in festverschlossenen Kabinen. Aber nicht allein auf die Personen erstreckt sich die strenge Sorgfalt, sondern auch auf die Gegenstände.

Nicht ein einziger Gegenstand, der auf der unreinen Seite im Gebrauch gewesen, kann anders nach der reinen gelangen, als durch das Medium des glühend heißen Dampfofens, nach gründlicher Ausspritzung mit Carbol. Auch als wir unsere Besichtigung des erstgenannten Raumes beendet, übergab Herr Waldow unsere Mäntel der reinigenden Fürsorge des heißen Dampfes. Wenn ein Kranken-Transporteur in einem der besonderen, für Infectionskranke bestimmten Wagen seine Mission vollendet, so ist er verpflichtet, in der Anstalt anzutreten, um sich und seinen Wagen desinficiren zu lassen.

»Ja, und dabei hält das große Publikum unser Institut nur für eine Art von städtischer Bettfedern-Reinigungs-Anstalt«, sagte lachend Herr Waldow. Auch die sechszehn gegenwärtig vorhandenen Transport-Wagen. Kommt Vormittags der blau angestrichene Wagen, um die vermuthlich inficierten Kleidungs- oder Wäschestücke, Betten und Polstermöbel abzuholen, so erscheint am Nachmittage ein grün angestrichener

Wagen, um diese Gegenstände wieder abzuliefern. Das Publikum kann daraus ersehen, mit welch' minutiöser Vorsicht es vermieden wird, daß eine Uebertragung von Krankheitsstoffen unreiner auf gereinigte Effecten stattfindet.

Wir haben gesehen, daß die Desinfection hauptsächlich durch Dampf bewerkstelligt wird, der in so heiße Luft gelassen wird, daß eine Condensirung, also eine Feuchtigkeitsentwickelung, nicht stattfinden kann. Dies trägt viel zur Erhaltung der Sachen bei. All die saubern und unsaubern Strohsäcke, Betten und Wäschestücke kamen ganz unversehrt auf der anderen Seite wieder heraus. Das mögen sich ängstliche, für ihr Hab und Gut besorgte Menschen freundlichst merken. Allenfalls ein gepreßter Peluche-Mantel geht etwas »aus dem Leim« und – – verborgene Ledertaschen sind vom Uebel. Der Verwalter zeigte mir einen unkenntlich gewordenen, granitharten, mumienartigen Gegenstand. Es war eine Lederhose eines Broeckmann'schen Affen, welche, als einst der bekannte Affen-Theater-Director aus einer Cholera-Gegend hier eingetroffen war, durch Dampf desinficirt und – in Stein verwandelt worden war. Alle solche Sachen werden jetzt durch Behandlung mit verdünnter Carbollösung desinficirt. Die Uebrigen kommen, wie gesagt, in die Dampf-Kasten, und die vermuthlich anhaftenden bösen Bacillen werden 20 Minuten mit heißer Luft, 35 Minuten mit trockenem Dampfe und wiederum 20 Minuten mit heißer Luft tractirt, bis ihnen die Freude am Dasein endgiltig zerstört ist. Es war übrigens ein außerordentlich reges Leben in dem »unreinen« Raume an jenem Morgen. Unter den durchseuchten Strohsäkken, Steckkissen und anderen schönen Dingen lagerte eine Unmenge nobler Hotelwäsche von den zahllosen Schwindsüchtigen, welche in Berlin auf die Koch'sche Behandlung warten. Auch die vornehmen Stücke aus einem Minister-Haushalt, dessen Kinder an Scharlach erkrankt waren, wurden in denselben plumpen, feuchten Leinwandsäcken dem Transportwagen entnommen, sortirt, nummerirt, sorgfältig mit Etiquetten versehen und dem Dampfofen überantwortet.

»Wie sieht es mit dem Gesundheitszustande der Angestellten (es sind einschließlich der Bureaubeamten 87 Personen) aus?« fragte ich den Verwalter.

»Infections-Krankheiten sind bei denselben bisher nicht nachgewiesen worden, wohl aber häufige Erkältungskrankheiten in Folge des beständigen schroffen Temperaturwechsels!«

Während die Anstalt, ein prächtiges Werk des mit hervorragendem Organisationstalent und großer Sachkenntniß ausgestatteten Verwaltungsdirectors Merke vom Städtischen Krankenhause, schon seit dem 1. November 1886 als solche eröffnet ist, ist ihr die officielle Wohnungs-Desinfection erst seit dem 1. August dieses Jahres übertragen. Natürlich bürdet diese der Anstalt eine enorme Arbeitslast auf und erheischt jetzt schon in nächster Zeit mit zwingender Gewalt eine wesentliche Erweiterung an menschlichem und fachlichem Material.

»Das Publikum hat vor der Wohnungsdesinfection eine ganz besondere Scheu!« meinte Herr Waldow. »In der That sollten aber die Leute gerade hierin so entgegenkommend wie möglich sein. Bei Todesfällen kommen sie von selbst. In Krankheitsfällen müssen sie aber meist erst gezwungen werden. Das Beste und Richtigste aber ist, während anstekkender Krankheiten irgend welcher Art namentlich auch die Wäsche-Desinfection wiederholt vornehmen zu lassen. Die Gebühren, über welche natürlich die Anstalt stets Auskunft ertheilt, sind verhältnismäßig geringe, und es ist für Unbemittelte sehr leicht, sich auch vollständigen Erlaß dieser Gebühren durch Vermittelung der Armen-Commission zu verschaffen, ohne daß dieser Erlaß den Charakter einer öffentlichen Armen-Unterstützung hat!« Ich wünschte wohl, daß diese

Worte des Herrn Verwalters weitgehende Beherzigung fänden! – – Natürlich sind die Haus-Desinfectoren nicht gern gesehene Gäste. Unheimlich genug sehen sie ja freilich in ihrer nothwendigen Vermummung aus, und außerdem sind sie von einer derartigen Gründlichkeit und einem so erbarmungslosen Sauberkeits-Fanatismus, daß der resolutesten und scheuerwüthigsten Berliner Hausfrau die Haare zu Berge stehen müssen, wenn sie der Arbeit zusieht.

»Eine Frau sagte einmal nach einer solchen Desinfection, nachdem sie erst die Desinfectoren mit allerlei Wuthausbrüchen tractirt hatte, ganz verklärt: Nee wissen Se, det muß ick aber sagen, so scheene rein is et bei uns noch nich jewesen! Ja, meine Desinfectoren kriechen aber auch oben auf die Oefen, die schlimmsten Staubfänger, hinauf, und – wie viele Hausfrauen oder Mädchen für Alles versteigen sich – so hoch!?«

Ein Blick in die eisernen, im »reinen Raume« aufgestapelten, nummerirten Kasten genügt, um einen Begriff von der umfassenden Thätigkeit der Hausdesinfectoren zu erhalten. An 30 verschiedene Gegenstände, einige, wie die Wischtücher, in mehrfachen Exemplaren, sind darin wohlgeordnet verpackt: Carbolsäure-Behälter und Maße, Bürsten aller Art, selbst für die Ritzen der Fenster, Spritzpinsel, Holzbretter (zum Schneiden der für Tapeten-Abreibung bestimmten Brod-Laibe), Messer, Tablette (zum Schutze der Möbelstücke, auf welche etwa Carbolflaschen gestellt werden), Bildernägel (für den Fall, daß der Desinfector einen solchen in der Wohnung zerstört), Fischleim zum Anleimen etwa abgestoßener Möbelfourniere, – – dazu kommen aber noch Eiseneimer, Schrubber, zusammenlegbare Eisenleitern und noch so manches Andere. Diese Ausrüstung ist geradezu bewunderungswürdig ausgeklügelt und die Verpackung in den Eisenkoffern ein kleines Meisterwerk, von dem ungeschickte Touristen etwas lernen könnten. So ausgerüstet kommen die

Desinfectoren in die Wohnung, legen ihre Schutzkleidung, inclusive Schwammrespirator und leinene Stiefel mit Holz- und Filzsohle, an und beginnen mit peinlicher Systematik das Unterste zu oberst zu kehren, rücken alle Möbel in die Mitte, reinigen die Wände mit Brod, verbrennen die Krümel, bespritzen die Wände mit Carbollösung, desinficiren dann diejenigen Möbel und Bilder, welche nicht nach der Anstalt gesandt werden müssen, rücken alle Sachen wieder an ihre Plätze, reinigen dann die Mitte des Fußbodens, wohin sie vorher die Möbel gerückt – – – und verabschieden sich zuweilen unter den Segenswünschen, zuweilen aber auch unter wenig freundlichen Bemerkungen leicht erregbarer Hausfrauen und Küchenfeen.

Diese im Obigen geschilderten hygienischen Segnungen könnten sich die Leute in den betreffenden ansteckenden Krankheitsfällen (gezwungener Maßen geschieht es ja nur bei Cholera, Pocken, Diphtheritis, Thyphus und neuerdings in Massenaufenthaltsorten auch bei Schwindsucht), leicht für einen verhältnismäßig billigen Preis verschaffen – – aber Unbekanntschaft mit der großen Vorsicht, welche auf Seiten der Anstalt und ihrer Beamten obwaltet, unvernünftiges Grauen vor den Sendboten der Desinfection und Aehnliches veranlassen die Majorität des Publikums, diesem Institute gegenüber in kältester, beinahe feindlicher Zurückhaltung zu verharren. Möge diese von Vorurtheilen aufgerichtete Mauer fallen, möge Jeder suchen, sich mit den sehr einfachen Bedingungen des Instituts bekannt zu machen. Eine gewöhnliche Postkarte, welche den Krankheitsfall und die Art der zu desinficirenden Wohnung angiebt, genügt, um dies hygienische Werk, das man sich und seinen Mitmenschen zu vollführen schuldig ist, in Gang zu bringen. Natürlich läßt sich die Behörde und die treffliche, ruhige Verwaltung des Instituts durch die Apathie des Publikums nicht abschrecken. Man rüstet sich sogar auf den »Kriegsfall«, wie Herr Waldow sich ausdrückte, d. h. auf den Fall einer großen Epidemie. Hundert ausgebildete Desinfectoren sind jetzt zur Verfügung. Aber 300 Mann von der städtischen Straßen-Reinigung werden in Gruppen von je 21 Mann jetzt ausgebildet, so daß wir in Jahr und Tag eine stattliche Truppe von 400 in dem schweren und ziemlich complicirten Dienst der sachgemäßen Desinfection ausgebildeten Leuten haben würden.

Alles das, was da erreicht ist und noch erreicht werden soll, ist natürlich nur durch jene erfreuliche, bis ins kleinste Detail gehende Ordnung und Gewissenhaftigkeit, die dem Besucher unserer städtischen Desinfections-Anstalt, im Bureau, wie in den Arbeitsräumen in die Augen springt, zu erzielen. Ich kann mit voller Aufrichtigkeit sagen, daß dieser Streifzug in das beinahe unbekannte Reich der Desinfection mich wieder mit Bewunderung für die saubere, uhrwerkartige Systematik unserer öffentlichen Einrichtungen erfüllt hat. Als ein Muster steht unsere Reichshauptstadt in diesen Dingen da, möge der segensreiche Geist aller dieser Einrichtungen auch in die weite Welt hinaus strahlen!

Eine Nacht bei der Fleischschau

Es ist ungemein fesselnd zu beobachten, wie Berlin wacht, – wenn Berlin schläft! Wie wenige von denen, welche sich in aller Gemüthlichkeit das linke oder rechte Ohr im weichen Pfühle wärmen, haben eine Ahnung davon, welch' eine Summe von Activität sich in Berlin während ihres angenehmen passiven Zustandes entwickelt. Ich denke dabei gar nicht etwa an diese unerschöpflichen Feuilletonisten- und Romancier-Stoffe: das schleichende Laster, die Orgie um Mitternacht, das wachende Auge des Gesetzes und dergleichen. Nein, die große Summe von ernster, friedlicher Arbeit, welche geleistet wird, während Berlin schläft, die habe ich im Sinne. Natürlich ist das Thema beinahe unerschöpflich. Man würde recht viel zu thun haben, wollte man jene mannigfachen Erscheinungen, welche die absolute Ruhelosigkeit des großstädtischen Riesenkörpers illustriren, einer eingehenden Betrachtung unterziehen. Das Eine oder Andere behalte ich mir vielleicht noch vor, – für heute gilt mein »Streifzug« nur dem großen, kräftig schlagenden Stadtpuls, der in der Gegend des Alexander-Platzes schlägt, zur Nachtzeit nur wenig langsamer als am Tage. Was ist da nicht Alles »centralisirt« in diesem Gewirre von Stadtbahnbogen, von Bahnhofs-, von Güterhallen, von riesigen Verkaufsräumen und endlosen Kellereien. Elektrisches Licht und zischender Dampf, rollende Wagen, lautes Stimmengewirr, Handeln, Keifen, Feilschen, Lachen, Schreien, ein Mischgeruch von Pferden, Eisen, Maschinenöl, Fleisch, Kohlköpfen, Käse – – – o, was vereinigt sich da Alles zu scheinbar chaotischem und doch so peinlich systematisch geordnetem Ganzen unter dem Begriffe Central-Markthalle und Central-Bahnhof. Was für ein Heer von Interessen läuft da zusammen vom kolossalen Waaren-Transport eines tropischen Handelshauses, bis herab zum profanen Zehn-Pfennig-Rutsch[29] des »jungen Mannes« von der Börse, von dem Geschäfts-Abschluß eines wohlgenährten Engros-Händlers mit irgend einem nordischen Lieferanten, bis herab zu dem unter allerlei scharfen Wechselreden zwischen »Jette« und Frau »Schultzen« herbeigeführten Ankaufe eines leckeren Blumenkohlkopfes. Inmitten dieses Chaos vollzieht sich an eben jener Stelle und zwar im Wesentlichen zu einer Zeit, wo verhältnismäßige Nachtruhe in all' den weiten Bögen und Hallen herrscht, eine stille, ernste Arbeit im Dienste der öffentlichen Gesundheitspflege: ein hervorragender Theil der städtischen Fleischschau, soweit sich dieselbe auf das von Außen eingeführte Fleisch erstreckt. In dem großen Gefüge der hygienischen Maßregeln, welches die Reichshauptstadt vor allen anderen in glänzendster Weise auszeichnet, bildet die Kontrole der Nahrungsmittel, speciell des Fleisches, wahrlich nicht die geringste und die unwichtigste. Das ist dem Publikum im Allgemeinen auch bekannt. Namentlich die Untersuchung des Schweinefleisches auf Trichinen genießt in einer Zeit, welche wiederhallt von der Kunde über die Segnungen des Mikroskopes, eine beträchtliche Popularität. Man weiß auch, daß auf unserm städtischen Schlachthofe neben den Stallrevisionen, welche der Untersuchung des lebenden Viehs gelten, jedes Rinderviertel, jeder Kalbskopf, jede Lunge und Leber einer thierärztlichen Kontrole unterzogen wird, ehe diese Nahrungsmittel vom Riesen-Konsum verschlungen werden.

Weniger bekannt ist die fürsorgliche Aufmerksamkeit, welche unsere städtische Behörde auch allem demjenigen Fleische schenkt, welches von Nah und Fern auf einfachen Schlächterfuhrwerken oder mit Hilfe des stolzen Dampfrosses dem nimmersatten Berlin zugeführt wird. Unter der langjährigen, bewährten Leitung des Ober-Thierarztes Dr. Hertwig, welchem überhaupt die ganze städtische Fleischschau, also auch die auf dem Central-Schlachthofe untersteht, vollzieht sich gegenwärtig an sechs Stationen der Stadt, immer in der Nähe natürlich von irgendwelchen Centren der Fleischeinfuhr, eine minutiöse Kontrole seitens einer sehr großen Anzahl theils praktisch, theils wissenschaftlich gebildeter Beamten, welche, soweit Menschenkräfte reichen, eine fast unüberwindliche Barrière gegen die Einschmuggelung kranken, gesundheitsgefährlichen Fleisches bildet. Das Auge des auf der Hochschule gebildeten Thierarztes, das untersuchende Messer, das Mikroskop – sie bilden die Waffen der Hygiene, und der kleine Stempel auf dem Thier-Cadaver, er drückt das Siegel der Beruhigung auf.

Es darf immerhin als ein Beweis für die Pflichttreue dieser Kontrole gelten, daß ich auf der Untersuchungsstation I, der umfangreichsten, weil zur Central-Markthalle gehörigen, zur mitternächtigen Stunde noch den »Chef« (Herrn Director Dr. Hertwig) antraf, der wohl auf einer Kontrol-Ronde durch diese Untersuchungs-Stationen begriffen war, und dessen scharfem Auge es auch schon im Vorbeigehen gelang, ein pathologisches Monstrum in einer Rinderzunge zu entdecken, deren Wurzel von einem wenig appetitlichen, anscheinenden Echinococcus-Herde total durchsetzt war. Da ist dann freilich der ominöse Zettel »Beanstandet« rasch bei der Hand, und das »Object« wandelt in die Schreckenskammer, wo manches Rinderviertelchen, mancher Kalbskopf der Abholung durch den Abdecker harrt.

Natürlich entwickelt sich die Untersuchungsthätigkeit, welche hier auf der Station No. 1 außer den wenigen Tages- und Abendstunden (9 bis 1 und 5 bis 7) hauptsächlich in die Zeit zwischen 9 Uhr Abends und 4 Uhr Morgens fällt, erst allmählich, je nachdem die Bahnzüge mit ihren Fleischlasten herankeuchen oder die Herren »Außerhalbschen« im bekannten Schlächtertrabe ihre Waare nach der Kaiser-Wilhelmstraße bringen. Zunächst herrscht auch dort so etwas wie gähnende Nachtruhe. Wenn man, nach Passirung gestrenger Kontrole, durch die weiten, stillen Hallen, den eigenen Schritt hörend, geht, wenn man die wohlverschlossenen Fleisch- und Wild- und sonstigen Stände, die Scenen so lebhafter Debatten, in trägem, einsamem Halbdunkel gespensterhaft aufmarschirt sieht und nur der eigenartige Markthallengeruch die Erinnerung an das stürmisch-lebendige Tagestreiben dort vermittelt, dann könnte man wirklich momentan an eine Stagnation in dem großen Getriebe glauben. Aber auf der anderen Seite der Straße da schimmert Licht, da hantiren Männer in Leinewandkitteln sehr lebhaft mit appetitlichen Schweinehälften und verlockenden Rindervierteln, – da ist die Fleischschau schon munter im Gange. Es sind die ersten Ankömmlinge von näher gelegenen Ortschaften, die auf- oder abladen, je nachdem neben dem erforderlichen Kontrolestempel aus der Heimath auch schon die großen, blauen Stempel-Abdrücke der hiesigen Fleischschau-Station die Stücke zieren oder nicht. Dort befindet sich auch das Amtszimmer der wachthabenden Thier-Aerzte, an den, einem großen, mit Haken ausgestatteten Schlächterladen gleichenden Raum anstoßend, das Kassenzimmer, das Zimmer der Probenehmer und der fatale Raum, wo die unterschiedlichen Rümpfe, Köpfe und Glieder mit den bösen Anzeichen der Tuberculose und anderer Krankheiten unter dem Siegel der »Beanstandung« lagern.

Das kleine, gut erleuchtete und von einem hübschen Gasofen erwärmte Bureau der Thierärzte, in welchem mich mein freundlicher Begleiter (einer der »Diensthabenden«) mit dem Verwalter der Station I, Herrn städtischen Thierarzt Müller, bekannt machte, ist ebensowohl zur Empfangnahme und

Kontrole und Eintragung der »Schlächterlichen« Meldezettel geeignet, als zu einer gemüthlichen Kneipstube. Es liegt so eine mollige Skat-Temperatur darüber ausgebreitet, die wohl nur darum nicht so recht zum Austrag gelangen kann – – weil in der That der Dienst die Herren so ziemlich im Gange hält. Bald gilt es, wie gesagt, die beständig einlaufenden Meldungen über die Stückzahl des importirten Fleisches seitens jeden einzelnen Händlers oder Schlächters in die »Kladden« einzutragen, dann kommen wieder verdächtige Präparate aus dem Zimmer der mit dem Mikroskop arbeitenden Fleischbeschauer zur entscheidenden Kontrole der Thierärzte herunter, bald gilt es auch zur Vornahme der Untersuchung einer größeren oder geringeren Ladung von Fleisch, mit dem Messer und der eigens dazu construirten Benzinlampe bewaffnet, sich einem kalten Luftbade in dem großen Nebenraume, oder auf der andern Seite der Straße oben auf dem Ablade-Perron für den Güterverkehr des Centralbahnhofes auszusetzen. Wenn erst Zug um Zug das Fleisch hereinkommt, dann freilich ist es mit diesen ruckweisen Aeußerungen der Thätigkeit der dort gewöhnlich anwesenden 3 bis 4 Thierärzte vorbei. Dann giebt es bis zum Morgengrauen für diese, wie für die Probenehmer, die Fleischbeschauer und die Stempler ununterbrochene Arbeit.

Die Probenehmer, das sind die Vorarbeiter der Herren, welche in einem dichtbesetzten, hellerleuchteten Raume in stummer Thätigkeit an den Mikroskopen sitzen, um Trichinen zu suchen und recht oft auch – zu finden. Sie, die Probenehmer, schneiden von den vorschriftsmäßigen Stellen am Schweine-Cadaver vier Proben ab, thun diese in ein metallenes Schächtelchen, welches mit der laufenden Nummer des betreffenden Schweines übereinstimmt, und senden es hierauf zu den Fleischbeschauern. Diese nun stellen 24 Präparate aus diesen Proben her, welche, auf das in die entsprechenden Felder getheilte Präparatglas, das sogenannte Compressorium, gelegt, unter das Mikroskop gebracht werden.

Es war schon von Anbeginn ein recht bewegtes Bild, das sich mir darbot, als ich mit dem Herrn Stations-Verwalter die Reihe der Fleischkarren oben auf dem Perron abschritt. Sie waren voll beladen mit starr- und steifgefrorenem Fleisch. Die untersuchenden Thierärzte hatten oft Mühe, mit dem Messer die nöthigen Schnitte zu machen und die steinharten Cadaver hin- und herwälzen zu lassen, um mit der neugierigen Benzinlampe in allen verborgenen Höhlungen des Thierkörpers nach verdächtigen Bläschen oder Pustelchen zu suchen. Polternd, rasselnd schoben sich die Karren nach der erfolgten Stempelung (das Rind wird an 8, das Kalb an 6, das Schwein an 14 verschiedenen vorgeschriebenen Stellen mit dem Kontrolestempel versehen) zu den Fahrstühlen hin, um auf diesen – nunmehr gefüllt mit ordnungsmäßig für den Magen Berlins sanktionirtem Fleische – herabzuschweben in die weiten Räume der Markthalle, die nach und nach anfingen sich zu erhellen und, aus ihrer öden Ruhe heraustretend, auf den Scenenwechsel des kommenden Morgens vorzubereiten.

Sehr, sehr genau ist die Kontrole und Gegenkontrole. Alle Achtung davor. Nicht nur wird, wie dies selbstverständlich, jeder zu untersuchende Eingang von Fleisch von den Thierärzten gebucht, sondern von Monat zu Monat senden die Eisenbahnverwaltungen Listen über alles am dortigen Bahnhofe eingeführte Fleisch mit Angabe der Gewichte und den Namen der Empfänger ein. Diese Listen müssen natürlich wiederum mit den diesbezüglichen Eintragungen der betreffenden Untersuchungsbeamten im Laufe des Monats stimmen. So ein Stations-Tagebuch ist lehrreich. Ich habe mit Erlaubnis des Herrn Verwalters dasselbe durchblättert und griff ein mir als sogenannter »starker Tag« bezeichnetes Datum heraus. Zahlen beweisen! Daher will ich dem Leser folgende Zahlen geben: Am 4. April 1890 wurden an der Untersuchungsstation I kontrolirt folgende Fleischmengen: 752 Rinder, 873 Kälber, 301 Hammel, 658 Schweine, – Einnahme für die Untersuchung 1311 Mark – beschäftigt 52 Fleischbeschauer, 16 Probenehmer, 3 Stempler, 4 Thierärzte. – Im Monat December 1890 ergiebt das Journal folgendes Gesammt-Resultat: 5688 Rinder, 4777 Kälber, 2272 Hammel, 5090 Schweine. – Einnahme 9479 Mark 90 Pfennige. Für die Zeit vom 1. April 1890 bis 1. Januar 1891 fand ich folgendes Resultat verzeichnet: 50 450 Rinder, 29 321 Kälber, 21 853 Hammel, 37 217 Schweine. – Einnahme: 72 749 Mk. 20 Pf. – Das ist das Ergebnis der Thätigkeit einer Station. Sechs von den acht bestehenden sind, wie gesagt, jetzt im Betriebe. Man kann sich also ein ungefähres Bild von der umfangreichen Thätigkeit allein dieser Seite unserer öffentlichen Fleischschau machen, welche mehr, als Mancher ahnt, dazu beiträgt, die Gesundheitsverhältnisse Berlins auf jener erfreulichen Höhe zu erhalten, auf welcher sie sich in der That befinden. Und mit welcher ordnungsmäßigen, schablonenhaften Accuratesse spielen sich Nacht für Nacht jene Scenen dort ab. Mit welch' hohem Grade von Beruhigung darf man sich sagen, daß wohl kaum ein Stückchen Fleisch in die Stände der Halle gelangt, daß nicht vorher unter dem kritischen Messer des Thierarztes gewesen. – – – Wenn der Haupttrubel vorbei ist, wenn schon ein lautes Gesumme und Gebrumme in der prächtigen Halle da unten herrscht, wenn schon die Lehmann, die Müller und die Schultzen mit ihrem Gemüsekram angefahren kommen und sich zur Arbeit, wie zur Redeschlacht des Tages vorbereiten, wenn eine der großen Bogenlampen nach der andern immer mehr von dem fahlen Lichte auf das sich unten entwickelnde Gewirr zu werfen beginnt, dann ist die Nachtarbeit der Thierärzte und der Fleischbeschauer gethan, Berlin wacht auf und, die da bei der Arbeit wachten, – nun ich vermuthe: sie gehen schlafen!

Herr Wickersheimer

Bei Gelegenheit des Todes unseres unvergeßlichen Moltke war es, daß mir der Name »Wickersheimer« wieder aufstieß und mir einen Besuch in Erinnerung brachte, den ich in bekannter journalistischer Neugierde dem Adepten der Conservirungskunst in seinem traulichen Heim in Moabit abgestattet.

Es schwirrte da wieder so eine sonderbare Notiz in den Blättern umher, hinsichtlich der durch Wickersheimer »einbalsamirten« Leiche des Grafen Moltke. Es hieß da ungefähr, daß angesichts der umständlichen Einbalsamirungsarbeiten man von der Anlegung der Uniform bei dem Verewigten habe absehen müssen und ähnliches mehr. Der Tod Moltke's ist sicherlich eine ernste Sache. Nichtsdestoweniger konnte ich mich eines Lächelns nicht erwehren, als ich an Wickersheimer dachte, mit welcher Empörung der alte Herr mir gegenüber seiner Zeit von ähnlichen »Entstellungen« seines unsagbar einfachen Verfahrens gesprochen hatte. Mit Erstaunen und mit Grauen hatte er da einmal von einer »Section« der Leiche einer hochstehenden Persönlichkeit gelesen, welche der »Einbalsamirung« vorangegangen sei. Ich bin überzeugt, daß Herr Wickersheimer bei Durchlesung der den Grafen Moltke betreffenden Notiz dieselben unangenehmen Empfindungen gehabt, denen er bei dem Interview, das er mir gewährte, Ausdruck gab.

Herr Wickersheimer besitzt einen gewissen Stolz auf seine Erfindung – und mit Recht, denn gerade die enorme, überraschende Einfachheit, mit welcher sich unter Anwendung der weltberühmt gewordenen »Wickersheimerschen Flüssigkeit« die Conservirung von Leichen vollzieht, bildet einen ganz kolossalen Fortschritt gegenüber dem früher gehandhabten »Einbalsamirungs«-Verfahren, bei dem es sich um Leichenöffnung, Herausnahme des Innern und lange, mühsame Arbeit handelte. Hauptsächlich der Umstand, daß eben im Publikum wohl höchst unklare Begriffe über diesen Gegenstand herrschen, veranlaßte mich, einen informatorischen »Streifzug« nach Moabit zu unternehmen, woselbst Herr Wickersheimer, der gegenwärtig Präparator beim königlichen anatomischen Institut ist, seinen idyllisch ruhigen Wohnsitz aufgeschlagen hat.

Den Herren der Patriotenliga in Paris wird es vielleicht interessant sein zu erfahren, daß Herr Wickersheimer, der jetzt 59 Jahre alt ist, ein geborener Elsasser ist und seine Lehrzeit, d. h. lange, lange Jahre in Paris verlebt hat. Gott sei Dank, daß der Name unseres vortrefflichen Conservators so außerordentlich deutlich ist, daß Herr Déroulède[30] füglich »Wickersheimer« und seinen Ruhm doch nicht recht bequem pro patria annectiren kann. Schon in Paris wandte sich Wickersheimer, indem er sich aus purer Leidenschaft privatim mit der Anatomie beschäftigte, Versuchen auf dem Gebiete des Conservirens und Präparirens zu. Neunzehn Jahre lang war er dann später in unserem Krankenhaus Bethanien beschäftigt, woselbst er durch den vortrefflichen Wilms außerordentliche Anregungen zum weiteren Probiren und Studiren in seinem Specialfache erfuhr.

Er hat ein wahrhaft patriarchalisches Aussehen, der alte Herr, und als er mich in den neben seiner traulichen Empfangsstube liegenden, nicht sehr wohnlich aussehenden, mit riesigen Flaschen und Retorten, rohen Tischen und Wandbrettern ausgestatteten Raum geleitete, in dem es sehr »conservativ«-theerartig roch, da machte er mir wirklich momentan den

Eindruck eines alten Alchymisten, der den Stein der Weisen oder etwas Aehnliches zu finden beflissen ist.

– Ja, der theerartige Geruch ist charakteristisch für meine Leichen-Conservirungsflüssigkeit, erwiderte Herr Wickersheimer auf meine diesbezügliche Frage. Da ist sie; wie Sie sehen, eine gelbliche, wässrige Flüssigkeit. Sie hat sich in dreizehnjähriger Erfahrung bewährt und wird jetzt, abgesehen von der Conservirung ganzer Leichen, am Meisten bei der Herstellung anatomischer Präparate für Aerzte und Studirende benutzt.

– Wie sieht es mit der Einbalsamirung aus?

– Einbalsamirung! Dieses Wort erinnert an die Handhabung egyptischer Mumien. Eine Präparirung nach vorhergegangener Section und Herausnahme der inneren Theile wäre heutzutage geradezu ein Unding. Das würde ja Wochen über Wochen dauern, ehe man da zum Ziele käme. Nach meiner Methode erfolgt eine endgiltige, auf unabsehbare Zeit aushaltende Conservirung in allerhöchstens anderthalb Stunden.

Der Conservator erklärte mir nun ausführlich den Vorgang. An einem etwa drei Liter Flüssigkeit enthaltenden Behälter (Irrigator) befindet sich ein langer Gummischlauch, an dessen unterem Ende eine Spitze, eine Art Mundstück, angebracht ist. An dem zu conservirenden Leichnam wird nur eine einzige, höchst einfache Hantirung vorgenommen. Am Halse wird nämlich die große Schlagader, die sogenannte Ingularis, freigelegt, ein Schnitt hineingemacht, und alsdann wird einfach die Spitze des Schlauches in diese Ader eingeführt. Der Irrigator hängt hoch über dem Leichnam, so daß die Flüssigkeit mit kräftigem Drucke sich in die geöffnete Ader ergießt. So entsteht gewissermaßen die Nachahmung einer regulären Blutcirculation. Die Conservirungsflüssigkeit wandert unter constantem Drucke durch die Capillargefäße in die Venen zum Herzen und gelangt von dort nach der Lunge. Der Conservator kann genau sehen, wann der Kreislauf vollendet ist. Sobald dies nämlich geschehen, tritt eine schaumige Flüssigkeit aus dem Munde, welche für den Präparator das Signal dafür ist, mit der Einflößung seiner Flüssigkeit aufzuhören. Man sieht, die Sache ist unendlich viel einfacher, als wohl viele unserer Leser sich eine »Einbalsamirungs«-Procedur vorgestellt haben. Ich wiederhole, daß die Leiche sonst in keinerlei Weise geöffnet zu werden braucht. Daraus geht schon hervor, daß in der That die ganze Manipulation an der bereits angekleideten Leiche auf dem Sterbebett oder sonstwie vorgenommen werden kann, ohne daß irgendwie die Lage, die Position der Leiche dabei von Belang ist. Wie viele unheimliche Einbalsamirungsfabeln fallen da.

– Wie sieht es nun mit der Dauerhaftigkeit der Conservirung aus?

– Diese ist unabsehbar. Ich führe als Beispiel an, daß Herr Professor Dubois-Reymond heute noch bei seinen Demonstrationen über die Thätigkeit der Lunge sich einer von mir vor dreizehn Jahren präparirten Lunge bedient. Wenn diese aufgeblasen wird, zeigen sich die sämmtlichen, außerordentlich zarten Gefäßchen vollkommen frisch und unverletzt. Auf der letzten medicinischen Ausstellung war eine von mir im Jahre 1879 präparirte, vollständig erhaltene Kinderleiche ausgestellt.

Es ist charakteristisch und, wie ich meine, auch sehr wichtig, daß bei der Anwendung dieser Wickersheimerschen Flüssigkeit nicht nur nicht irgend welche unangenehmen Gerüche sich bemerkbar machen, sondern sogar, wie die Erfahrung gelehrt hat, selbst vorhandene Gerüche, wie solche ja zuweilen schon durch die Todesart des Betreffenden sich ergeben, fast vollständig verschwinden. Ganz billig ist natürlich eine solche Conservirung nicht. Herr Wickersheimer läßt sich für eine solche innerhalb Berlins 300 Mark zahlen.

Wie sich dies eigentlich von selbst versteht, ist dieser Zweig der Thätigkeit unseres Wickersheimer ein verhältnismäßig geringfügiger. Denn schließlich ist ja selbst das Einbalsamiren eine Art von Luxus, den sich nur bevorzugte, bemittelte Klassen der menschlichen Gesellschaft zu verschaffen vermögen, während die übrigen selten oder nie Veranlassung nehmen, auf diesem Gebiete dem natürlichen Verlauf der Dinge durch Wickersheimer's Flüssigkeit Einhalt zu thun. Aber auch an der stillen, vor den Augen der Welt verborgenen Stätte wissenschaftlicher, speciell anatomischer Thätigkeit ist Wickersheimer mit seinem Arcanum in sehr hervorragender Weise beschäftigt. Es wird heutzutage den Herren Studirenden der Medicin viel, viel leichter gemacht, als vor so und so vielen Jahrzehnten. Die Beschäftigung mit den anatomischen Präparaten hat, wenn auch nicht Alles, so doch recht viel von ihrer Widerwärtigkeit verloren, seit die Wissenschaft mit sorglicher Hand diese Körpertheile, an denen der Student Adern, Nerven, Sehnen oder dergl. präparirt, so schön vorbereitet und zurecht macht, daß der jugendliche Aesculap recht gemächlich und bequem daran herumhantiren kann. Natürlich spielt hier auch die Wickersheimersche Flüssigkeit eine sehr hervorragende Rolle und besteht die tägliche Beschäftigung unseres Conservators, der unter Herrn Prof. Waldeyer arbeitet, eben in dem »Zurechtmachen« solcher anatomischen Präparate für Studirende, beziehentlich liegt ihm deren Erhaltung und Dauerhaftmachung ob, nachdem sie fertiggestellt sind.

– Seit 38 Jahren beschäftige ich mich mit diesen Dingen, sagte Wickersheimer, und es werden heutzutage ganz außerordentlich große Anforderungen an anatomische Präparate gestellt. Aber es muß noch weit mehr erreicht werden. Neuerdings fertige ich »Dauerpräparate« für Studienzwecke mit Hilfe einer Metalllegirung an.

Herr Wickersheimer zeigt mir ein Ding, das er als Niere bezeichnet. In der That hat es vollständig die Form und Gestalt derselben, doch fühlt es sich hart und schwer an und zeigt einen leichten metallischen Glanz. Es ist das wirklich eine wunderbare Sache. Man hat es hier so zu sagen mit dem Negativ, dem Ausguß des betreffenden Organes, resp. Präparates zu thun. Wickersheimer gebraucht eine Metalllegirung, die schon bei 48 Grad R.[31] schmilzt. Dieses flüssige Metall wird in das betreffende Präparat injicirt und gerinnt ebenso leicht, wie es schmilzt. Das ganze Organ ist also in seinen feinsten Theilen mit dieser Metallmasse gefüllt. Das ganze Gewebe trocknet alsdann ab, wird »macerirt«, wie die Wissenschaft das nennt, und es bleibt schließlich eben ein naturgetreuer Metallabguß des Präparates übrig. – – –

Diese anatomische Thätigkeit unseres Wickersheimer hat vielfach auf diejenigen eine Art von abschreckendem Eindruck gemacht, welche von der bekannten, neulich wieder auf der hiesigen Kochkunst-Ausstellung ausgezeichneten Conservirungs-Flüssigkeit für Lebensmittel gehört haben. Herr Wickersheimer hat oft seine liebe Noth, der Allgemeinheit klar zu machen, daß diese beiden Flüssigkeiten nichts, absolut nichts miteinander gemein haben. Ich hatte das Vergnügen, die völlig wasserhell aussehende Flüssigkeit, mit welcher Nahrungsmittel conservirt werden, zu sehen, zu riechen und zu schmecken. Dieselbe ist geruchlos und beinahe geschmacklos. Es ist immerhin eine ganz angenehme Sache, wenn man Fleisch, Geflügel, Fische, was es auch sei, einige Wochen lang so erhalten kann (durch einfache Einpinselung), daß dieselben hiernach noch einem solennen Mittagstische zur Zierde gereichen, – angenehm, meine ich, für den Haushalt, wie für große Speiseküchen. – Wickersheimer versichert auf Grund beglaubigter Atteste die absolute Unschädlichkeit dieser Flüssigkeit (die andere ist stark giftig). Ich habe keine

Veranlassung, dieser Erklärung zu mißtrauen. Die Proben, die ich gesehen, legten sicherlich für die Wirksamkeit dieses Präparats ein erstaunlich gutes Zeugnis ab. Man muß nur gefälligst den »anatomischen« Wickersheimer vom »Nahrungsmittel-Wickersheimer« trennen, dann wird man auch sein etwaiges Vorurtheil los.

Ich für meinen Theil freilich trenne diese beiden Personen vorläufig nicht. Vereint, in ihrer doppelten Thätigkeit erscheint mir Wickersheimer A. und Wickersheimer B. als eine einzige, bedeutsame Gestalt, die in ihrer Bethätigung eines geräuschlosen, emsigen, fruchtbaren Schaffens warmen Dank und hohe Anerkennung verdient.

Unten durch!

Das ist eine etwas ominöse Berliner Redensart, welche den obigen Titel bildet. Man wendet sie hierorts an, wenn man ausdrücken will, daß Jemand sein Prestige verloren hat, nicht mehr für voll anerkannt wird, eine gestürzte, gefallene Größe, eine Null geworden ist. Der Himmel möge mich behüten, daß der Schatten des Omens, welcher in diesem Titel liegt, sich in den Augen meiner Leser auf mich senkt; daß ich fortan bei ihnen im schlechten Geruche stehe, nachdem ich mir die Freiheit genommen habe, einen düsteren, mühevollen Pfad unter der Erde, in freilich sehr unangenehmer Umgebung, vorsichtig watend, einherzuwandeln. Der Pfad nämlich, den ich meine, ist der Theil des Haupt-Kanals des III. Radialsystems unserer vortrefflichen städtischen Kanalisation, der sich vom Potsdamer Platz bis zu der betreffenden Pumpstation in der Schönebergerstraße Nr. 21 erstreckt. – – Nun ist es heraus, und der Leser weiß es jedenfalls, daß ich, während die Oberwelt in Berlin ihrer täglichen Beschäftigung oblag, während droben das lärmende Leben der Großstadt sich nach alter Gewohnheit abspielte, während die Wagen achtlos über mir auf dem Pflaster dahinrasselten, unter sachkundiger Leitung, eingehüllt in einen schwerfälligen Gummi-Anzug, mit einer spärlich brennenden Sicherheitslampe in der Hand, den bezeichneten dornenvollen Weg unten durch marschirte. Schön war es nicht, aber sehr lehrreich, und hinsichtlich des guten Willens, den ich zeigte, meine Leser über einen der großen Menge fast unbekannten Betrieb unserer Stadt aufzuklären, darf man wohl ähnlich wie von der aus einer Hand in die andere rollenden Geldmünze sagen: Non olet![32]

Ich beginne – den umgekehrten Weg einschlagend – an derjenigen Stelle meiner Wanderschaft, wo wir das unbeschreibliche Vergnügen hatten, aus den »Fluthen« eines riesigen Sammelbassins emporblickend, das liebliche Tageslicht wiederzusehen, um, nach einer bärenartigen Kletterpartie an der senkrechten Wandung des Bassins, uns der persönlichen Führung des Herrn Betriebs-Inspectors Diebold anzuvertrauen. Der erste allgemeine Eindruck, den man von einer Pumpstation unserer Kanalisationswerke erhält, ist derselbe, wie bei fast allen Berliner öffentlichen Instituten: der einer systematischen Ordnung und einer peinlichen Sauberkeit. Ich kann es keineswegs blos der momentanen Abhärtung meiner Geruchsnerven – nach der langen Wanderung durch die stygischen[33] Gewässer der Unterwelt – zuschreiben, daß ich in den überirdischen Baulichkeiten der Pumpstation keinerlei üble Gerüche verspürte. Es ist da Alles so fest gefügt, so wohl geordnet, so blitzblank und sauber, daß die mephitischen Dünste ihr Dasein eben nur auf die verschiedentlichen Röhrensysteme nothgedrungen beschränken müssen. Das will viel sagen, wenn man bedenkt, daß diese Pumpstation des dritten Radialsystems ein Areal von 390 Hektaren entwässert. Das größte Radialsystem ist das vierte, welches 862 Hektaren umfaßt, das nächstgroße, das fünfte mit 736 Hektaren. Beiläufig will ich hier der Vollständigkeit halber erwähnen, daß wir in Berlin sechs im Betriebe befindliche Pumpstationen haben, zwei im Bau begriffen sind und zwei sich im Stadium der Vorarbeiten befinden.

Mein sehr liebenswürdiger Führer, Herr Inspector Diebold, seinem gemüthlichen Dialekt nach ein Süddeutscher, gab mir eine sehr eingehende Darlegung des Zweckes und des Betriebes einer Pumpstation. Die Sache ist eigentlich unendlich einfach. Nachdem der Unrath der Weltstadt – die ganzen Wirthschafts- und Abflußgewässer – sich in freiem Gefälle – dasselbe ist zuweilen ein sehr geringes, in dem von mir durchwanderten Kanal beträgt es 1:1770 – theils durch die großen gemauerten, durchschnittlich 1,80 Meter hohen Hauptkanäle, theils durch das ungleich engere Thonröhrensystem – den Weg zu dem Sammelbassin der Pumpstation gebahnt hat, gelangt er in den Bereich der 6 Saugröhren, auf welche die großen, in einem besonderen Gebäude aufgestellten Pumpmaschinen wirken. Die Frage lag beim Anblick jener Saugröhren sehr nahe, und ich that dieselbe, was nämlich aus den allerlei nicht direct zu den »Abflußgewässern« zugehörigen Dingen wird, welche durch die Aborträhren in die Kanäle gelangen, theils aus Unachtsamkeit, theils absichtlich hineingeworfen.

Ich erinnerte mich dabei an einige fatale Steine oder Kohlen, die ich auf dem unterirdischen Marsche, sehr zum Nachtheile meines körperlichen Gleichgewichts, unter meinen Füßen auf dem Boden der »Sohle« des Kanals gefühlt hatte. Mein freundlicher Führer geleitete mich zu dem großen Sammelbassin zurück, in dem ich das Licht des Tages wieder erblickt hatte, und wies in die Tiefe. Dort sah ich große, rechen- oder wehrartige Vorrichtungen, an denen sich eine Menge »kanalwidriger« Gegenstände, Papier, Lumpen und Lappen, Holzstückchen und ähnliches mehr, aufgestaut hatte.

»– Meine Arbeiter verfügen über eine große Menge von Taschentüchern, feinen Damenstrümpfen u. dergl. mehr. Alles ›Kanalstrandgut‹, welches da unten angeschwemmt wird. Das sind zumeist Consequenzen der Vergeßlichkeit waschender Dienstmädchen, welche gewissermaßen ›das Kind mit dem Bade‹ ausschütten.«

Diese »Wehre« also halten jede Verstopfung von den Saugröhren fern. Die Maschinen können ihre großen Druckrohre und Kästen ungehindert füllen. Und sie thun es in sehr energischer Weise. Eine solche Maschine pumpt auf jeden Hub ½ Cubikmeter von der angenehmen Flüssigkeit, und bei der großen Zahl der von 2–3 Dampfkesseln bedienten Maschinen wird somit eine sehr beträchtliche Menge Kanalwasser mit ziemlicher Schnelle den weiten Weg von 3½ Meilen durch eiserne Röhren nach den Rieselfeldern von Großbeeren, resp. nach dem näher gelegenen Osdorf befördert. Daß dazu eine gehörige Kraft gehört, wird man einsehen, wenn man hört, daß das Niveau der Rieselfelder circa 23 Meter höher liegt, als das der Pumpstation. Ich kann nicht umhin, an dieser Stelle dem Verwalter dieser Pumpstation und seinen Angestellten mein aufrichtiges Compliment ob der Ordnung und Sauberkeit auszusprechen, welche in den enorm hohen, daher vortrefflich ventilirten Kessel- und Maschinenräumen herrscht. Das glänzt und blitzt Alles, obwohl die Zahl der Arbeitskräfte eigentlich keine übermäßig große ist. Herr Betriebs-Inspector Diebold verfügt über 13 Mann für Maschinen und Kessel (bei Tag- und Nachtschicht) und 9 eigentliche Kanalarbeiter, welche die Reinhaltung der Kanäle zu besorgen haben.

Diese Reinigung dürfte nach den Gefühlen, die meine und meines Begleiters Brust auf der Kanalwanderung bewegten, nicht zu den Annehmlichkeiten des Lebens gehören. Der Leser hat gewiß schon oft an den mit Metallplatten bedeckten Kanalöffnungen auf der Straße, den sogenannten »Revisions-Brunnen«, richtiger wohl Revisions-»Schachte« genannt, Kanalarbeiter gesehen, wie sie in Eimern den Schlamm zu Tage fördern. Das sind die Handlanger der unten beschäftigten Kanalarbeiter, welche in Schaufelwagen, die auf Rollen gehen, den dunkeln Kanalweg entlang fahren, so den sich am Boden ansammelnden Schlamm aufschaufeln und ihn dann an den verschiedenen Revisionsschachten stationsweise nach der Oberwelt befördern lassen.

»Wie sieht es denn da mit den Gesundheits-Verhältnissen der Arbeiter aus?« konnte ich mich nicht enthalten zu fragen, in abermaliger Erinnerung an all' die Stoffe, aus denen sich der dunkle Strom zusammensetzt, den ich durchwatet, an die Dünste, welche jenes Labyrinth von Röhren und Kanälen erfüllen.

Der Herr Inspector erinnerte mich an die gesundheitstrotzende und behäbige Gestalt des Herrn Schulze, eines unserer fachmännischen Führer unter der Erde und fügte hinzu, daß die Quote der Krankenkassen-Unterstützungen in dem Betrieb jährlich eine geradezu auffallend geringe sei.

– »Geh. Rath Professor Dr. Koch hat in früheren Jahren nach dieser Richtung hin auf seinen wiederholten Inspectionen der Kanäle und der Pumpstation vielfach Untersuchungen angestellt und sich oft mit Freude über den guten Gesundheitszustand unserer Arbeiter ausgesprochen!«

Doch kehren wir noch einmal in den Maschinensaal zurück. Dort hängt an einer Wand des kolossalen, hellen Raumes ein großes Instrument, das einem Wasserstandsglase oder einem Thermometer von riesigen Dimensionen nicht unähnlich sieht. Dieses ist für die Maschinenmeister ein Kontrolapparat, welcher ihnen die Stauhöhe der Abwässer in dem Entwässerungsgebiet der Pumpstation bezw. des Radialsystems angiebt. Nach dem Stande dieses Glases haben sie die Thätigkeit ihrer Maschinen u. s. w. einzurichten. Hier gilt auch das alte Dichterwort: »Denn die Elemente hassen das Gebild' der Menschenhand«[34]. Alle die großartigen Einrichtungen, alle die diensteifrigen Maschinen, alle die thönernen Röhren und mächtigen Kanäle können zuweilen ihren Dienst versagen, wenn es »des Himmels Wollen« beliebt, unerwartet riesige Wasserfluthen auf Berlin herabzusenden. Tritt der Fall ein, welcher sich natürlich sofort an jenem Wasserstandglas markirt, erreicht das Kanalwasser eine Stauhöhe von etwa

2½ Metern – was in diesem Sommer zehn Mal geschah –, dann wird an der Stelle, wo das Saugröhrensystem sich befindet, der Nothkanal geöffnet und die dunkle Fluth ergießt sich in den Schifffahrtskanal, dessen Sohle übrigens um 2 Meter höher gelegen ist, als die Sohle des Kanalisationssystems. Man kann bei der peinlichen Ordnung, welche in diesem Betrieb herrscht, alle diese wechselnden Erscheinungen, die Ab- und Zunahme der Gewässer im Kanalsystem mit großer Bequemlichkeit in einem dafür aufgestellten Planbuche ablesen. Da liegt in dem Maschinensaale der große Foliant, in welchem dieses Auf- und Niedergehen auf einem Coordinatensystem graphisch dargestellt ist. Aehnlich wie vermöge der bekannten Temperatur- und Fieber-Curven liest man hier den Stand des Kanalwassers ab, sieht man hier in einem Gesammtbilde feiner Linien, das einem Alpenprofile gleicht, mit welcher Plötzlichkeit oft die Fluth in den Kanälen steigt oder sinkt. Man hat in diesem Kanalisationssystem überhaupt eine Art von Registrir-Apparat des Berliner Lebens, der manche Gelegenheit zu interessanten Beobachtungen bietet. Die verschiedenen Charaktere der Wochentage, die Verschiedenheit der Tagesstunden selbst hinsichtlich der Beschäftigungen, denen die Bevölkerung obliegt, die Tage der großen Wäsche, die Ruhe der Sonn- und Feiertage, der Anfang der Schulferien und der Wiederbeginn der Schulen – – alles das sind Dinge, es klingt merkwürdig und ist doch sehr natürlich, – welche die Apparate der Kanalisation als Gradmesser deutlich markiren. Heute bewältigen die Pumpen 11 000 Kubikmeter Abflußmassen, morgen senden sie 19 000, übermorgen gar 23 000 Kubikmeter nach den fruchtbaren Rieselfeldern.

Es ist wirklich ein gewaltiger Betrieb, den wir da vor uns haben, ein Bau, der in seinen unterirdischen Theilen gerade so imponirend ist, wie in denen über der Erde. Es darf nicht übersehen werden, daß dieses Radialsystem III noch eine kleine Pumpstationfiliale hat, eine mit kleinen Maschinchen versehene Station in der Gegend der Bauakademie, welche das Gebiet der sogenannten »Schloßinsel«, also das Gebiet des Königl. Schlosses, der Museen etc. (ein Areal von 46½ Hectar, bei 14 000 Einwohnern) entwässert, und das Abflußwasser dem Centralpunkt desselben Radialsystems in der Schönebergerstraße zuführt. Ich glaube gern, angesichts dieser Thatsachen, daß Herr Inspector Diebold ein vielbeschäftigter Mann ist, denn so ein großer Betrieb will wohl in Ordnung gehalten sein, und die Kanalisation hat im Uebrigen bei den Bauconsensen für Industriegebäude, öffentliche Gebäude, Maschinenanlagen u. s. w. ein sehr gewichtiges Wort mitzusprechen, sodaß die Arbeit durch all' die nöthigen Inspectionen, Revisionen, Gutachten etc. noch um Beträchtliches erhöht wird. Den Leser wird es interessiren zu erfahren, daß die Baukosten des in den Jahren 1873–1879 erbauten Radialsystems III 5 150 595 Mark betragen, daß auf den Hectar 13 216 Mark, auf jeden Quadratmeter Straßenflucht 4 Mark, jeden Kilometer Straßenlänge 95 117 Mark kommen. Gering sind dem gegenüber die Betriebskosten, welche sich im Jahre 1890, incl. aller Gehälter, Nebenausgaben etc. für das ganze Radialsystem einschließlich der »Schloßinsel« auf 135 444 Mark stellten. – – –

Der Leser wird nun den Weg kennen lernen wollen, auf welchem ich zu der Wissenschaft gelangte, die ich ihm in Obigem entwickelt habe. Dieser Weg führt buchstäblich »durch Nacht zum Licht«. Obwohl es noch ziemlich früh am Morgen war, umstanden doch mehr Neugierige als mir lieb war, die zur Unterwelt führende Oeffnung am Potsdamer Platz, in deren Umgebung ich mit meinem Begleiter von hilfsbereiten Arbeitern mit der »Kanalisations-Toilette« versehen wurde. Ein Momentphotograph hätte seine Freude an unserem Aussehen gehabt. Ich kam mir vor, wie ein Bär in dem

Taucheranzug von Gummi, der Füße, Beine und Oberkörper bis zur Mitte der Brust bedeckte. Eine graue, kittelartige Joppe und eine anmuthige graue Leinwandmütze, welche auf meinen neugierig gespitzten Ohren vollständig ausreichenden Halt fand, vervollständigte das Costüm. So bewegten wir uns schwerfällig die wenigen Stufen in die Finsterniß hinab. Einen Moment befiel mich – ich will das nicht leugnen – ein wohl durch Athemnoth bedingtes ängstliches Gefühl, als ich den engen, dunklen Gang sah, als die mephitischen Dünste mich empfingen, als meine Beine in die unbeschreibliche »Fluth« hineinsanken. Aber eine Grubenlaterne, ein Schluck Cognac und eine Cigarre belebten meine Lebensgeister und meinen Muth. Bald schritten wir rüstig fürbaß, der vorerwähnte joviale Herr Schulze an der Tête, ich und der Leidensgefährte meiner journalistischen Neugier in der Mitte, ein anderer Kanalarbeiter am Schluß. Jeder eine Gruben-Lampe in der Hand: ein höchst origineller Gänsemarsch. Ich muß es mir natürlich aus ästhetischen Gründen versagen, die Einzelheiten meiner Eindrücke und Empfindungen auf diesem eine lange, bange Stunde und 10 Minuten währenden Gange zu schildern. Ich muß aber doch constatiren, der Wahrheit gemäß, daß es, von allem Andern abgesehen, sehr beschwerlich war. Der Kanal hat einen elliptisch geformten Durchschnitt, die Gestalt eines auf die Spitze gestellten Eies. Die größte Breite beträgt ⅔ der Höhe. Somit haben die im schweren Gummi steckenden Füße einen ganz erschrecklich schlechten Halt auf dem weichen, schlammigen Boden. Daher machten auch leider, leider meine Hände eine gar zu häufige Bekanntheit mit den Seitenwänden, welche – nun sagen wir, sich sehr unangenehm anfühlten. Sehr umfassend belehrte uns unser Führer an der Spitze über die einmündenden Zuflüsse, Seitenkanäle, Regenröhren, Hausanschlüsse etc., welche zuweilen ihre Wassermassen mit ungemüthlicher Plötzlichkeit ausspieen und die

Stärke des Stromes, der uns fast gewaltsam vorwärts stieß, beständig zu erhöhen schienen. Der Strom ist dort unten so stark, daß es sehr beschwerlich ist, ihm entgegen zu marschiren. So krochen wir denn mühsam, in Schweiß gebadet, zuweilen hin- und herwankend, vorwärts durch den ganzen düsteren Orkus, den langen, endlos scheinenden, von einer wirklich nicht des Athmens werthen Luft erfüllten, nur unsicher von der Lampe des Grubenlichtes erleuchteten Weg. Plantsch, Plantsch! Immer vorwärts. Oben ist Licht und Luft, oben ist Leben und Bewegung, dröhnend rasseln die Wagen über unseren Häuptern hinweg. Leider hatte ich meine Cigarre verloren, und es schien mir nicht rathsam, dieselbe zu suchen. Auch meine in die Joppe prakticirte Cognacflasche war mir unerreichbar geworden, weil meine Hände nicht mehr würdig waren, einen so werthvollen Gegenstand zu berühren. O, welches Labsal war es da, wenn von oben herab sich ab und zu einer der eisernen Straßendeckel öffnete, einen Lichtstrahl, etwas Luft und den ermuthigenden Anblick des uns auf den sonnigen Pfaden der Oberwelt folgenden Herrn Inspectors hineinließ. Wir gingen unter allerlei angenehmen Abwechselungen unter dem Potsdamer Platz, der Königgrätzerstraße, der Köthenerstraße, dem Hafenplatz dahin, nach der Schönebergerstraße zu. Mit einigem Grauen sah ich vor mir die Beine des Herrn Schulze, der nur Wasserstiefel anhatte. Je mehr wir uns dem Ziele näherten, um so stärker wurde der Strom, um so tiefer das sogenannte Wasser. Ich beobachtete die Wasserstiefel unausgesetzt, schon stand die Fluth bis an den Schaftrand derselben, schon fühlte ich es mir selbst weit über die Knie reichen und bis an die Hüftgegend heransteigen, – – – da Licht, Licht! – – Das offene Sammelbassin der Pumpstation sah man in der Ferne. Noch wenige Minuten Marsch durch einen einige Meter breiten Kanal und wir standen schweißtriefend, schachmatt im Centrum dieses »duftigen« Reservoirs. Aber es leuchtete uns doch die Sonne ins Gesicht, das war die Hauptsache. An der steilen, hohen Wand des großen Beckens ragen einzelne Eisenklammern heraus. An diesen gilt es in die Höhe zu klimmen, in dem schweren Gummi-Anzug keine leichte Aufgabe. Hoch oben strecken sich mir hilfsbereite Hände entgegen, man zieht mich ans Land und – – nun die Fortsetzung, die ich dem Leser ersparen will, spielte sich oben im Ankleideraum bei klarem Wasser, Eau de Cologne und ähnlichen schönen Dingen ab. Der Mensch ist gar nicht so undankbar. Im schönen, wonnigen Tageslicht vergißt er ja so leicht allerlei Schrecken der Nacht, wie ich da oben die Unannehmlichkeiten der stygischen Kanalgewässer vergaß. Eins aber werde ich nicht vergessen: daß man auf unser Berlin stolz sein kann, nicht blos wenn man über die glitzernde, prunkvolle, lärmende Oberfläche dahin schreitet, sondern auch dann, wenn man »tief unter der Erde« dahingeht, auf wundersam und kunstvoll gebauten Pfaden – – »unten durch«.

»Hotel Barnim«

Nicht zu verwechseln mit »Hotel Arnim«. Letzteres liegt »Unter den Linden«, ein fashionabler Aufenthaltsort für freie Menschen mit mehr oder minder wohlgefüllten Geldbeuteln. Das »Hotel«, welches die obige Ueberschrift nennt, ist ausschließlich dem weiblichen Geschlechte gewidmet – aber wahrlich nicht demjenigen Theile desselben, bei dem man nach dem Rathe des Dichters Anfrage halten soll, wenn man wissen will, »was sich ziemt«. Es ist auch nur der allzeit witzbereite, satirisch angehauchte Berliner Volksmund, welcher den Namen »Hotel Barnim« erfunden hat, welcher in keinem Bädeker zu finden ist, in der Liste der Berliner Gefängniß-Anstalten aber figurirt unter dem Namen »Filialgefängniß für weibliche Gefangene«, Barnimstraße 10. Aus der Angabe der Straße, wo diese Strafanstalt gelegen ist, wird der Leser ohne Weiteres ersehen können, wie der Berliner Volkswitz, dem selbst die ernsten Institute der strafenden Gerechtigkeit nicht heilig sind, dazu gekommen ist, sich ein »Hotel Barnim« zu construiren.

Nachdem ich im Verlaufe der vorliegenden Artikelserie die Leser des »Berliner Lokal-Anzeiger« bereits mit den Einrichtungen und dem Charakter des Untersuchungsgefängnisses, sowie des Berliner Zuchthauses (Zellengefängnisses) bekannt gemacht habe, will ich ihn heute in jene Anstalt führen, deren charakteristische Eigenthümlichkeit eben in dem fast totalen Mangel des stärkeren Geschlechtes besteht. Die Zügel der eisernen Gefängnißdisciplin führt natürlich ein Mann, Herr Inspector Husung, dessen persönlicher, unermüdlicher Führung ich die interessanten Einblicke in jene »abgeschlossene« Welt verdanke. Es sind ihm auch einige Bureau-Beamte zugetheilt und fünf männliche aus Plötzensee deputirte Gefangene versehen auch Schreiberdienst, auch ein paar männliche »Calefactoren« werden aus derselben Quelle für die allergröbste Hausarbeit bezogen; aber sonst sieht man nur weibliche Gestalten, sowohl in den Zellen, wie auf den durch Gitterthüren abgetheilten Gängen, in denen sich die Wärterinnen, oder Aufseherinnen, wie man sie wohl richtiger nennt, in der bekannten geräuschlosen Weise hin- und herbewegen. Fast gewinnt man den Eindruck, als träte man in ein Kloster, wenn man durch den Haupteingang in den Hausflur tritt und das feste Eisengitter, welches den inneren Raum abschließt, von einer schmucken Pförtnerin in dunkelblauem Kleide mit schwarzer Schürze und schneeweißer Haube rasselnd geöffnet wird. Die eben beschriebene Kleidung bildet durchweg die Uniform der Gefangenenwärterinnen. Die Uniformirung hat bekanntlich in allen Lebenslagen einen Einfluß auf die Wesenheit des Menschen. Sie erzeugt eine gewisse soldatische Strammheit. Auch hier kann man dieselbe Wahrnehmung machen. Diese schlüsselrasselnden Damen mit den ruhigen, ernsten Gesichtern benehmen sich just so, wie ihre männlichen Collegen. Wo wir auch hinkamen, überall traten die Schließerinnen in strammer Haltung an den Inspector mit der lakonischen Dienstmeldung: »Station Soundso, belegt mit soundsoviel Gefangenen.« Man sieht, dort, wie in allen unseren öffentlichen Instituten, geht eben alles »am Schnürchen«. Und das muß so sein, – denn wenngleich »Hotel Barnim«, ebenso wie das Gefängniß in der Perleberger-Straße nur Filiale der »Stadtvoigtei« ist und wahrlich nicht zu den »großen« Strafanstalten Berlins zu rechnen ist, so muß doch in einer Anstalt, die im Durchschnitt täglich 450 Gefangene beherbergt und jährlich wohl 15 000 »Zugänge« aufzuweisen vermag, unbedingt jene streng disciplinirte Ordnung herrschen, die sich selbst in kleinen Aeußerlichkeiten dem Ohr und dem Auge bemerkbar macht.

Bekanntlich beengt in einem Gefängnisse selbst die wohlthuendste Sauberkeit, die peinlichste Accuratesse die Brust. Jeder blankpolirte Zinkeimer ruft im Beschauer Bilder jenes unfreiwilligen und stupiden Sträflingsfleißes wach. Man wird nicht leicht wohlthuende Bilder von einem Ort mit heimnehmen können, wo man immer im Geiste die Kette bei jeder Bewegung rasseln hört. Und doch bildet dieses Weibergefängniß bis zu einem gewissen Grade eine Ausnahme. Das liegt in seiner Vergangenheit. Früher war es ein Schuldgefängniß, also ein unfreiwilliger Aufenthaltsort für Leute, welche von der Justiz an sich schon eine milde Handhabung verlangen dürfen. »Die Schuld« und »die Schulden« zeigen, auf der Waage der Moral gewogen, sicherlich doch einen großen Unterschied. Daher mag es wohl gekommen sein, daß ein freundlicher Gast in dem alten dreistöckigen Gebäude, dem hinten später noch zwei einstöckige Baracken zugefügt wurden, Platz greifen konnte: nämlich die liebe Sonne. Statt der schwer vergitterten, engen und hoch oben unter der Decke angebrachten Fenster sieht man durchweg breite Fenster mit Drahtgaze, welche dem Sonnenlichte verhältnismäßig freien Eintritt gewähren. So liegt die Sonne auf den breiten Treppenfluren, stiehlt sich hinein in die Corridore und lächelt selbst wohlgefällig auf die blitzblanken Eßgeschirre, die hier und da, ihrer Bestimmung harrend, aufgestellt sind. Das tönt natürlich den gefängnißmäßigen Charakter des Instituts in angenehmer Weise ab.

Ein complicirtes System herrscht übrigens dort in der Barnimstraße. Einfache Haft von wenigen Tagen, sogenannte qualificirte Haft und schließlich Gefängnißstrafe bis zu einem Jahre hinauf. Diese wunderliche Abstufung mag die Verwaltung nicht wenig erschweren. Origineller Weise übt sie ihre

Wirkung bis hinab in die Region der Küche. Der Herr Inspector verschaffte mir den Genuß von zweierlei sehr schmackhaft gekochten Kohlsuppen, beide ganz gleich und doch nicht gleich. Die eine war etwas wässeriger, die andere etwas fetter, die eine war für die auf kurze Zeit Inhaftirten, die andere für die »schwereren« Gefangenen, deren Körpersysteme eine längere Gefangenschaft auszuhalten haben. Noch besser war freilich eine solenne Nudel-Fleischbrühe mit einem derben Stückchen Rindfleisch, welche für die Lazarethgefangenen bestimmt war.

»Was ist das vorwiegende System in dieser Anstalt?« fragte ich meinen freundlichen Führer.

»Die Mehrzahl der Gefangenen befindet sich in Gemeinschaftshaft. Doch sind 36 Einzelzellen vorhanden, welche in erster Linie für die jugendlichen Gefangenen, Mädchen unter 18 Jahren, bestimmt sind, zum Theil aber auch als Straf-Arrestzellen und zur Detention besonders widerspänstiger, unverträglicher Erwachsenen bestimmt sind.«

Es ist eine weise Vorsicht der Verwaltung, diese Kinder von den Frauen und erwachsenen Mädchen zu trennen. Was könnten, ja was müßten sie wohl lernen von all' den geschulten Diebinnen, raffinirten Straßendirnen und obdachlosen, elenden Vagabundinnen, welche innerhalb der Mauern dieses Gebäudes unter Schloß und Riegel gehalten werden.

Einen wehmüthigen Eindruck machte die einfach, aber hübsch ausgestattete Kirche, welche mit Zuschriften von kunstfertigen Gefangenen, die dort einst gehaust, geschmückt ist. Noch viel wehmüthiger aber ist der Eindruck der Schule. Klirrend öffnet sich das Schloß. Drinnen eine Reihe Bänke, dicht besetzt mit jugendlichen Sünderinnen. Davor steht docirend der Lehrer. Mit verwunderten Augen starren uns die Kinder an. Ein Lächeln gleitet über dieses oder jenes Gesicht, während andere beschämt die Augen senken. Es ist eine Abwechselung in ihrem einförmigen Leben. Wir haben durch unsern Eintritt etwas von der Luft der goldenen Freiheit in den Raum hineingetragen.

So wandern wir denn von Stockwerk zu Stockwerk, von Zelle zu Zelle. In den meisten Zellen – wenn die oft recht ausgedehnten Räume überhaupt diesen Namen verdienen – arbeiten und schlafen fünf, zehn, wohl auch mehr Gefangene.

»Wir suchen nach Kräften die einzelnen Kategorien der Strafgefangenen, soweit sich das durchführen läßt, zu sondern«, sagt der Inspector. »Hier sehen Sie z. B. ein ganzes Zimmer voll Kupplerinnen.«

Wahrlich, man konnte den Weibern ihr Gewerbe schier vom Gesicht ablesen.

»Aufstehen!« commandirt die Schließerin in dem Moment, als die Thür sich öffnet. Mit einem Schlage erhebt sich die bunt zusammengewürfelte Gesellschaft. Während einige ruhig, fast stupide vor sich hinblicken oder sich mit den Federn, welche sie zupfen, anscheinend zu schaffen machen, richtet sich das Auge der Anderen mit widerwärtig frechem Blicke auf uns. Es sind meist »mittelalterliche« Weiber. Das carrirte Anstaltstuch, das sie um die Schultern geschlagen, steht ihnen trefflich zu Gesicht. Dieses Anstaltstuch ist ein Zeichen des Ehrverlustes, das dort nicht Alle tragen.

Geradezu erstaunlich ist die Fülle und Verschiedenheit der Arbeiten, die dort im Auftrage von Unternehmern verrichtet werden. Allerlei Rahmen-Arbeiten sieht man vollführen. Hier werden Düten geklebt, dort Federn gezupft, hier Topftücher geschnitten, dort sogenannte »Butzen«-Knöpfe mit einer flink arbeitenden Maschine übersponnen, und hier – merkwürdige Ironie des Schicksals – arbeiten die Weiber an jenen bunten, grotesken Papiermützen, welche den Inhalt der bekannten Knallbonbons bilden und im Winter an den Stätten des rauschenden Vergnügens als Cotillon-Mützen[35] die

Köpfe fröhlich tanzender Paare schmücken. – – – Das Sprechen ist nicht verboten, doch darf es nur in leisem Tone geschehen, somit herrscht auf allen Gängen fast lautlose Stille, welche nur durch die »Meldungen« der Schließerinnen und das Rasseln der auf- und zugehenden Zellenthüren unterbrochen wird. Wir gelangen zu den Lazarethzellen, freundlichen, hellen Räumen, in denen die Patientinnen ihr Gefangenen-Dasein in leidlichem Comfort verträumen können. Am Fußende eines jeden Bettes, aus welchem die bleichen Antlitze uns apathischen Blickes anschauen, befindet sich die große Tafel mit den Angaben über die Personalien und die Krankheit der Patientin. Eben hat die Krankenwärterin an einer jungen Person den Verband erneuert. Die nicht unschönen Züge kommen mir bekannt vor. In der That ist es eine der vielgenanntesten Zeuginnen aus dem Heinzeproceß[36], welche dort mit einer Verwundung an der Hand, die sie sich bei der Arbeit zugezogen, im Bette liegt. Sie scheint sich der goldenen Freiheit nicht lange gefreut zu haben.

Täusche ich mich? Aus jener Zelle tönt das Lallen eines kleinen Kindes hervor. Die Schließerin öffnet die Thür. In der That: Eine junge Mutter mit einem kleinen fröhlich plappernden Kinde, das uns vertraulich die kleinen Händchen entgegenstreckt. Ein unsagbar ergreifender Anblick. Die kleinen Kinder dürfen von der Mutter nicht getrennt werden, sagt die Bestimmung. Das ist gut und gerecht. Aber da watscheln die armen kleinen Wesen nun in der stillen Zelle einher, die für sie in ihrem jungen, unbewußten Leben die Welt bildet. Ob wohl je ein Schatten der Erinnerung davon in ihrem späteren Leben wieder auftauchen wird? Möge der Lenker der menschlichen Schicksale diese armen Geschöpfe davor behüten, daß das, was jetzt für sie nur wie ein Traum ist, in ihrem späteren Leben an ihnen selbst zu betrübender Wirklichkeit werde.

»Wie viel haben Sie?« frage ich eine junge Mutter.

»Eine Woche Haft«, erwidert sie mit leiser Stimme, während sie gesenkten Hauptes das Köpfchen des vergnügt stammelnden Kindes streichelt.

»Eine Jugend!« sagt die Beschließerin in einer anderen der zwölf Stationen. Das soll in der abgekürzten Gefängnißsprache eine »jugendliche Gefangene« heißen. Ja – solcher Jugenden giebt es leider in den dem Hauptgebäude angebauten Baracken, wo zumeist die unter Sitten-Kontrole stehenden, wegen Contravention[37] bestraften Mädchen untergebracht sind, nur zu viele. In einer Zelle sehe ich eine Gruppe von sechs bis sieben solcher blutjungen Geschöpfte, deren Gesichter schon den Stempel des Lasters tragen. Sie erheben sich auf Commando bescheidentlich, aber aus den gesenkten Augen jener jungen, schwarzhaarigen Dirne schießt rasch ein koketter Blick, der an die Weltlust erinnert, welcher sie trotz ihrer Jugend da draußen frönte – und wohl weiter frönen wird. Denn es kommt der Tag, wo sich die Gefängnißthüren öffnen, wo draußen auf der Barnimstraße respective deren Umgegend »die Freunde« warten und im Triumph die »Freundin« wieder in die schöne, freie Welt hinausführen – zu neuen Thaten. Früher geschah das in sehr ostentativer Weise. Schaaren von Zuhältern trieben sich dort umher, auf die freigelassenen »Damen« wartend, und oft genug kam es zu sehr stürmischen Auftritten an den Pforten des »Hotel Barnim«. Jetzt hat die Behörde diese Abholungs-Ceremonien auf das äußerst mögliche Maß beschränkt.

Weiße Krähen unter den Gefangenen bilden dort die sogenannten »Civilgefangenen«, das sind solche weibliche Personen, welche wegen Verweigerung des Offenbarungs-Eides oder wegen ungebührlichen Betragens vor Gericht daselbst internirt sind. Sie genießen einige kleine äußere Vergünstigungen und – erfreuen sich einer relativ eleganten Toilette. Als ich die Zellenthür einer dieser Damen öffnete, traf mich aus den Augen der in elegantem Jaquet darinnen auf- und abmarschirenden Gefangenen, die ihrer Befreiung harrte, ein wahrhaft vernichtender Blick.

In den beiden angebauten Baracken, wo, wie schon mitgetheilt, vorwiegend die aufgegriffenen Dirnen und die obdachlosen Bettlerinnen ihre Strafe verbüßen, sind die Arbeitszellen oder Arbeitssäle niemals zugleich Schlafsäle. Die Gebäude sind eben schon nach den neueren »Bestimmungen« construirt, haben zum Theil sogar parkettirte Einzel-Zellen. Aber an diesem Luxus ist nur der böse Schwamm schuld, der die Gefängnißverwaltung veranlaßte, Asphaltboden herzustellen und diesen mit Parquet auslegen zu lassen.

Als sich die Zelle der »Obdachlosen« öffnete, machte mein liebenswürdiger Führer die lakonische Bemerkung: »Das können Sie schon riechen.« – – Sehr richtig! Ich konnte es riechen. Trotz der peinlichen, hocherstaunlichen Sauberkeit, der man dort auf Schritt und Tritt in den Zellen, in der Dampfküche, der Bade-Anstalt, der mächtigen Vorrathskammer u. s. w. begegnet – war in dieser Zelle der Geruch aus den »nach der Straße« riechenden Kleidern der Unglücklichen doch wohl nicht auszutreiben gewesen.

Da, wo die »Dirnen« internirt sind – sämmtlich angethan mit denselben Fähnchen, denselben koketten, vom Dienste der Straße mehr oder minder mitgenommenen Kleidern, die sie bei ihrer Inhaftnahme trugen, und mit demselben herausfordernden Blick behaftet, der zur Charakteristik ihres Gewerbes gehört – dort also fragte ich die Schließerin über die Persönlichkeit der am Sonntag in der Holzmarktgasse so grausam hingeschlachteten Nitsche. – Des Aeußeren der Unglücklichen konnte sich die Frau nur wenig erinnern, doch konnte sie mir die interessante Thatsache mittheilen, daß die besagte Nitsche neunmal schon dort in Haft gewesen und zuletzt erst vom 17. bis zum 20. October im »Hotel Barnim« eine Haftstrafe verbüßt hatte. – – Wenige Tage mehr hätten sie vom Tode errettet! – – Wahrlich, das ist die Hand des Verhängnisses.

Auf dem Schlachthofe

Eine der schönsten Perlen in der Verdienstkrone der Berliner Stadtverwaltung ist die Fürsorge auf dem Gebiet der Hygiene. Auf der Wanderung, welche ich und meine werthen Leser mit mir, im Rahmen dieser Artikelserie durch die mannichfachsten Stätten öffentlichen Interesses zurückgelegt, haben verschiedene städtische Institutionen Berlins uns einen unendlich wohlthuenden Eindruck der Befriedigung hinterlassen. Hierbei ist keineswegs blos die Form maßgebend: das Imposante, das Gigantische, das Weltstädtische. Nein, der Geist ist es, der Geist der Ordnung, der Sauberkeit, der bis in das minutiöse Detail gehenden Sorgfalt, der jenen Eindruck auf den nachdenkenden Beschauer in allererster Linie ausübt. Dieser Geist, übertragen auf das Gebiet der Hygiene, also auf die Gesammtheit aller derjenigen Einrichtungen und Maßnahmen, welche der Gesundheit der Bevölkerung dienen, ist ein Quell tieferfreuender Beruhigung für den, der diesen Dingen auf den Grund geht. Man fühlt sich sozusagen in guten Händen, und das ist sehr viel werth, wenn man die Unsumme von Gefahren in Betracht zieht, welche aus der großstädtischen Entwickelung einer Stadtgemeinde, aus dem Zunehmen der Bevölkerung, aus der Entfaltung der Verkehrsmittel und Verkehrskräfte sich naturgemäß ergeben.

Als ich an einem sonnigen Frühlingstage draußen im Norden Berlins – warum wird doch dieser prächtige Stadttheil mit seinen breiten, luftigen Straßen und seinen imposanten Häusern so oft zu Unrecht geschmäht – auf der einstigen Lichtenberger Feldmark, an der Eldenaerstraße vor dem langen, wohl an 1000 m in der Länge sich hinstreckenden Gebäude-Complex unseres städtischen Central-Vieh- und Schlachthofes stand, und einen Blick auf das rege Treiben drinnen warf, auf die rauchenden Schornsteine, auf die in der Ferne geschäftig hin- und herlaufenden Schlächter, auf die behelmten Hüter der Ordnung dicht am Eingange, auf die Fülle der im Schlächtertrab die Straße hinunterrollenden Wagen, da fühlte ich schon, daß ich wieder eine wichtige Staffel in der aufsteigenden Entwickelung der Kaiserstadt zu sehen bekommen sollte, einen Markstein der Berliner Culturgeschichte. Ein jugendlicher Schlächtergeselle mit knallrothen Backen – die einen unwillkürlich immer an reichlichen Genuß rohen Fleisches erinnern – ging, eine mächtige Axt über die Schulter gelegt, in seinem blutbefleckten Kittel nicht unähnlich einem Scharfrichter, an mir vorüber, offenbar in der Absicht sich in einer Werkstatt auf der anderen Seite der Straße seine Mordwaffe schleifen zu lassen. Er pfiff vergnügt vor sich her und ahnte gar nicht, daß er eine Atmosphäre von [ ]schlicher Grausamkeit mit sich führte, die einem enragirten Vegetarianer die Haut schaudern machen müßte. Also hier haben wir die Centralstation des Vernichtungskampfes, den der Mensch nach dem grausamen Gesetze Darwin's vom Kampfe um's Dasein gegen die lebendige Creatur führt, seinem geschätzten Magen, der Erhaltung seines Lebens, der Befriedigung seines Hungers zu Liebe. Aber in dieser Centralstation liegt, wenn man sich von den Fesseln übertriebener Sentimentalität befreit, die Humanität. In dieser Centrale läßt sich eben Alles vereinigen, was die Tödtung der Thiere auf das geringste Maß von Qual und Grausamkeit herabdrückt. Wo die blutige Arbeit auf einen Punkt zusammengedrängt sich unter das überwachende Auge eines humanen Gesetzes stellen läßt, da kann sie eines großen Theiles ihrer Grausamkeit entkleidet werden. Andererseits kann aber auch ebendasselbe humane Gesetz, auf den Erfahrungssätzen der Wissenschaft sich aufbauend, nur unter solchen Verhältnissen auch den Menschen schützen, welchem, durch die Dämonen der rücksichtslosen Gewinnsucht, die schließlich in allen Gewerben, seit die Welt besteht, sich breit machen, für Leben und Gesundheit zahllose Gefahren drohen. In diesen Sätzen ist ganz kurz der vornehmste Werth, die höchste Bedeutung einer Institution, wie unser städtischer Central-Schlachthof ausgedrückt. Der Thierschutz und die Fleischschau, – Humanität und Hygiene sind die beiden Angelpunkte, um welche das ganze Sein und Wesen, der Zweck und die innere Organisation dieses großartigen Instituts sich drehen.

Der Herr, der mich in dem rechts vom Eingange gelegenen kleinen Beamtengebäude, in seinem Dienstzimmer empfing, ist meinen Lesern nicht unbekannt. Ich habe ihnen den Oberthierarzt Dr. Hertwig, den Director der städtischen Fleischschau und obersten Beamten des Schlachthofes bereits vorgestellt, gelegentlich der Schilderung jener Nacht in der Fleischschaustation, die zu der Centralmarkthalle am Alexanderplatz gehört. Damals tauchte er nur flüchtig auf. Aber jener flüchtigen Bekanntschaft verdanke ich den werthvollen Umstand, daß Herr Director Hertwig heute in der Stätte seiner hervorragenden Wirksamkeit, im Verein mit seinem Assistenten, Herrn Thierarzt Dr. [ ]uncker, mein liebenswürdiger aufmerksamer und unermüdlicher Führer wurde. Ohne das freundliche Entgegenkommen dieser beiden Herren, würde ich wohl in dem Schlachthofe nicht viel mehr wesentliche Eindrücke, als Blut, Thiergeheul und – Kaldaunengeruch mit heimgebracht haben.

Der verantwortliche Leiter unseres städtischen Schlachthofes resp. unserer städtischen Fleischschau ist ein sehr jovial aussehender Herr in den fünfziger Jahren, dessen Aeußeres eine gewisse Ruhe und Be[hä]bigkeit zeigt, der aber in seinen Auseinandersetzungen [de]m kundigen »Interviewer« rasch die Kennzeichen eines scharf denkenden, speculativen und äußerst praktischen Mannes zeigt und vor allem als lebende Bethätigung [des] Umstandes erscheint, daß unsere moderne Vete[rin]air-Wissenschaft, auf das praktische Leben angewendet, heute auf einer Höhe angelangt ist, die ihr einen der würdigsten Plätze in der Reihe unserer akademischen »Facultäten« verleiht.

»– Es hat voraussichtlich einen tief eingreifenden Wandel für die wichtigste Magenfrage Berlins, für [   ] sanitären und ökonomischen Verhältnisse geschaffen, daß die Schlachthaus-Angelegenheit derart centralisirt und unter behördliche Kontrole gestellt wurde?« frage ich meinen Mentor.

»– Allerdings! Wenn es auch früher, zu Anfang dieses Jahrhunderts ziemlich primitive Schlachthäuser hier gab, so gericthen dieselben doch schließlich derart in Verfall, daß eine Unzahl von Schlächtern und Restaurateuren schließlich ohne jegliche behördliche Aufsicht in ihren Häusern schlachteten. Die Gefahr für die Gesundheitsverhältnisse Berlins lag auf der Hand. Eigentlich erst im Jahr 1862 begann der Gedanke an die Nothwendigkeit eines organisirten Schlachthauszwanges festen Fuß zu fassen. Es hat aber noch eine lange Weile nachher gedauert. Erst im Jahre 1881 wurde der Central-Schlacht- und Viehhof dem öffentlichen Verkehr übergeben, und die rationelle, stricte durchgeführte Fleischuntersuchung, d. h. die Untersuchung des lebenden und des geschlachteten Viehes datirt erst seit dem Jahre 1883.« – –

Diese Auskunft eröffnet einen recht bedauerlichen Rückblick darauf, welch' große Anzahl von Menschen wohl in jenen Zeiten allerlei unaufgeklärten Krankheiten zum Opfer gefallen sein mögen, die man heute leicht auf perlsüchtiges, trichinöses oder finniges[38] Fleisch zurückführen könnte! – –

Wir leben heute im Zeitalter der hochentwickelten Wissenschaftlichkeit. Genauer gesagt im Zeitalter der Anwendung der Wissenschaften auf die alltäglichsten Dinge unseres irdischen Daseins. Lernen doch heute unsere höheren Töchter »Küchenchemie«. Kein Wunder, wenn jetzt auch den ganzen Betrieb des Schlachthofes sozusagen ein Hauch von Gelehrsamkeit, d. h. von äußerst praktischer Gelehrsamkeit durchweht. Wenn sie sich auch nicht auf die robusten Ausüber des blutigen Handwerks und seiner Nebenzweige erstreckt, – sie lauert doch gewissermaßen im Hintergrunde und führt die nüchterne Praxis am unsichtbaren Gängelbande.

Meine Führer versetzten mich sofort mitten in diesen Eindruck hinein, indem sie mich in ein kleines, mit dem Fleischschau-Institut in Verbindung stehenden anatomisch-pathologisches Museum geleiteten, welches einen durchaus wissenschaftlichen Eindruck machte mit all seinen wunderlichen Standgläsern, in denen sich Spirituspräparate von kranken Thiertheilen, mit seinen Schränken, in denen sich monströse Mißgeburten, vom Strahlenpilz bis zur schwammartigen Consistenz zerfressene Knochengerüste, mehrpfündige Magensteine, Thiermagen entnommen, u. a. m. befinden. Ich habe diesen Eindruck der Wissenschaftlichkeit, der sich an dieser Stätte offenbart, auf der ganzen Wanderung durch den Schlachthof mit mir herum getragen, und er hat mir eine große Anzahl der dortigen praktischen Einrichtungen gewissermaßen erklärt.

Die allgemeine Physiognomie des Schlachthofes, der ein Areal von 31 Morgen umfaßt und auf welchem jetzt 171 Schweineschlächter und 268 Schlächter für Wiederkäuer beschäftigt sind, läßt sich etwa dahin charakterisiren, daß dort das Leben mit dem Tode immer mit peinlichster Regelmäßigkeit alternirt. Vom Stall zum – Mordhause ist da immer nur ein kurzer Schritt. Sieben Schlachthäuser sind im Ganzen vorhanden. Langgestreckte Gebäude, mit Steinfliesen ausgelegt und breiten Pforten: vier Rinderschlachthäuser parallel zur Eldenaerstraße, drei Schweineschlachthäuser senkrecht zu dieser Richtung. Zwischen jedem Rinderschlachthaus liegt, ebenso lang, nur etwa um die Hälfte schmäler, ein Rinderstall. Die drei Schweineschlachthäuser sind von zwei von sehr lärmenden Geschöpfen gefüllten Schweineställen flankirt. Der Pfad ist nicht übermäßig breit zwischen den einzelnen Gebäuden, aber der Contrast ist groß. Mit geschäftiger Eile führen da die kräftigen Schlächtergestalten ihre brüllenden oder grunzenden Opfer aus den Hallen des muntern oder beschaulichen Thierlebens in die gegenüberliegenden Hallen des Todes. Blutlachen, die aus dem offenen Portale dieser Hallen heraustreten und sich in feinem Gerinnsel über den Mittelweg verbreiten, deuten schon die trübselige Arbeit an, die da verrichtet wird.

Einen wirklichen Begriff von dem Wesen eines Schlächters macht man sich erst an jener Stätte. Der wohlgenährte, rothbackige Herr, der uns hinter dem Ladentisch seinen Lachsschinken in sauberes Papier einschlägt, der blitzsaubere Jüngling, der mit der appetitlichen Mulde auf der Schulter Morgens an der Hinterthür der Wohnung antritt, um unserer Jette oder Rieke das bestellte Deputat Rinderfilet mit freundlichem Schmunzeln und harmlosen Liebesblicken einzuhändigen – er gewährt uns kein echtes Bild von dem, was ein Schlächter ist.

Man muß diese kräftigen, muskulösen Gestalten mit den aufgekrempelten Aermeln und den grauen Kitteln dort in der Schlachthalle hantieren sehen, das scharfe Messer lang an der Seite herabhängend, den Schlachthammer in der Hand, blutbefleckt, von Anstrengung geröthet, ruhig, ernst, schweigsam, nicht mit rohem Ausdruck, aber doch mit einem wildem Blick im Auge, dann erst sieht man das wahre Gesicht.

– »Was halten Sie von der Schlachtmaske?« frage ich meinen Führer durch die blutgetränkten Pfade.

– »Nicht viel! Nach meiner Erfahrung hat sie sich nicht bewährt. Die Anwendung der mit einem Stachel versehenen Schlachtmaske erfordert, wenn nicht eine entsetzliche Qual dem Thiere bereitet werden soll, eine weit größere Geschicklichkeit auf Seiten des Schlächters, als der sofort betäubende Schlag mit dem Hammer. Häufig bohrt sich der Stachel in die Hirnschale ohne zu tödten und verursacht dem Thiere sichtlich einen grauenvollen Schmerz. Wir sind nach vielfachen Versuchen hier von der Schlachtmaske völlig abgekommen!« –

Wir treten eben vor einen Schlachtraum, in welchem eine »Schächtung« vollführt wird, d. h. die Tödtung eines Rindes unter Beobachtung der jüdischen Ritualvorschriften.

Das Thier wird an dem Ring, der aus einer am Boden befindlichen Eisenplatte hervorragt, befestigt. Mit geübtem Rucke herniedergezogen, stürzt es zu Boden, die Beine werden gefesselt, die Kehle ist nach oben gerichtet. Im Momente des Niederstürzens erscheint im Hintergrunde der Schächter, eine baumlange Gestalt im weißen Kittel. Er wirft nur einen Blick auf den Vorgang und verschwindet wiederum, so rasch wie er gekommen. Die Gesellen vollenden die Fesselung. Da tritt der Schächter wiederum mit derselben lautlosen Plötzlichkeit hervor, in der Hand ein meterlanges, haarscharfes Messer. Ein rascher, geschickter Schnitt durch die Kehle, tief hinein, – mit gurgelndem Laut entströmt das Blut den geöffneten Adern. Wortlos, wie er gekommen, verschwindet der Schächter. – »Der Tod tritt rasch ein in Folge der rapiden Verblutung«, bemerkt mein Begleiter. »Sowie aber die Blutleere in Gehirn und Rückenmark eintritt, zeigen sich die gewaltigsten Reflexbewegungen in den Muskeln, selbst nachdem Leben und Bewußtsein längst geschwunden!« – In der That. Mächtige Zuckungen durchbeben den Thierkörper noch einmal. Dann liegt er still, wird eilig entfesselt und an einer Winde in die Höhe gezogen, um gehäutet und kunstgerecht zertheilt zu werden. Die Schnelligkeit, mit welcher der Akt sich vollzieht, nimmt viel von seinem nervenerschütternden Eindruck hinweg. Es ist nicht so leicht festzustellen, welche von den Schlachtarten die humanere ist. Geschick und Uebung, Sicherheit der Ausführung spielen dabei die hervorragendste Rolle.

Die auf dem Schlachthofe vertheilten 19 Gebäude sehen insgesammt ziemlich einförmig aus. Wollte man sie von der Vogelperspective aus betrachten, so würden sie wahrscheinlich den Eindruck einer der bekannten Häuser-Complexe von unantastbarer Regelmäßigkeit machen, wie sie den Spielzeugschachteln unserer Kinderzeit entstammen, belebt von Bäumen mit steifen Hobelspanblättern und Männlein und Weiblein mit ebenso steifen wie soliden Beinen von Holz, den obligaten hölzernen Rasenfleck unter den Füßen. – – Durch die Bank sind es langgestreckte Baulichkeiten, in gelben oder rothen Verblendsteinen ausgeführt, einige mit Schiefer, einige mit Dachpappe gedeckt, deren Einrichtung, allerdings einschließlich der seinerzeit gezahlten Entschädigung an Privatschlachthaus-Inhaber, ca. 5½ Millionen gekostet hat. Man sieht – hier entfernen wir uns also von dem wohlfeilen Idyll in jener Spielzeugschachtel. Und das Menschenmaterial! – Die Zahl der Schlächter habe ich schon angegeben; nun kommen aber noch, abgesehen von allerlei Bureaubeamten und Hilfspersonen, allein mehr denn 400 Personen für den Bereich der Fleischschau hinzu. Die Thierärzte, Probenehmer, Stempler, Mikroskopiker etc. consumiren einen Jahresgehalt von über 300 000 Mk., während die sonstigen Gehälter und Arbeitslöhne sich auf über 200 000 Mk. belaufen, so daß die Jahresrechnung des Schlachthofes einschließlich

Fleischschau – wohlverstanden lasse ich den Viehhof immer völlig außer Augen – mit ca. 1¼ Millionen in Einnahme und Ausgabe balancirt.

Während ich auf meiner Wanderung diese etwas trockenen Angaben meinem Notizbuch einverleibte, war ich mir bewußt, daß man durch diese Zahlen, selbst wenn man nicht da oben in der Eldenaerstraße steht und der rastlosen, blutigen Arbeit zusieht, dem Brüllen der zahllosen Todescandidaten widerwillig lauscht, zu einem imponirenden Bilde von dem Umfange dieses Instituts gelangt, in welchem nach dem Ausweis des letzten Jahresberichts weit über eine Million Thiere vom Leben zum Tode befördert wurden.

»In gewissem Sinne ist der Schlachthof eine Art Barometer für die wirthschaftliche Lage der Bevölkerung« – erklärte mir Herr Director Hertwig. – »Daß die harten Zeiten das Publikum zwingen, seinen Fleischconsum einzuschränken, konnte man an der Schlachtscala recht wohl ablesen. 1890–1891[39] gab es 57000 weniger Schlachtungen als in dem vorhergehenden Berichtsjahre. Das ist, zieht man noch die Zunahme der Bevölkerung hinzu, sehr beträchtlich!«

»Scheidet denn nun die Fleischschau viel Material aus? Wird ein sehr erheblicher Theil beanstandet?«

»Das ist verschieden in jedem Jahre. Von jener Million geschlachteter Thiere des letzten Jahresberichts mußten rund 6000 zurückgewiesen werden.«

Der Gehör- und Geruchsinn hatte uns inzwischen die Nähe der Schweineschlachthallen vermittelt. Da grunzen und schnaufen die wohlgenährten Rüsselthiere so gemüthlich in ihren »Buchten« umher, als wäre meilenweit nichts von strammen Schlächtergesellen mit aufgekrämpelten Aermeln und lauernden Blicken zu sehen, welche plötzlich, mit dem langstieligen Knopf-Hammer in der Hand, mitten unter sie treten, um »fürchterliche Musterung« zu halten. »Todtschlagsbuchten« ist der technische Ausdruck für diese Verschläge, welche sich in der Mittelhalle des Schlachthauses an der Innenseite befinden. Das Grunzen wird lauter, wenn der Schlächter in die Bucht eintritt und den Hammer erhebt. Mit Geschick sucht er sich seine Beute in die rechte Stellung zu bringen. Ein Schlag auf den Hinterkopf, ein Schrei, secundirt von dem Gebrülle der andern Todescandidaten, und – das Schwein liegt zuckend, rasch verendend auf der Seite, um sofort nach einem der in der Mitte der Halle liegenden, mit Dampf geheizten Brühbottiche geschleppt zu werden. Den weiteren Verlauf der Dinge brauche ich ja nicht zu beschreiben. Jedes Kind weiß, welchen Schicksalspfad das Schwein vom Brühbottich bis zum geräucherten Zustand der »Wurstigkeit« durchmacht. Verschiedene Dichter, die jedenfalls auch Thierpsychologen waren, haben dem Schwein eine gewisse Veranlagung zur Glückseligkeit angedichtet. Ist doch »Schwein« sogar eine populaire, selbst in süßer Marzipanform zum Ausdruck gelangende Bezeichnung für Glück geworden. – Ich finde das im Berliner Schlachthof bestätigt: Das Schwein hat unbedingt ein rascheres Ende als das Rind.

Es bedarf wohl kaum der Erwähnung, daß für Ventilation und Abfluß reichlich gesorgt ist. Letzterer geschieht einfach durch Gullies – ist doch die Schlachthofanlage an die Kanalisation angeschlossen. Erstere, die Ventilation, ist schon durch die Anlage der Fenster mit drehbaren Flügeln erleichtert; dann liegen aber auch in den Längsmauern der Mittelhalle Ventilationsrohre, die bis über das Dach hinausführen und mit den bekannten Luftsaugern versehen sind. Unten in den Kellern hängen ebensowohl die mächtigen Rinderviertel oder Schweinehälften wie oben in den Schlachtkammern. Da heißt es denn einen stetigen Luftwechsel herbeiführen, welcher dadurch erzielt wird, daß die gegenüberliegenden Keller durch weite Thonrohre mit einander in Verbindung gebracht sind. Die Schlachtkammern, wie die höhere Mittelhalle, welche ihr Licht am Tage durch die Fensteröffnungen in den Seitendächern erhalten, sind mit sauberen Fliesen gedeckt, von denen die Blutlachen, die Zeugen der unbarmherzigen, aber für den Riesenmagen der Weltstadt nothwendigen Arbeit, gar bald verschwinden. Zieht man die Menge von Abfällen in Betracht – wenn man mit diesem despectirlichen Namen alles das bezeichnen will, was von den Schlachtthieren nicht als directe Eßwaare auf den Markt gelangt, sondern zu weiteren industriellen Zwecken verarbeitet wird – denkt man also an diese Menge von Abfällen, so erscheint das nur in sehr geringem Grade bemerkbare Vorhandensein übler Gerüche, selbst in der ominösen Nähe der Kaldaunenwäsche, wo allerlei Köpfe gebrüht und Gedärme gewaschen und entschleimt werden, erstaunlich. Ich nehme, wie gesagt, die Region der Borstenthiere einigermaßen aus, doch – das ist ja eine erbliche Eigenthümlichkeit dieses so werthvollen Thieres, an welcher es im Leben ebenso zähe fest hält, wie im Tode.

Wenn ich vorher von dem Geiste der Wissenschaft sprach, welcher über diesem ganzen Betrieb weht und waltet, so schwebte mir ganz besonders das Gebiet der Fleischschau vor, welche ja auch in der That gewissermaßen die Veranlassung zu der Centralisirung des Schlachtwesens geworden ist.

Wir können die einfache, aber wichtige Thatsache hinstellen: Es kommt kein Stück Schlachtvieh auf den Berliner Markt – von irgend welchen Winkelzügen abgesehen – das nicht den Stempel des Schlachthofes trägt, jenen blauen Stempel, welcher eben die ganze sanitäre Fürsorge der Stadtverwaltung zum Ausdruck bringt. Sie beginnt schon auf dem Viehhofe, der nicht im Rahmen meiner heutigen Betrachtung liegt, durch die Inaugenscheinnahme des lebenden Viehs seitens der Thierärzte, sie erstreckt sich aber weiterhin und verfeinert sich dort zu einer bis ins minutiöseste Detail gehenden Anwendung der modernsten veterinair-wissenschaftlichen und sonstigen medicinischen Errungenschaften – auf das geschlachtete Fleisch an den Stätten, die wir soeben im Fluge betrachtet.

»Wir haben eine makroskopische und eine mikroskopische Untersuchung«, erklärte mir mein unermüdlicher Führer. »Die erste untersucht das Fleisch im Allgemeinen, sowie das Blut, die Eingeweide etc. mit bloßem Auge, stellt Krankheiten fest, bedient sich allerdings hierbei auch des Mikroskops behufs näherer wissenschaftlicher Ermittelungen. Die mikroskopische Untersuchung umfaßt lediglich das Gebiet der Trichinenschau. Sie wird wohl von den Männern der Wissenschaft überwacht, aber ausgeführt von Damen und Herren, die früher ganz anderen Berufsständen angehörten und zum Gebrauche des Mikroskopes besonders ausgebildet worden sind!« – –

– »Ich darf annehmen, daß der Zudrang zu der Fleischbeschau-Beschäftigung ein ziemlich starker ist.«

– »O ja«, erwiderte lächelnd Herr Director Hertwig. »Namentlich von Seiten des weiblichen Geschlechtes. Es wäre recht gut, wenn öffentlich erklärt würde, daß momentan für Neuanstellungen von Fleischbeschauerinnen keinerlei Aussicht ist!« – –

Wir sahen uns die Räume der Trichinenschau an, welche sich im ersten Stockwerk des dritten Rinderstalles befinden. Eine Beschreibung des Vorganges dieser mikroskopischen Arbeit, wie die Probenehmer an den genau vorgeschriebenen Körpertheilen des Schweines die kleinen Fleischstücke entnehmen, sie in kleine Blechschachteln thun, deren Nummern mit denen des betr. Schweines übereinstimmen, wie alsdann die Fleischbeschauer von den vier Proben eines jeden Schweines auf ihrem »Compressorium«, dem langen Untersuchungsglase, welches unter das Mikroskop gebracht wird, je sechs, im Ganzen also 24 Präparate anfertigen, – das habe ich meinen Lesern bei Gelegenheit eines früheren »Reporterstreifzuges« nach der Stätte der nächtlichen Fleischschau bei der Centralmarkthalle ausführlich beschrieben.[40]

»Was verdient ein Fleischbeschauer?« fragte ich meinen Führer.

»Während Abtheilungsvorsteher und Probenehmer – letztere untersuchen übrigens beim Entnehmen der Probe das Schwein auch auf Finnen – in festem Gehalt stehen, participiren die Fleischbeschauer an den für die Untersuchung gezahlten Gebühren. Diese Gebühren werden zwei Mal im Monat unter sie vertheilt. Im Durchschnitt verdient dabei ein Fleischbeschauer 1400 Mark jährlich!« – –

Es sind im Ganzen sechs Trichinenschau-Abtheilungen auf dem Schlachthofe vorhanden. Zwei davon sind dem schönen Geschlechte zugefallen. In langen Reihen, stumm in ihre Mikroskope blickend oder mit den Pincetten Präparate machend, sitzen die Damen dort an den Tischen. Es macht einen ganz eigenartigen Eindruck, diese über die Instrumente geneigten Frauenköpfe zu sehen, ohne daß man das fröhliche Geplauder hört, welches sonst das Charakteristicum einer großen Damenversammlung ist. – – –

»Ich habe von interessanten Versuchen gehört, welche den Zweck haben, Fleisch selbst kranker Thiere für den Consum zu erhalten«, fragte ich den Leiter der städtischen Fleischschau. »Können Sie mir darüber Auskunft geben?« – »Das ist allerdings richtig. Die Fleischschau hat sowohl einen sanitairen, als auch einen volkswirthschaftlichen Zweck. Sie soll nicht nur gesundheitsschädliches Fleisch vom Consum ausschließen, sondern auch Fleisch für den Consum erhalten. Die stricte Befolgung dieses Grundsatzes hat uns zu den Versuchen hingeleitet, das Fleisch von gewissen erkrankten Thieren, welches durch ein bestimmtes, auf wissenschaftlichen Erfahrungen beruhendes System der Gesundheitsgefährlichkeit beraubt werden kann, gewissermaßen dem Publikum zu retten. Natürlich kann es sich hier nur um solches Fleisch handeln, welches absolut nicht ekelerregend ist.«

Wir gelangten zu dem Raume, wo der Becker-Ullmann'sche Kochapparat aufgestellt ist, in welchem schwachfinniges Rind- und Schweinefleisch in sogenannten Kannen durch Zulassung von Dampf in das Wasser zwei Stunden lang in einer Temperatur von 70° C. gekocht wird. Richtig ausgedrückt, werden die eingelegten Fleischstücke in ihrem Innern auf der Temperatur von 70° erhalten, einer Temperatur, bei der nachgewiesenermaßen jede Finne absterben und daher unschädlich gemacht werden muß! Begreiflicherweise findet dieses Fleisch ebenso wohl, wie die Brühe desselben, zu billigen Preisen verkauft, einen sehr reichlichen Absatz.

In diesem Punkt heißt es Vorurtheile überwinden. Wenn man hört, daß neuerdings auf unserem Schlachthofe mit Hilfe des Rohrbeck'schen Desinfections-Apparats, freilich nur versuchsweise, sogar tuberculöses Fleisch durch Erhitzung auf 100° Celsius – ein sinnreich construirter, electrischer Apparat, der das Fleisch mit einer draußen befindlichen Signalglocke verbindet, giebt durch Läuten an, daß jener enorme Hitzegrad erreicht ist – von den schädlichen Bacillen befreit wird, so klingt das anfangs wohl etwas »gruselig«. Man muß sich aber klar machen, daß thatsächlich hierdurch objectiv genießbares, unschädliches, in keiner Weise weder für den Gesichts- noch für den Geruchssinn ekelerregendes Fleisch gewonnen wird, daß, wie Herr Director Hertwig mir sagte, jährlich circa 1200 Rinder und 17 000 bis 19 000 Schweine für Nahrungszwecke durch diesen Apparat erhalten werden können. Dann wird man der Wissenschaft Dank wissen können, daß sie ein Mittel gefunden, den wirthschaftlichen Schäden, welche derartige Infectionen des Fleisches verursachen, die

Spitze abzubrechen. Die Sache gewinnt dadurch so leicht ein Odium, daß es immer heißt: Die armen Leute müssen das Schlechte, das Minderwerthige essen. – Nun, so vergegenwärtige man sich einfach, daß dieses Fleisch nach der kurz angedeuteten Behandlung in Wahrheit weder schlecht noch minderwerthig ist, und lasse sich von dem Gedanken leiten, daß dieses, »wissenschaftlich gerettete« Fleisch nicht eine Art von Almosen für die Armen zu sein braucht, sondern eben für Arm und Reich gleich genießbar erscheint. Unter den sanitairen und wirthschaftlichen Vortheilen, welche wir dem trefflich organisirten Institut, das wir jetzt durchwandert, zu verdanken haben, ist dieser sicherlich einer der bedeutendsten, einer der erfreulichsten.

Berliner Wasser

Als der altgriechische Lyriker Pindar den vielgenannten Ausspruch »*ἄριστον μὲν ὕδωρ*« that, und somit das Wasser als »das Beste« erklärte, hat er offenbar keine Ahnung von der Grundwasser-Alge gehabt, welche den klangvollen Namen crenothrix polyspora führt, und deren Name vor Jahren in Berlin erschrecklich oft genannt wurde. Es war Ende der siebziger Jahre, als man das Tegeler Leitungswasser noch aus Brunnen gewann. Da fand sich nach und nach das obengenannte Wasserthier im Berliner Leitungswasser, und die Klage war groß. Die Crenothrix wurde in Spottliedern besungen, sarkastische Couplets beschäftigten sich mit dem Berliner Leitungswasser, und der Volksmund, der bekanntlich die Backen immer etwas voll zu nehmen beliebt, übertrieb die Angriffe auf unser Leitungswasser derart, daß sicherlich einige nicht kundige Thebaner die Crenothrix für eine Art von im Wachsthum zurückgebliebenem Krokodil gehalten haben. – Diese Crenothrix-Periode ist verschwunden, seit man in Tegel die Brunnen zugedeckt hat, aber die Wahrheit des Pindar'schen Ausspruches vom Wasser ist – ganz abgesehen von der Vermehrung der Bierkneipen – selbst in Bezug auf das Berliner Leitungswasser doch noch nicht in den Köpfen aller Einwohner Berlins durchgedrungen. Erst die letzten Tage und Wochen, in denen das Wort »Verseuchung« eine so große Rolle spielte, haben bewiesen, daß man in sehr vielen Kreisen doch noch unser Leitungswasser mit einem gewissen Mißtrauen ansieht und sich selbst durch die Thatsache der Filtrirung dieses Wassers an den Schöpfstellen desselben nicht so recht beruhigen läßt. Wenn man zwar Jemanden fragen würde, ob er denn irgendwo etwas darüber gelesen oder gehört hätte, daß wirklich das Vorhandensein der berüchtigten Komma-Bacillen im Wasser der Spree, oder der Havel, oder in einem der von diesen Flüssen gespeisten Seen und Kanäle durch das Mikroskop objectiv festgestellt worden ist, so würde er wahrscheinlich mit dem Kopfe schütteln. Aber das ändert nur wenig an der Sache. Es ist soviel von verseuchtem Wasser gesprochen worden, daß schließlich auch auf das Berliner Leitungswasser allerlei directe Verdachtsschatten fielen und man selbst nach dem Händewaschen in ungekochtem Wasser das Gefühl hatte, als wäre es nunmehr eine unabweisbare Pflicht, sein Testament zu machen.

Dieser Umstand, aber noch viel mehr die aus sehr vielen Anzeichen sich ergebende Erscheinung, daß nur ein sehr geringer Procentsatz der Berliner Bevölkerung über die Verhältnisse der Berliner Wassergewinnung, über die Einrichtungen unserer Wasserwerke orientirt ist, führte mich an einem trüben Morgen hinaus nach Tegel und von da – eine recht niedliche Distanzfahrt – nach dem Stralauer Thor, um nach vorher eingeholter Bewilligung des Directors unserer städtischen Wasserwerke, Herrn Henry Gill, an der Quelle die Quellen unseres Wassers zu studiren, das unter dem Straßenpflaster in einem Rohrnetz von insgesammt etwa 96 deutschen Meilen sich ergießt. – –

Es kommen in der That gegenwärtig nur Tegel und das Stralauer Thor in Betracht. Sind dieses doch unsere einzigen Schöpfwerke, während die anderen drei: in Westend, am Windmühlenberg und am Tempelhofer Berg lediglich die Arbeit der Wasservertheilung übernehmen. Am Müggelsee ist ein neues Wasserwerk im Bau, welches, wenn es einst in vollem Betriebe sein wird, das nach mancher Richtung hin den modernen Verhältnissen nicht mehr entsprechende Wasserwerk am Stralauer Thor zu ersetzen bestimmt ist und Berlin unter Zuhilfenahme einer Zwischenstation in Lichtenberg mit Wasser versorgen wird.

Das Wasserinstitut – es sind eigentlich zwei, ein älteres und ein neueres, – ist in Tegel sehr malerisch gelegen. Der große Tegeler See liegt in idyllischer Ruhe da, umsäumt von dichten Baumgruppen, aus denen man nur hier und da hellfarbige Villenanlagen schüchtern hervorblicken sieht. Mein erster Eindruck beim Betreten des Arbeitszimmers des Hrn. Ingenieurs C. Anklamm war der, daß die Leitung dieses Wasserwerkes nicht sozusagen bureaukratisch betrieben wird, sondern von einem Standpunkte sorgsamer, praktischer Wissenschaftlichkeit. Genau so fand ich es übrigens auch am Stralauer Thor, wo Herr Ingenieur Carl Piefke das Regiment führt. Beide Herren sind gründlich erfahrene, wissenschaftlich gebildete Techniker, Chemiker und – das ist ja heute ein Hauptrequisit – Bakteriologen! Diese Thatsache wollen wir doch ja nicht unterschätzen. Für die hygienische Correctheit dieser Anlagen, oder richtiger gesagt, für die Erhaltung und Förderung derselben bezüglich der an sie zu stellenden hygienischen Anforderungen giebt uns die Persönlichkeit der Männer, welchen die Anlagen direct unterstehen, eine sehr werthvolle Garantie.

Das »Dienstzimmer« des Herrn Anklamm eröffnete mir gleich eine Perspective auf ein kleines bakteriologisches Laboratorium, in welchem der genannte Herr theils auf eigene Faust, theils – neuerdings – auch in amtlicher Eigenschaft sehr mannichfaltige, wissenschaftliche Beobachtungen bezüglich des »Berliner Wassers« macht. Mein Verlangen, »Culturen« zu sehen, erfüllte Herr Anklamm aufs Bereitwilligste. Auf einer mit der üblichen Gallertmasse überzogenen Glasplatte sieht man eine Menge weißlich gefärbter, erhöhter

Punkte oder Bläschen zu einzelnen Gruppen oder »Colonien«, wie man das in der Bakteriologie nennt, vereinigt.

»Das sind Bakterien-Colonien, aus unfiltrirtem Tegeler-Wasser gezüchtet. Eine ganze Menge, wie Sie sehen. Und nun betrachten sie diese andere Glasplatte, welche Züchtungsresultate aus filtrirtem, also aus Tegeler Leitungs-Wasser enthält.«

Ich sah nur zwei ganz vereinzelte Bläschen. »Bakterien unschuldigster Natur, ebenso unschuldig, wie wir sie zu Tausenden auch mit der Luft tagtäglich einathmen«, fügte Herr Anklamm hinzu.

Jedenfalls ist hierdurch immerhin die Thatsache erwiesen, daß g a n z »keimfreies« Wasser auch nach der Filtrirung nicht erzeugt wird.

Naturgemäß interessirte mich die Frage, mit was für Wasser wir es eigentlich im Tegeler See zu thun hätten. Ob er unterirdische Quellen hat, ist noch nicht festgestellt, wie ich erfuhr. Auf jeden Fall wird er von der Havel gespeist.

»Wie sieht es nun aber mit der Verunreinigung des Wassers in dem Röhrensystem aus, nachdem es, filtrirt, demselben durch die Maschinen des Wasserwerks übermittelt worden ist?« fragte ich.

»Die einzige Verunreinigung, welche alsdann noch möglich ist, wäre eine solche durch Eisenoxyd (Rost) und durch Vermehrung der vom Filter durchgelassenen unschädlichen Algen.«

Unsere Hausfrauen erheben zuweilen ein großes Geschrei, wenn das Wasser hier und da einmal etwas gelblich aussieht. Das ist einfach eine Färbung durch Eisenoxyd und, wie leicht diese durch die Art und Weise des Wasserabzuges geschehen kann, bewies mir Herr Anklamm an der Wasserleitung in seinem eigenen Zimmer. Es machte ordentlich einen tragischen Eindruck, an der köstlichen, reinen Quelle, so und so viel Schritt von den gigantischen Filteranlagen, eine gelblich gefärbte Flüssigkeit dem Hahne entrinnen zu sehen. Aber das Experiment ist höchst einfach, vorausgesetzt, daß man es mit einer etwas alten Zuleitungsröhre zu thun hat. Oeffnet man den Hahn und läßt das Wasser ad libitum fließen, so entströmt ihm eine durchaus klare Flüssigkeit. Oeffnet und schließt man aber den Hahn mehrere Male hinter einander, so daß das Wasser gewissermaßen ruck- und stoßweise mit starkem Druck herauskommt, so hilft der häufige und kräftige Gegendruck, welcher durch das wiederholte, schnelle Absperren erzeugt wird, Eisenoxyd von der Röhrenwandung loslösen, und das Wasser färbt sich nach und nach immer dunkler.

Ueber Karten und Pläne gebeugt, hielten wir uns eine geraume Zeit in dem kleinen Arbeitszimmer auf, indem mir Herr Anklamm mit dankenswerthester Unermüdlichkeit die Theorie unserer Wasserversorgung explicirte. Ich erfuhr da, daß täglich – um die Maximalmenge anzugeben – 90 000 Kubikmeter, also 90 Millionen Liter Wasser durch die Tegeler Wasserwerke via Westend-Charlottenburg in die Stadt hineingesandt werden können. Den Rest besorgt dann das Wasserwerk am Stralauer Thor, welches ohne Zwischenstation arbeitet, also sein Wasser direct in die Hauptrohre der Leitung abgiebt. Eine kolossale Quantität. Da möchte man wahrlich fragen, ob denn der Tegeler See diese beständige Massen-»Anpumpung« aushält. Mein freundlicher Instructor illustrirte diesen Gegenstand durch die Mittheilung, daß der eine Meter, welcher zwischen dem sommerlichen und winterlichen Wasserstande des Tegeler Sees die Differenz ausmacht, für die Wasserversorgung Berlins auf ein ganzes Jahr genügt! – –

Die Frage liegt für den Laien sehr nahe, warum denn Tegel sein Wasser nicht direct spendet, sondern sich der Vermittelung der Wasserstation in Westend bedient. Die Antwort liegt in den einschlägigen Terrainverhältnissen. Kräftiger Druck ist die Seele einer guten Wasserzuleitung. Nun liegt Berlin, bis auf die beiden Hochstadtdistricte, im Nordosten und Südwesten, welche um 10 Meter höher sind, in der Ebene. Die Wasserstation in Westend, deren Reservoirs 37000 Cubikmeter Wasser aufspeichern können, ist um 25 Meter höher gelegen, als Tegel. Die kolossalen Pumpmaschinen oder richtiger Förderungsmaschinen in Tegel drücken mit einer Kraft von drei Atmosphären die Wassermassen nach Westend, dort greifen abermals Druckmaschinen mit einer Kraft von 3 Atmosphären ein, so daß das Wasser mit 6 Atmosphären Druck, und dabei noch sozusagen bergab gehend, in die Ebene von Berlin spedirt wird.

Herr Anklamm holte aus einem Schränkchen eine Flasche, auf welcher die Aufschrift zu sehen war: »Seewasser, entnommen am 20./11. 78, auf Ballon gefüllt 1882« – also ein Tränklein aus dem Tegeler See im ehrwürdigen Alter von vierzehn Jahren. Es sah so klar aus, wie Krystall! Kein Wunder, wenn meine Phantasie zum »grünen« Strand der Spree hinüberflog, ich an die verschiedenen »Graulichmachungen« der letzten Wochen hinsichtlich des Spreewassers dachte und nicht ganz ohne Beklemmungen mit Hinblick auf meine eigene Privatadresse Herrn Anklamm fragte: »In welchen Stadttheilen bekommen wir denn filtrirtes Tegeler, in welchen filtrirtes Spreewasser zu trinken?«

»Das ist nicht ganz bestimmt zu sagen. Es giebt eben Punkte, wo sich die Wasser begegnen, wo bald Spreewasser, bald Tegeler Wasser, je nach dem Verbrauche in die Röhren fließt. In der Hauptsache wird von Tegel resp. Westend aus der Norden, das Centrum, der Westen und Südwesten der Stadt versorgt. Doch giebt es im Südwesten auch Wasser von den Werken am Stralauer Thor, dessen Hauptgebiet freilich Berlin SO., NO. und O. ist.«

Ich kann hierbei constatiren, daß man nicht ohne Noth gerade den Tegeler See als Wasserspender gewählt hat. In den Jahren 1868 bis 1872 hat der Civil-Ingenieur Herr Beitmeyer alle Gewässer rings um Berlin, noch bevor die Wasserversorgung Berlins seitens der Stadt der englischen Gesellschaft abgenommen worden war, qualitativ und quantitativ untersucht, und auf diesem Wege ist man denn zum Tegeler See als der nach den verschiedensten Richtungen hin geeignetsten Schöpfstelle für den sich ständig vermehrenden Wasserverbrauch Berlins gelangt.

»Und nun – wie steht es mit der Untersuchung des Wassers?« fragte ich. »Es wird ja zwar auf den Werken filtrirt, aber man hat in letzter Zeit so viel von den angeblichen Unzulänglichkeiten der Filter gesprochen, von der Gefahr, daß sie erschöpft werden könnten!?« Ich glaube, ich sah ein etwas ironisches Lächeln an den Mundwinkeln meines Mentors.

»Beruhigen Sie sich. Abgesehen von meinem Untersuchungs-Laboratorium, welches Sie ja gesehen haben, wird das Wasser in Proben, die an zehn verschiedenen Stellen der Leitung entnommen werden, im hygienischen Institut sehr sorgfältig, natürlich auch bakteriologisch untersucht. Das Seewasser selbst, also das unfiltrirte, wird ebenfalls wissenschaftlich geprüft.«

Damit fällt also die vielfach gehegte Befürchtung, daß die letzthin stattgehabten Erhebungen über die Qualität unseres Leitungswassers nur so eine Art von Cholera-Angst-Untersuchungen waren, in sich selbst zusammen. Es ist erfreulich, in allen unseren städtischen Instituten – ich habe das auf meinen vielfachen Streifzügen so oft schon constatirt – eine solche gesunde, vorsorgende Systematik zu finden.

Aber wie wird filtrirt, wie sehen die Filter aus, wie gelangt das Wasser in dieselben? Diese Fragen führten uns aus dem Sanctuarium des Herrn Betriebs-Ingenieurs hinaus in die

Anlagen der älteren und neueren Tegeler Wasserwerke, in denen es übrigens auch an hübschen, gärtnerischen Anlagen nicht fehlt. Auch das trägt dazu bei, der ganzen Sache einen, sagen wir: appetitlichen Anstrich zu geben. Ich nahm mir gleich darauf vor, den Genuß Pilsener Bieres einzuschränken und mich mehr mit dem Leitungswasser vertraut zu machen. Natürlich abgekocht, mit Salzsäure und einem Schuß Rum! Immer nach behördlicher Vorschrift!

Zu meiner Schande muß ich gestehen, daß ich mir einen Wasserfilter, selbst einen solchen, der die Fluthen eines Flusses oder Sees relativ keimfrei machen soll, wohl verführt durch gewisse Vorstellungen von Filtern an den häuslichen Wasserleitungen, ganz anders vorgestellt habe, als ich ihn in Tegel und dann am Stralauer Thor zu sehen bekam. Ich schöpfe aber einen unendlichen Trost aus dem Gedanken, daß wohl neunzig Procent der Leser dieser Zeilen von dem fraglichen Apparat genau ebenso unklare Vorstellungen haben, wie ich sie hatte.

Den Vorgang der Filtration an sich wird ja wohl schließlich Jeder verstehen, der einmal Kaffee durch einen Filztrichter gegossen oder trüben Wein geklärt hat, indem er denselben durch ein sauberes Leinwandläppchen rinnen ließ. Seit die Wissenschaft der Hygiene aber eine gewisse Popularität erlangt hat – möchte diese Popularisirung namentlich durch den Einfluß der Volksschule doch in immer erweitertem Maße fortschreiten! – seit man den Werth der Reinheit des Wassers auch in den nicht fachwissenschaftlich gebildeten Volksschichten mehr kennen und schätzen gelernt hat, vor allen Dingen, seit die Kunde von den kleinen, unsichtbaren Lebewesen, die theils harmlos, theils mehr oder minder krankheitserregend unser Grundwasser und unser Strom- oder Seewasser bevölkern, ist der Begriff Filter auch in seiner wissenschaftlich-technischen Form schon in die Kenntnißsphäre der Hausfrauen, höheren Töchter, ja selbst vieler intelligenter Küchenfeen eingetreten. Man weiß also jetzt überall, daß es gewisse poröse Massen – natürliche oder künstlich hergestellte – giebt, welche die Eigenschaft haben, den größten Theil jener uns mehr oder minder feindlich gesinnten, mikroskopisch kleinen Geschöpfe, die das Wasser enthält, zu absorbiren. Wo es nun, wie bei unseren Wasserwerken, Tausende, ja Millionen von Litern Wasser von jenen natürlichen Zusätzen zu reinigen gilt, da muß natürlich eine Filtermasse genommen werden, die in großen Mengen sich darbietet und – – billig ist. Man kann ja doch schließlich nicht den Tegeler See nach und nach durch chemisch präparirtes Fließpapier in unsere Kochtöpfe, Waschbecken oder Badewannen laufen lassen.

»Unser ganzes Filtrirsystem beruht also auf der Verwendung von Sand, als Filtermasse«, erklärte mir mein freundlicher Führer durch die Anlagen von Tegel.

Ja Sand sieht man dort in der That genug, und zwar sorgfältig geebnete Hügel von schönem, klarem, nicht gar zu feinkörnigem Sande, etwa solchem, wie er als »Bausand« benutzt wird. Ich muß hier einschalten, daß wir uns im älteren Theile der Tegeler Wasserwerke befanden. Es sind da eigentlich, wie ich schon andeutete, zwei Wasserwerke, welche zwar mit einander correspondiren, aber auch jedes für sich getrennt arbeiten können. Im Jahre 1877 wurde jene erste Hälfte der Tegeler Wasserwerke, zunächst, wie ich schon eingangs mitgetheilt, als Brunnen-Anlage in Betrieb gesetzt, vom Jahre 1886 ab wurde auch die andere Hälfte der Anlage zu Ende geführt und in vollem Umfange in Betrieb genommen, nachdem die Benutzung von Brunnenwasser (Grundwasser) für den gesammten Betrieb, auf Grund sorgfältiger Erwägungen und Untersuchungen, endgiltig aufgegeben worden war. Es bedarf übrigens einer gesonderten Beschreibung der älteren und der neueren Anlagen in Tegel an dieser Stelle durchaus nicht, um dem Leser einen klaren Begriff von der Gewinnung des Berliner Wassers zu geben. Die Principien sind in allen wesentlichen Moment[ ] den beiden Theilen des Wasserwerkes durchaus übereinstimmend, und einige Unterschiede in den Details der maschinellen Anlagen, bezw. der Placirung der Filter u. s. w. können im Rahmen dieser Abhandlung nicht in Betracht kommen.

Ich sah zunächst nur niedrige, langgestreckte Mauergewölbe, die sich schanzenartig über den Erdbogen erhoben, oben mit Gras angesamt und in entsprechenden Zwischenräumen mit sog. »Lichthauben« versehen, welche mit starken Glasplatten ausgelegt sind.

Durch eine der seitlichen, gewölbten Oeffnungen treten wir in das Filterbassin ein. Auf ziemlich breiten und bequemen Bohlen geht es bergab in die Tiefe. Es ist natürlich ein leerer, ein eben gereinigter Filter, der sein ihm zugetheiltes Quantum Wasser an das Reinwasser-Reservoir bereits abgegeben hat. Eine feuchte, nach frischem Wasser duftende Luft dringt uns entgegen. Wir stehen auf einer überwölbten, weiten Sandfläche von etwa 2000 bis 2500 Quadratmetern Ausdehnung. Der Sand ist gelblich weiß und appetitlich wie Zukker-Raffinade. In bestimmten Zwischenräumen sieht man dunklere, unbestimmt gefärbte Sandhäufchen zusammengeschaufelt.

»Das ist die behufs Reinigung abgekratzte Sandoberfläche des Filters, die etwa in ein Centimeter Stärke nach Benutzung des Filters abgetragen wird«, erklärte mein Führer. »Diese Haufen verunreinigten Filtersandes werden aus dem Filter hinausgekarrt und kommen in die Sandwäsche.«

Ich hatte draußen eine Riesenschanze solchen gereinigten Sandes gesehen, schön weiß und glänzend, als käme er frisch vom Seestrande, der also in der Sandwäsche in rotirenden, durch Dampfkraft getriebenen Trommeln wieder keimfrei und zur weiteren Filterbenutzung bereit gemacht worden war.

»Und Austernbänke giebt es hier auch!?« – – Ich deutete auf einen tüchtigen Haufen Muscheln – nicht unähnlich den sehr beliebten eßbaren Miesmuscheln – welcher einen von den braunen Haufen verunreinigten Filtersandes garnirte!

»Muscheln sondern die Filter oft massenhaft ab«, lautete die Antwort. »Es ist schon vorgekommen, daß wir 28 Hektoliter von dieser sog. ›Wandermuschel‹ aus einem Filter herausgezogen haben.«

Während wir in dem nicht ganz 1½ Meter hohen Filtergewölbe standen, füllte meine Phantasie an der Hand der Erklärungen des Herrn Betriebs-Ingenieurs den mächtigen Raum mit den Fluthen des Tegeler Wassers. Aus den Abflußrohren, d. h. den Wasserrohren, die mit dem Reinwasserbassin in Verbindung stehen, fluthet zunächst bereits filtrirtes Wasser langsam über die breite Sandflache dahin, bis sie völlig bedeckt ist. Dann erst öffnen sich die großen Speiserohre, die das unfiltrirte, dem See entnommene Wasser dem Filter zuführen. Erst langsam, dann schneller, sorgsam, daß der Filtersand von den Fluthen nicht aufgewühlt werde, füllt sich das große Gewölbe bis zu seiner vollen Höhe. Die Filtrirung beginnt. – –

Wieviel Millionen jener bösartigen, unsichtbaren Geschöpfe wimmeln in den so harmlos aussehenden Fluthen. Hätten sie das, was wir Seele nennen, ich glaube, man könnte ihnen ein Gefühl des Triumphes imputiren, mit dem sie der Stunde harren, wo sie durch das Röhrennetz mit dem Wasser vergiftend, vernichtend in die Häuser und die Leiber ihrer Erbfeinde, der Menschen, gelangen werden. Aber der kluge Sinn der Menschen ruft ihnen ein Halt zu! Das Riesen-Niveau des Wassers fängt langsam an zu sinken. In 24 Stunden sikkern drei Cubikmeter Wasser durch jeden Quadratmeter der

Sandfläche. Die tückischen Bacillen, die kleinsten unter ihnen bleiben zurück, verenden wohl kläglich im Sande. Doch damit nicht genug. Unter der Sanddecke, die 700 Millimeter dick ist, liegt 90 Millimeter hoch feiner Kies, darunter eine Schicht von 80 Millimetern groben Kieses, dann wieder eine Schicht von 100 Millimetern kleiner Steine und schließlich ein 150 Millimeter starker Wall von großem Steingeröll. Es rauscht und rieselt oben. – –

Durch all' diese Hindernisse windet die Fluth sich widerwillig sickernd durch. Aller Schmutz, Alles was wir unseren Wasserleitungen fern halten wollen, bleibt zurück. Immer reiner, immer geläuterter sickert das Wasser von Schicht zu Schicht, sammelt sich in den gröberen Schichten, läuft nach der Sohle des Filters zu in der Mitte zusammen, gelangt in den Hauptsammelkanal, und durch diesen, klar, fertig für den Consum der Riesenstadt in das Reservoir für reines Wasser. –

Aus der Ferne stampfen und prusten gewaltige Maschinen, wie wir aus dem Halbdunkel des Filtergewölbes wieder an's volle Tageslicht heraufsteigen. In zwei breiten Reihen liegen je 6 und 4 die zehn Riesenfilter der alten Anlage einander gegenüber. Eben nur jenes ferne Rauschen der Maschinen, verräth das rege Leben, welches das nasse Element drunten in den unterirdischen Gewölben einfluthend und ausfluthend, nimmer ermüdend führt.

»Die eilf Filter der neuen Anlage«, sagte mein Führer, auf die »Schanzenstadt« jenseits des Weges deutend, »sind halbkreisförmig um die Sandwäscherei geordnet. – Natürlich sind niemals sämmtliche Filter in Gebrauch. Von der älteren Anlage z. B., in der wir uns jetzt befinden, sind gewöhnlich nur sieben gleichzeitig im Betriebe.«

Der Leser wird sich naturgemäß fragen, wie lange ein solcher Filter aushält. Ich stellte darüber folgendes fest: Es ist natürlich, daß im Sommer so ein Filter in kürzerer Zeit unbrauchbar wird als im Winter, wo die zahllosen Wasserhähne der Residenzstadt ungleich seltener in Bewegung gesetzt werden.[41] Dazu genügen im Hochsommer oft zehn Tage, während im Winter die Betriebsdauer bis auf 80 Tage steigt. Ist dann durch die regelmäßigen, nach jeder Benutzung stattgefundenen Reinigungen, d. h. die schon beschriebenen »Abschippungen« einer etwa 1 Centimeter dicken Schicht verunreinigten Sandes, die obere, die Filtersand-Schicht, etwa um die Hälfte vermindert, dann erst wird diese ganze Schicht durch frischen, ev. in der Sandwäsche gereinigten Sand erneuert, und mit frischen Kräften beginnt der Filter seine Arbeit am »Berliner Wasser«.

Und jene polternden und stampfenden Maschinen, die wir hörten? Nun, ich will den Leser mit einer Beschreibung der maschinellen Einrichtung nicht belästigen. Sie sind umfangreich genug – repräsentiren sie doch insgesammt an tausend Pferdekräfte – um eine besondere Abhandlung zu erfordern, die sich in das Labyrinth schwerverständlicher technischer Auseinandersetzungen verlieren müßte. Der Zweck dieser riesigen Dampfpumpen liegt ja auf der Hand. Sie saugen sozusagen das Wasser aus dem See, – es sind das die Schöpfpumpen – sie geleiten durch Rohrkanäle das Wasser nach den Filtern, und da, wo im Reinwasserbassin die von Bakterien nach Kräften gereinigten Fluthen sich gesammelt, greifen die Druck-Pumpen ein, um das Wasser nach Westend bezw. in das gigantische Rohrsystem zu befördern, das im unterirdischen Berlin sich weit verzweigt und seine Maschen bis in die obersten Stockwerke unserer Häuser ausdehnt.

An den Ufern des Tegeler Sees, der, wie schon bemerkt, in malerischer Ruhe seine weite Fläche ausstreckt und baumbeschattete Ufer bespült, liegen die großen Saugkammern, deren innerer Raum gegen das Seewasser mit großen Gittern abgesperrt ist. Das ist auch eine Art von Filtration. Freilich –

es giebt ja außer den Bacillen im Fluß- und Seewasser auch andere Dinge, die man abwehren muß und abwehren kann, ohne daß man ihr Vorhanden- oder Nichtvorhandensein mit Hilfe des Mikroskops zu constatiren braucht. Da gleitet ein einsames Ruderboot über den glatten Wasserspiegel. Nehmen wir an, der eifrig »petschelnde«[42] Jüngling, der darin sitzt, verlöre seinen Calabreser[43]. Diese eigenartige Wasserpflanze würde natürlich an dem Drahtgitter der Saugkammer, die übrigens im Innern noch ein Kupfersieb hat, ein unüberwindbares Hinderniß finden, falls die neckischen Fluthen etwa die Absicht haben sollten, besagte Kopfbedeckung in das Rohrsystem der Wasserwerke zu befördern. Man sieht also, der Läuterungsproceß des Berliner Wassers ist ein sehr complicirter, und viele von kundiger Menschenhand errichtete Hindernisse und Fährlichkeiten hat es zu bestehen, ehe es für würdig erachtet wird, unsere städtischen Rohrsysteme zu füllen! – –

»Ja – aber die Spree!« höre ich den Leser sagen. Der sogenannte »grüne Strand« der Spree, der aus rauchgeschwärzten Fabrikanlagen mit unangenehmen »Abwässern« besteht! Die Spree, auf der sich Schiffe über Schiffe hin- und herbewegen, allerlei undefinirbare Dinge in das Wasser befördernd! Die Spree, in welche unter Umständen sogar die Nothauslässe unserer Kanalisation ihre stygischen Fluthen ergießen müssen! – – – –

Nun allerdings – auch die Spree, diese vielgeschmähte und vielbesungene, fließt uns sozusagen in unsere Kochtöpfe hinein; wer aber aus dieser Thatsache irgend ein Gefühl des Grauens und der Angst schöpfen wollte, dem möchte ich doch empfehlen, ein kleines Plauderstündchen mit Herrn Carl Piefke, dem Ingenieur der Wasserwerke am Stralauer Thor, abzuhalten. Herr Piefke – ebenfalls erfahrener Bakteriolog, der eine reiche Zahl werthvoller Beiträge zur Frage der Wasserversorgung geliefert hat – blickt nicht ohne einen gewissen Stolz auf sein Spreewasser. Der Ausdruck Stolz klingt vielleicht etwas eigenthümlich, hat aber doch seine Berechtigung. Auch Herr Piefke führte mich in sein Sanctuarium und zeigte mir »selbstgezüchtete« Plattenculturen von Spree-Bakterien.

»Ich bemerke«, sagte Herr Piefke, »daß erfahrungsgemäß auf ein Cubikcentimeter Spreewasser etwa zehntausend entwickelungsfähige Keime kommen.«

Entwicklungsfähige Keime! – Wie gemüthlich das klingt! Himmel, was mag da alles für unangenehmes Viehzeug dabei sein!

Die Glasplatte, auf welcher sich Culturen aus unfiltrirtem Spreewasser befanden, hatte eine verzweifelte Aehnlichkeit mit dem Gesicht eines Pockenkranken. Dicht gedrängt saßen die ominösen Bläschen darauf. Die zweite Glasplatte mit Bakterien aus dem filtrirten, der Leitung entnommenen Wasser zeigte – ich stelle die mich in Erstaunen setzende Thatsache hier ausdrücklich fest – nur zwei oder drei von den Bakterien-»Colonieen«. Was ergiebt sich daraus!? – Auf die Gefahr hin, die Viren des Tegler Sees mir für die Dauer meines natürlichen Lebens zu Feinden zu machen, muß ich es erklären: es ergiebt sich die Thatsache daraus, daß am Stralauer Thor unter ungleich erschwerenderen Umständen, bei einer ungleich größeren Verunreinigung des Wassers, – mindestens, ich sage ausdrücklich mindestens – so gut filtrirt wird, als in Tegel!

»Ungleich erschwerendere Umstände« sagte ich. Ja diese werden gleichsam illustrirt durch die ganze Physiognomie jener Anlage, die bereits seit 1856 in Betrieb gekommen, seit 1875 in städtischen Besitz gelangt ist. Wie nehmen sich diese meist altersgrauen Baulichkeiten in einer wenig malerischen, fast unsauber zu nennenden Umgebung doch so anders aus, als die stattlichen, auf breiter, imposanter Fläche sich ausdehnenden Werke in Tegel. Trübe fließt die Spree dahin und da, wo die Schöpfapparate das Wasser auffangen, um es durch die Pumpwerke nach den Filtern, von da in die Reservoirs und von da wiederum – ohne Vermittelung irgend welcher Zwischenstation – direct in das Hauptrohr der im Wesentlichen Berlin NO. und SO. versorgenden Wasserleitung drücken zu lassen, sieht man keine pittoresken Buchten und Baumgruppen, sondern ein Panorama von rußigen Fabriken, schlammig gefärbten Ausladestellen – und Brücken, von denen die Berliner Jungens in die Spree spucken! – – Ein Beamter des Instituts, Herr Radicke, den Herr Piefke mir zum Führer gegeben und der seines Amtes in der gewissenhaftesten Weise waltete, wies auf eine Gruppe Männer hin, die mit der »Jauche-Pumpe« arbeiteten. Ja, thatsächlich, das Wort, das er gebrauchte, lautete »Jauche«. Sicherlich kein appetitreizender Begriff in Verbindung mit einer Trinkwasserbereitungs-Anstalt! Aber sieht man der Sache genauer ins Gesicht, so ergiebt sich ein sehr großes Lob für die dortigen Filteranlagen. Diese trübe, dicke, schlammige, übelriechende Masse, welche jene Männer dort zu Tage fördern, um sie dann aus dem Bereiche der Anstalt zu schaffen, ist nichts Anderes als die von der Sandwäsche übrig gebliebene Flüssigkeit. Man sieht also, was Alles der Filtersand leisten muß, was er leisten kann und schließlich, mit welcher Gründlichkeit er nach Gebrauch gereinigt wird. Es kommt dabei natürlich gar nicht darauf an, daß am Stralauer Thor von den elf vorhandenen Filtern nur drei überwölbt, die anderen offene Bassins sind, das Princip, nach welchem dort die Maschinen und die Filter arbeiten, ist in allen wesentlichen Punkten dasselbe, wie in Tegel, und das Resultat ist ebenfalls dasselbe: Wir erhalten ein relativ keimfreies Filtrat, vom Spreewasser wie vom Tegelwasser; wir können die durchschnittlich 65 000 Kubikmeter Wasser, welche täglich dort durch das große Hauptrohr nach der Stadt spedirt werden, mit derselben Gemüthsruhe entgegennehmen, wie die Wasserspenden von Westend, – selbst wenn nicht neuerdings das hygienische Institut, wie mir Herr Piefke sagte, täglich von dort Proben von Spree- und von Leitungswasser zur Untersuchung erhielte!

Unter all' den Verhältnissen, die ich geschildert, behält am Ende der alte Pindar, den ich eingangs citirte, doch Recht: »Das Beste ist doch das Wasser.« Nun, die Ueberzeugung habe ich in uneingeschränktestem Maße aus dem, was ich in Stralau und Tegel beobachtet habe, gewonnen und vielleicht auch meinen Lesern beigebracht: daß nämlich von all' den Tränklein, die in Berlin bereitet werden, unser Leitungswasser trotz aller Herzbeklemmungen, die in den Tagen der Choleraangst einem großen Theile unserer Bürgerschaft bereitet wurden, wahrlich nicht das schlechteste ist. Bricht diese Ueberzeugung kräftig und dauernd sich Bahn, dann ist der Zweck dieser bescheidenen Zeilen erfüllt.

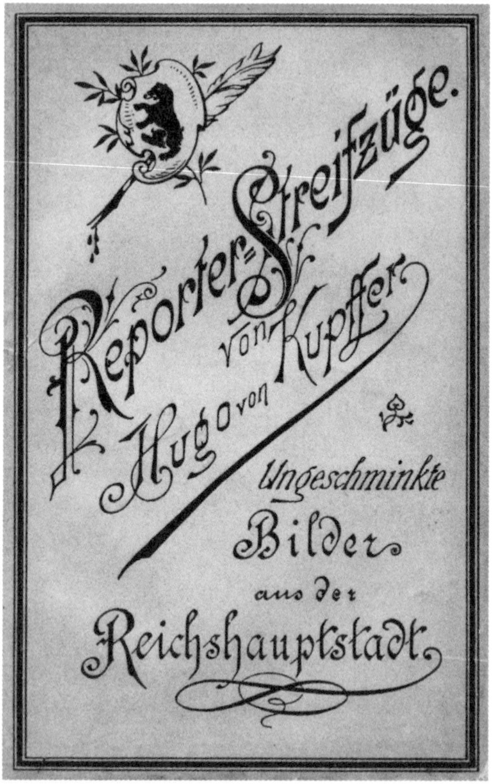

Buchausgabe 1889

Anmerkungen

1 *zelotisch* – fanatisch, mit (religiösem) Eifer.

2 *Honny soit qui mal y pense* – altfranzösische Redewendung, die in etwa dem deutschen Sprichwort »Ein Schuft, wer Böses dabei denkt« entspricht.

3 *mephitisch* – stinkend, verpestend.

4 *Kalfaktrizen* – scherzhaft weibliche Form von Kalfaktor = Hilfskraft.

5 *Sinekure* – Amt mit Einkünften, aber ohne tatsächliche Verpflichtung.

6 *coram publico* – vor den Augen der Öffentlichkeit.

7 *Budike* – von frz. boutique, in Berlin Kneipe oder Getränkekiosk, oft im Souterrain, davon abgeleitet Budiker, der Wirt oder Händler.

8 *Bassermann-Gestalten* – heute nicht mehr gebräuchliche Wendung, die auf eine Äußerung des Abgeordneten der Frankfurter Nationalversammlung Friedrich Daniel Bassermann (1811–1855) zurückgeht, in der er die Berliner der Revolutionszeit von 1848 als üble Figuren und unheimliche Gestalten beschrieb.

9 *Omen accipio!* – wörtlich: »Ich vernehme das Zeichen!« In übertragener Bedeutung: »Ich sehe das als gutes Vorzeichen.«

10 *Cötus* – von lat. coetus = Versammlung, hier im Sinne von »Körperschaft«.

11 *Bendix* – Martin Bendix (1843–1915) war ein berühmter Berliner Komiker, der »der Urkomische« genannt wurde.

12 *Miasmen* – üble Gerüche.

13 *heilige Hermandad* – hier ironische Bezeichnung für die Polizei. Seit Mitte des 16. Jahrhunderts bestand in Spanien unter dem Namen »heilige Hermandad« eine berittene Polizeitruppe, die häufig mit der Inquisition assoziiert wird.

14 *Nuntius* – Gerichtsdiener.

15 *Vanitas Vanitatum!* – Eitelkeit der Eitelkeiten!

16 *Gambrinus* – mythischer König, gilt als trinkfester Erfinder des Bieres.

17 *geniret* – Anspielung auf den berühmten, durch den preußischen Minister Heinrich Graf von Podewils (1696–1760) überlieferten Ausspruch Friedrichs II. über die Pressefreiheit, wonach »Gazetten wenn sie interreßant seyn sollten nicht geniret werden müsten« (1740).

18 *Soffite* – Soffitte, die Deckenkulisse, die die Sicht auf die Obermaschinerie der Bühne verhindert.

19 *Soubrette* – im Theater weibliches, meist komisches Rollenfach, oft eine Dienerin oder Kammerzofe.

20 *quos ego* – »euch (will) ich's (zeigen)«.

21 *Stanley* – Henry Morton Stanley (1841–1904), berühmter Afrikareisender. 1890, also im Jahr von Kupffers Artikel, erschien unter dem Titel »Im dunkelsten Afrika« die deutsche Übersetzung von Stanleys Bericht über die sogenannte Emin-Pascha-Expedition (1886–1889). Ebenso Konjunktur wie derartige Berichte über das »dunkle Afrika« hatten damals entsprechend gelagerte »Ausstattungsstücke«, die so etwas sensationell in Szene setzten. Im Victoria-Theater wurde seit 1889 das Stück »Stanley in Afrika« aufgeführt.

22 *Stanley-Litaschy* – Die Rolle des Stanley spielte Emil Litaschy, der Direktor des Victoria-Theaters.

23 *in statu nascendi* – wörtlich: »im Zustand des Geborenwerdens«. In übertragener Bedeutung: »am Anfang«, »im Entstehen«.

24 *Colophonium* – Kolophonium, ein natürliches Harz, das Tänzer für ihre Schuhe verwendeten, um nicht auszurutschen.

25 Vgl. »Des Mörders letzte Stunde«.

26 *s. Z.* – Der Text erschien in zwei Teilen (23. und 24. Mai 1890). Kupffer bezieht sich mit diesem »seiner Zeit« auf den zuvor erschienenen Teil, der hier fortgesetzt wird.

27 *Behmrichter* – Ein Fem- oder Vemgericht (von mittelniederdeutsch »veime« = »Strafe«), manchmal auch Be(h)mgericht, war im Mittelalter ein Standgericht, bei dem Kapitalverbrechen verhandelt und die Todesstrafe direkt vor Ort vollzogen wurde.

28 *Complimentirbuch* – Gemeint ist J. J. Albertis »Neuestes Complimentirbuch Oder Anweisung, in Gesellschaften und in allen Verhältnissen des Lebens höflich und angemessen zu reden und sich anständig zu betragen« (1843), das im 19. Jahrhundert weit verbreitet war.

29 *Zehn-Pfennig-Rutsch* – möglicherweise Anspielung auf eine Mitte der 1880er Jahre in Berlin-Weißensee eröffnete Rutschbahn, bei der jeder Rutsch zehn Pfennig kostete. Hier im Sinn einer geringfügigen Ausnutzung des Großmarktpreises.

30 *Déroulède* – Paul Déroulède (1846–1914), französischer Autor, Revanchist und Antisemit. Seine nationalistische Lyrik machte ihn vor allem unter den französischen Rechten populär, die die Abtretung Elsaß-Lothringens an Deutschland infolge des Deutsch-Französischen Krieges (1870/71) nicht akzeptieren wollten.

31 *48 Grad R.* – 48 Grad Réaumur, entspricht 60 Grad Celsius.

32 *Non olet!* – von »Pecuina non olet« = »Geld stinkt nicht«.

33 *stygisch* – von Styx, dem Fluss in der Unterwelt der griechischen Mythologie.

34 *Dichterwort* – »Denn die Elemente hassen / Das Gebild' der Menschenhand«. Verse aus Schillers »Lied von der Glocke« (1799).

35 *Cotillon-Mützen* – Der Cotillon war ein französischer Gesellschaftstanz aus dem 18. Jahrhundert. Sogenannte Cotillons waren Papierartikel, die anlässlich des Tanzes verteilt und von den Tanzenden wechselseitig verschenkt wurden. Oft gehörten dazu auch dekorative Papiermützen.

36 *Heinzeproceß* – Gotthilf Hermann Heinze war ein Zuhälter, der 1891 mit seiner Frau Anna in einen Mordprozess verwickelt war. Der Name Heinze wurde in der Folge zu einem Synonym für Unsittlichkeit. So wurde er auch Namensgeber der 1900 verabschiedeten »Lex Heinze«, einer Gesetzesänderung zur Verschärfung der Zensur »unsittlicher« Kunstwerke.

37 *Contravention* – Verstoß, Zuwiderhandlung.

38 *perlsüchtig, finnig* – Perlsucht, alter Ausdruck für Rindertuberkulose; Finnen = Bandwurmlarven.

39 *1890–1891* – 1890 erfolgte der Zusammenbruch der englischen Barings Bank, was nachhaltige Auswirkungen auf die damalige Weltwirtschaft hatte und als ein Höhepunkt der sogenannten »Langen Depression« betrachtet wird, die 1873 mit der Gründerkrise eingesetzt hatte und erst Mitte der 1890er Jahre überwunden wurde.

40 Vgl. »Eine Nacht bei der Fleischschau«.

41 Bei der Originalformulierung (»Es ist natürlich, daß im Winter, wo die zahllosen Wasserhähne der Residenzstadt ungleich seltener in Bewegung gesetzt werden als im Sommer, so ein Filter in kürzerer Zeit unbrauchbar wird.«) scheint es sich um einen Fehler zu handeln, weshalb diese hier leicht angepasst wurde.

42 *petscheln* – von Petschel, nautischer Fachausdruck für das auf Segelbooten verwendete Stechpaddel.

43 *Calabreser* – Filzhut mit breiter Krempe und spitz zulaufendem Kopfteil.

Hugo von Kupffer

»Unretouchierte Momentphotographien«
Hugo von Kupffers »Reporterstreifzüge« 1886–1892

Ein Nachwort von Fabian Mauch

Anders als Bücher, durch die Wissen aufgespeichert und weitergegeben wird, sind Zeitungen ein Wegwerfprodukt. Sie werden gekauft, gelesen – und entsorgt. Zeitungsartikel sind nicht für die Ewigkeit gedacht, sie haften am »Puls der Zeit«, den sie abbilden. Ein Zeitungsartikel soll das unmittelbare Hier und Jetzt ansprechen und dieses kommentieren. So sah es auch Hugo von Kupffer (1853–1928), als er sich vor 130 Jahren daranmachte, seinen Lesern »Ungeschminkte Bilder aus der Reichshauptstadt« zu präsentieren. »Reporterstreifzüge« nannte Kupffer diese Berichte, in denen er einen Blick hinter die Kulissen des modernen Großstadtdschungels warf. Seine Leser führte er darin in die Gefilde des Berufsverbrechertums und des Gerichtssaales oder in die Niederungen der städtischen Kanalisation und ermöglichte ihnen damit einen Einblick in Bereiche, die den meisten Augen für gewöhnlich verschlossen bleiben. Was dabei entstand, sind einzigartige Momentaufnahmen einer werdenden Weltstadt.

Obwohl sich heute kaum noch jemand an ihn erinnert, war der »Berliner Lokal-Anzeiger« eines der erfolgreichsten Blätter seiner Zeit. Gegründet 1883 vom Verleger August Scherl (1849–1921), entwickelte er sich bald zu einer der meistgelesenen Tageszeitungen Berlins und damit zu einer festen

Institution in der deutschen Reichshauptstadt. Zu Beginn noch gratis verteilt, um Abonnenten zu gewinnen, steigerte der »Lokal-Anzeiger« nach anfänglichen Schwierigkeiten seine Auflage kontinuierlich, bis diese 1911 ein Allzeitmaximum von 300 000 Exemplaren erreichte.[1] Der Erfolg der Zeitung beruhte auf dem taktischen Geschick seines Verlegers, dem Einsatz moderner Druckverfahren und der Fähigkeit der Redaktion, schnell und flexibel auf neue Ereignisse zu reagieren. Hinzu kam ein weiterer Faktor: War ein Großteil der etablierten Zeitungen einer bestimmten politischen Tendenz verpflichtet, so gab man sich im »Lokal-Anzeiger«, ähnlich wie im bereits 11 Jahre zuvor von Rudolf Mosse (1843–1920) gegründeten »Berliner Tageblatt«, betont unpolitisch oder »überparteilich«, wie eine verbreitete Formulierung lautete. Dadurch war es möglich, sich aus ideologischen Grabenkämpfen herauszuhalten und gleichzeitig eine große Leserschaft anzusprechen.

Mit seiner hohen Auflage und seinem breiten Adressatenkreis gehörte der »Berliner Lokal-Anzeiger« zu den sogenannten »General-Anzeigern«, einem neuen Zeitungstypus, der sich nach der Reichsgründung entwickelte und von vielen als ein Vorläufer der modernen Boulevardpresse betrachtet wird. Typisch für die »General-Anzeiger« war neben der erwähnten Indifferenz in politischen Fragen häufig die Selbstinszenierung als Sprachrohr des »kleinen Mannes«,[2] was sich sowohl

1 Vgl. Rudolf Stöber: Der Prototyp der deutschen Massenpresse. Der »Berliner Lokal-Anzeiger« und sein Blattmacher Hugo von Kupffer. In: Publizistik. Vierteljahreshefte für Kommunikationsforschung 39/3 (September 1994), S. 314–330, hier: 323.

2 Vgl. Hendrik Michael: »Wir Weltstädter!«. Handlungs- und Deutungsmuster eines neuen Journalisten am Fallbeispiel Hugo von Kupffer (1853–1928). In: Jahrbuch für Kommunikationsgeschichte 18 (2016), S. 51–77, hier: 56.

in der Auswahl der Inhalte, die ein großes und breit gefächertes Spektrum abdeckten, als auch in deren Aufbereitung widerspiegelte. Eine leicht verständliche Sprache und die Wahl greifbarer, alltagsnaher Themen, häufig solcher mit lokalem Bezug, sollten die Distanz zum Leser verringern und damit »eine emotionale Bindung«[3] zu diesem herstellen.

Kupffers »Reporterstreifzüge« leisteten genau das. In der Rolle des volksnahen, zuweilen ironisch kommentierenden Beobachters eröffnete Kupffer seinen Lesern einen Blick auf die unterschiedlichsten Bereiche des Berliner Lebens: Von der Halbwelt der »Wiener Cafés« über die Arbeit des Scharfrichters Krautz, dem Kupffer gleich mehrere Folgen widmete, bis zum Massenspektakel einer Sonnenfinsternis ist alles vertreten, auch abseitige oder scheinbar triviale Seiten des Großstadtlebens werden nicht ausgespart. Und doch: Was auf den ersten Blick wie eine kaleidoskopische, unzusammenhängende Collage von Einzelbeobachtungen und Anekdoten anmutet, ergibt zusammengenommen ein facettenreiches Panorama der deutschen Hauptstadt vor der Jahrhundertwende.

Ende der 1880er Jahre, als die erste Folge der »Reporter-Streifzüge« (damals meist in dieser Schreibweise) erschien, war Berlin noch keine Riesenmetropole wie London, das mit einer (stetig wachsenden) Bevölkerung von fast fünf Millionen Einwohnern die größte Stadt der Welt war, ehe New York ihm diesen Rang mit seinen acht Millionen 1925 ablief.[4] Trotzdem gehörte Berlin zu den größten und vor allem am schnellsten wachsenden Städten der damaligen Zeit. Allein zwischen 1871, dem Jahr der Reichsgründung, und der

3 Ebd., S. 55.

4 Vgl. Tertius Chandler, Gerald Fox: 3000 Years of Urban Growth. New York/London 1974, S. 364, Sp. 2.

Jahrhundertwende wuchs die Bevölkerung Berlins von knapp einer Million auf fast drei Millionen Einwohner an.[5] Neben einer hohen Geburtenrate spielte dabei auch der stetige Zuzug aus den Provinzen eine große Rolle. Die Folgen dieser Entwicklung waren jedoch keineswegs nur positiv: So ergab sich aus der Landflucht eine weit verbreitete Wohnungsnot innerhalb Berlins, die mit einer generellen Überlastung der städtischen Infrastruktur einherging, da diese mit dem explosionsartigen Bevölkerungswachstum oft kaum Schritt halten konnte.

Mehr noch als diese rein strukturellen Herausforderungen aber war es das Aufeinandertreffen der oft völlig unterschiedlichen Lebenswelten von Städtern und Zugezogenen, das auf vielen Ebenen für Spannungen sorgte. Wenn Kupffer sich in seinen Reportagen daher auch solcher Themen wie der Volkszählung von 1890 annahm und dabei den Fokus auf die teils drolligen, teils grotesken Reaktionen der Befragten lenkte, so nahm er damit nicht zuletzt jene Kluft zwischen Urbanem und Provinziellem in den Blick, die hier in aller Schärfe zutage trat. Es erscheint Kupffer beispielsweise »ganz erstaunlich, welche Angst gewisse Leute, selbst solche mit dem makellosesten Staatsbürger-Gewissen, vor allem haben, was wie eine staatlich concessionirte ›Liste‹ aussieht«, wobei er einschränkend hinzufügt, dass dieses Phänomen »zumeist bei den Frauen aller und bei den Männern und Frauen der mindergebildeten Klassen«[6] anzutreffen sei. Allerdings lässt sich

5 Vgl. Otto Büsch: Entstehung und Leistung der ersten Berliner Demokratie. Das neue Groß-Berlin als Hauptstadt der Weimarer Republik. In: ders. et al.: Berliner Demokratie 1919–1985, Bd. 1. Berlin/New York 1987, S. 5–43, hier: S. 14 (Tabelle 1).

6 Hugo von Kupffer: Im Dienste des »Census«. In: Berliner Lokal-Anzeiger, Nr. 567 (4. Dezember 1890), S. 2, Sp. 1–3, hier: Sp. 1, vgl. S. 160 der vorliegenden Ausgabe.

darin eben auch ein Ausdruck der Skepsis und der (wie im Fall des Dienstmädchens, das bei der Volkszählung sein Gewicht angibt) Unbeholfenheit erkennen, mit denen viele Berliner damals noch den Mechanismen der modernen Bürokratie begegneten. Volkszählungen hatte es in den einzelnen deutschen Ländern zwar bereits vor der Reichsgründung in regelmäßigen Abständen gegeben, wobei die Durchführung der Polizei oblag.[7] Wie Kupffers Reportagen zeigen, wurden sie jedoch auch Ende des 19. Jahrhunderts noch als Vorgang wahrgenommen, der bei zahlreichen Betroffenen Unsicherheit und manchmal sogar regelrechte Panik auslöste, was zeigt, wie provinziell Berlin trotz seines wachsenden großstädtischen Charakters zuweilen noch war. Die »Reporterstreifzüge« sind damit nicht zuletzt Momentaufnahmen einer noch andauernden Urbanisierung, die eben nicht nur in den Statistiken, sondern zunächst vor allem auch in den Köpfen stattfand.

Hugo von Kupffer wurde am 7. Januar 1853 in Sankt Petersburg als Sohn des Physikers und Meteorologen Adolf (oder Adolph) Theodor von Kupffer (1799–1865) geboren.[8] Die Familie von Kupffer gehörte dem baltisch-deutschen Adel an und stammte ursprünglich aus Sachsen, von wo sie im späten 17. Jahrhundert ins Baltikum gezogen war.[9] Kupffers Vater war seit 1828 Mitglied der Russischen Akademie der Wissenschaften und seit 1848 Direktor des maßgeblich auf seine

7 Vgl. Volkszählungen in Berlin seit Bestehen des Statistischen Amtes der Stadt Berlin. In: Zeitschrift für amtliche Statistik Berlin Brandenburg 1+2 (2012), S. 36–57, hier: 38.

8 Vgl. Eintrag »Kupffer, Hugo von«. In: Das geistige Berlin. Eine Encyklopädie des geistigen Lebens Berlins. Hg. v. Richard Wrede u. Hans von Reinfels. Berlin 1897, S. 273–274.

9 Vgl. Stöber: Der Prototyp der deutschen Massenpresse, S. 315.

Initiative hin gegründeten physikalischen Zentralobservatoriums in Petersburg.[10] Er war von 1820 bis 1835 in erster Ehe mit der Französin Catherine Riboulet, dann ab 1843 mit der aus Reval stammenden Marie Macdonald (1825–1877), der Mutter Hugo von Kupffers, verheiratet.[11] Da dieser das Petersburger Klima nicht bekam, begab sie sich nach der Geburt Hugos, ihres dritten Kindes, zu einem Kuraufenthalt nach Berlin, ehe sich die Familie 1858 – nach der Geburt der jüngsten Tochter – schließlich dauerhaft in Dresden niederließ.[12] Als Adolf Theodor von Kupffer 1865 an einer Lungenentzündung starb, war sein Sohn gerade zwölf Jahre alt.[13]

10 Vgl. Eintrag »Kupffer, Adolf Theod. von«. In: Allgemeine Encyclopädie der Wissenschaften und Künste, Zweite Section: H–N, 40. Teil. Hg. v. August Leskien. Leipzig 1887, S. 327, Sp. 2–S. 328, Sp. 1.

11 Vgl. Eintrag »Kupffer, Adolph* Theodor (1799–1865)«. In: Deutschbaltisches Biographisches Lexikon 1710–1960. Im Auftrag der Baltischen Historischen Kommission hg. v. Wilhelm Lenz. Köln/Wien 1970, S. 430, Sp. 1–2, vgl. den Datensatz 71164 (»Kupffer, Adolf Theodor«) in der Erik-Amburger-Datenbank (https://amburger.ios-regensburg.de/).

12 Vgl. Mikhail Rykachev: Histoire de l'observatoire physique central pour les premières 50 années de son existence 1849–1899. Partie 1. St.-Pétersbourg 1900, S. 56; vgl. Hugo Schramm: Adolf Theodor von Kupffer. In: Westermann's Jahrbuch der illustrirten deutschen Monatshefte 19 (Oktober 1865–März 1866), S. 502–518, 604–620.

13 Vgl. Eintrag »Kupffer, Hugo von«. In: Franz Brümmer: Lexikon der deutschen Dichter und Prosaisten vom Beginn des 19. Jahrhunderts bis zur Gegenwart. Bd. 4. 6. Aufl. Leipzig 1913. In der Sekundärliteratur wird manchmal darauf hingewiesen, dass von Kupffers Mutter nach dem Tod ihres Mannes den aus Dresden stammenden Schriftsteller Hugo Schramm (1837–1914) geheiratet habe. Wie sich bei Nachforschungen ergeben hat, war Schramm jedoch mit Marie, geb. Schwendy, verw. Netcke (1846–1908) verheiratet; mithin war er also nicht der Stiefvater Hugo von Kupffers. Vgl. Sophie Pataky: Lexikon deutscher Frauen der Feder. Berlin 2014 [1889], S. 554 f.; Dresdner Geschichtsblätter, Bd. 4, Nr. 4 (1908), S. 301.

Nach dem Abitur begann Hugo von Kupffer Medizin, später schöne Wissenschaften[14] (also Literatur) zu studieren, brach das Studium jedoch ab und widmete sich ab Mitte der 1870er Jahre der Schriftstellerei.[15] Obwohl sich die biographischen Spuren Kupffers aus seiner Zeit als Schriftsteller für uns größtenteils verlieren, sind zumindest einige seiner Veröffentlichungen überliefert, darunter eine kleine Humoreske mit dem parodistischen Titel »Eine kurzweilige und kurze Historia von einem fahrenden Scribenten, so da gen MISNIAM pilgerte, auf daß er von dem Weine tränke, zugleich ein Documentum, wie der Schielerwein benamset ward«, ein Festbeitrag anlässlich des Ersten Deutschen Schriftstellertages zu Dresden vom 4. bis 6. Oktober 1879, weiterhin »Mein Kumpan«, ein – so der Untertitel – »californisches Volksspiel« für die deutsche Bühne bearbeitet, sowie eine kleine Novelle mit dem Titel »Das Liebesleid des Rebellenmädchens«, in der Kupffer eine romantische Episode aus dem amerikanischen Bürgerkrieg schildert.[16]

1875, also noch vor diesen Versuchen als Schriftsteller, führten familiäre Angelegenheiten[17] von Kupffer in die USA, wo er mehrere Jahre blieb, ehe er 1879 nach Dresden zurückkehrte.

14 Vgl. Eintrag »Kupffer, Hugo von«. In: Brümmer: Lexikon der deutschen Dichter, Sp. 1.

15 Vgl. Eintrag »Kupffer, Hugo von«. In: Das geistige Berlin, S. 274.

16 Hugo von Kupffer: Eine kurzweilige und kurze Historia von einem fahrenden Scribenten, so da gen MISNIAM pilgerte, auf daß er von dem Weine tränke, zugleich ein Documentum, wie der Schielerwein benamset ward. O. O. 1879; Mein Kumpan: californisches Volksspiel/ Bartley Campbell. Für d. dt. Bühne bearb. v. Carlotta u. Hugo von Kupffer. Berlin 1883; Das Liebesleid des Rebellenmädchens. Eine unaufgeklärte Episode aus dem nordamerikanischen Sezessionskriege. In: Deutsche Roman-Zeitung 15/39 (1879), S. 230–234.

17 Vgl. Nachruf auf Hugo von Kupffer. In: Berliner Lokal-Anzeiger, Nr. 617 (31. Dezember 1928), Abendausgabe, S. 1, Sp. 1–2, hier: Sp. 1.

»Wechselvolle Schicksale« führten ihn dabei zunächst »nach Florida«,[18] wo er als Mitglied der United States Coast Survey an Küstenvermessungen teilnahm. Wie ihm diese Position zugefallen ist und welche Rolle sie für seine spätere Karriere als Journalist gespielt haben mag, lässt sich aus den vorhandenen Quellen nicht mehr rekonstruieren. Auch ist unklar, inwieweit Kupffer bereits in dieser Zeit in Berührung mit dem amerikanischen Pressewesen kam. Wie Hendrik Michael anmerkt, verwies Kupffer jedenfalls auch später gerne noch auf die Tätigkeit bei der Coast Survey, um sich gegenüber amerikanischen Persönlichkeiten zu profilieren, so etwa in einem Brief an den Erfinder Thomas Edison, den Kupffer Ende der 1880er Jahre für ein Interview zu gewinnen versuchte.[19]

Kupffer gelangte schließlich nach New York,[20] wo er seine spätere Ehefrau Josephine Young-Quinn (gestorben 1915) kennenlernte, mit der er zwei Söhne (geboren 1878 und 1880) hatte.[21] In New York, wo er sich, wie es in einem Nachruf heißt, »die ersten Sporen als junger Journalist verdiente«[22], arbeitete Kupffer für den 1835 von dem schottischen Emigranten James Gordon Bennett (1795–1872) gegründeten »New York

18 Eintrag »Kupffer, Hugo von«. In: Das geistige Berlin, S. 274.

19 Vgl. Brief Hugo von Kupffers an Thomas A. Edison vom 13. September 1889. In: Thomas Edison Papers [Edison.rutgers.edu], Document File Series -- 1889: (D-89-07) Edison, T. A. -- Articles [D8907ABP; TAEM 125:626]; Michael: »Wir Weltstädter!«, S. 62.

20 Michael (vgl. ebd.) gibt als Zeitpunkt hierfür das Jahr 1875 an und verweist als Quelle auf Wrede/Reinfels, die allerdings lediglich angeben, dass Kupffer 1875 nach Amerika kam. Es ist daher durchaus möglich, dass er länger in Florida blieb. Jedenfalls ist auf Basis des vorhandenen Materials heute nicht mehr eindeutig zu klären, wie die Stationen von Kupffers Amerikaaufenthalt im Einzelnen aussahen.

21 Vgl. Stöber: Der Prototyp der deutschen Massenpresse, S. 315.

22 Nachruf auf Hugo von Kupffer. In: Berliner Lokal-Anzeiger 617, Sp. 1.

Herald«. Dort bediente man sich modernster Techniken, in die das Blatt großzügig investierte.[23] Es galt die Devise, möglichst schnell an aktuelle Informationen zu gelangen, um diese vor der Konkurrenz an die Öffentlichkeit zu bringen. Dafür beschäftigte der »Herald« eine große Zahl von Lokalreportern, die vor Ort tätig waren, um Nachrichten direkt an die Redaktion zu übermitteln. Anders als in Deutschland zählten hier das Neue und Sensationelle mehr als philosophisch gesättigte Kommentare, bedienten Blätter wie der »Herald« das Bedürfnis einer großstädtischen Leserschaft nach aktuellen Berichten, die sie emotional ansprachen und damit »unmittelbar zu Betroffenen«[24] machten. Das bedeutete auch, dass Kritik und Kommentar zugunsten einer möglichst unaufgeregten Wiedergabe der Tatsachen zurückzutreten hatten.

Ganz in diesem Sinn schrieb Kupffer im Vorwort zur Buchausgabe der ersten Folge der »Reporterstreifzüge«: »Bei den ›Streifzügen‹ [...] schwebte mir der echte amerikanische ›Reporter‹ vor, welcher hier nur dem Namen nach existiert und bei unseren fast noch embryonischen, stark beengten, zum Teil noch zopfigen Preßverhältnissen, auf deutschem Boden jetzt auch noch nicht gedeihen kann.«[25] Kupffer versuchte also, die fortschrittlichen Methoden des amerikanischen Journalismus auf das rückständige deutsche Pressewesen zu übertragen. Durch die erklärte Absicht, in seinen Berichten »nüchterne Objektivität«[26] walten zu lassen und den

23 So gab der »New York Herald« zwischen 60 000 und 100 000 Dollar pro Jahr für Ausrüstung und Kommunikationstechnologie aus. Vgl. Michael: »Wir Weltstädter!«, S. 63.

24 Ebd., S. 66.

25 Hugo von Kupffer: Vorwort. In: ders.: Reporter-Streifzüge, S. III f., vgl. S. 8 der vorliegenden Ausgabe.

26 Ders.: Im Schwurgerichtssaale zu Moabit. In: ders.: Reporter-Streifzüge, S. 24–33, hier: 25, vgl. S. 29 der vorliegenden Ausgabe.

Leser in das Geschehen miteinzubeziehen, indem er keine Scheu zeigte, für ein großes Publikum zu schreiben und sich auch mit scheinbar trivialen Themen auseinanderzusetzen, kann Kupffer in der Folge (zumindest, was Deutschland betrifft) als ein Prototyp des modernen Journalisten betrachtet werden.

1879 kehrte Kupffer zunächst nach Dresden zurück, siedelte aber bereits 1880 nach Berlin über und wurde dort kurzzeitig Redakteur der von Werner Große herausgegebenen »Neuzeit«,[27] einer zweiwöchentlich erscheinenden literarischen Zeitschrift, in der Novellen und Romane zeitgenössischer Autoren erschienen. Das lässt zumindest vermuten, dass Kupffer damals immer noch mit einer Karriere als Schriftsteller liebäugelte. Neben seiner Arbeit für die »Neuzeit« war er in dieser Zeit außerdem als Mitarbeiter an verschiedenen »politischen Blättern und auswärtigen belletristischen Journalen«[28] beteiligt. In Berlin verkehrte Kupffer im sogenannten »Klub von 1880« (Unter den Linden 3), in dem sich das zu Wohlstand gelangte Bürgertum zum Kartenspiel traf. Vermutlich ebenfalls um 1880 lernte Kupffer schließlich den schon erwähnten Verleger August Scherl kennen, wobei ihm die Verbindungen des Klubs zugutekamen:

> Von Kupffer und Scherl hatten sich im Café Bauer kennengelernt, als sie zur gleichen Zeitung, dem »New York Herald«, griffen. Man kam ins Gespräch, und Scherl stellte fest, daß sein Gegenüber nicht nur seinen Ideen gegenüber aufgeschlossen war, sondern als Mitglied des Klubs auch über Kontakte verfügte, die nützlich werden konnten [...]. Der Klub rangierte in der Hierarchie der Berliner Klubs ziemlich weit

27 Vgl. Eintrag »Kupffer, Hugo von«. In: Das geistige Berlin, S. 274.
28 Ebd.

> vorne, ohne allerdings an das Image der nobelsten Klubs heranzureichen. Zu den Mitgliedern zählten die »Börse zweiten Grades, Schriftsteller, Journalisten, Theaterleute, Rechtsanwälte und Ärzte, die üblichen Grafen und Barone, auch echte Prinzen«. In dieser Vereinigung hauptsächlich neureicher Berliner hatte Kupffer den Drucker Büxenstein kennengelernt. Und über Kupffer kam Scherl mit der großen Druckerei in Kontakt [...]. Auf der Basis, daß Kupffer Chefredakteur des von Scherl geplanten Blattes werden sollte, wurde man sich handelseinig.[29]

Die erste Ausgabe des »Berliner Lokal-Anzeigers« erschien am 4. November 1883. Er richtete sich, wie es das Programm verlauten ließ, an »alle Schichten der Gesellschaft« und wollte den »Leser von den wichtigsten Vorkommnissen im Staat und in der Stadt in Kenntnis setzen«.[30]

Die Artikel im »Berliner Lokal-Anzeiger« erschienen immer, von wenigen Ausnahmen abgesehen, anonym. Dennoch »können Kupffer mehr als 2000 Artikel mit großer Sicherheit zugewiesen werden«[31]. So äußerte er sich zu den verschiedensten Themen aus dem Leben der Stadt als »Berliner Beobachter«, in »bald witzigen, bald ernsten Plaudereien, die viel gelesen wurden und starke Beachtung fanden«[32], wie es im Nachruf heißt. Kupffer nutzte seine Beiträge im »Lokal-Anzeiger« jedoch nicht nur zur Unterhaltung seiner Leserschaft, sondern auch als Plattform für soziales Engagement. Die Verbesserung der Armen- und Kinderfürsorge beispiels-

29 Stöber: Der Prototyp der deutschen Massenpresse, S. 316. Vgl. auch Hans Ermann: August Scherl. Dämonie und Erfolg in wilhelminischer Zeit. Berlin 1954, S. 64–73.

30 Zit. nach Stöber: Der Prototyp der deutschen Massenpresse, S. 321.

31 Ebd., S. 317.

32 Nachruf auf Hugo von Kupffer. In: Berliner Lokal-Anzeiger 617, Sp. 2.

weise oder das Werben für technische Neuerungen waren wiederkehrende Themen seiner Beiträge als »Berliner Beobachter«. Obwohl der »Berliner Lokal-Anzeiger« sich nach außen unpolitisch gab, vertrat man in dieser Hinsicht durchaus nationalliberale Positionen. Dazu gehörte insbesondere die Forderung nach einer generellen wirtschaftlichen Modernisierung bei gleichzeitiger Aufrechterhaltung der (konstitutionell eingebundenen) Monarchie. Der »Lokal-Anzeiger« schlug dabei einen tendenziell regierungsfreundlichen Ton an. Dies zeigte sich insbesondere in der Berichterstattung über Wilhelm II., die in den Artikeln des »Anzeigers« einen breiten Raum einnahm. So wurde regelmäßig über die zahlreichen Reisen des Kaisers oder auch über das Leben der kaiserlichen Familie berichtet. Solche für die überwiegend kleinbürgerliche Leserschaft aufbereiteten Berichte ließen Letztere vermeintlich unmittelbar am Leben des Monarchen teilhaben und ermöglichten dadurch eine Identifikation auf menschlicher Ebene, ein Schema, das in der Boulevardpresse bis heute üblich ist.

1914 wurde der Scherl-Verlag und mit ihm der »Berliner Lokal-Anzeiger« für 20 Millionen Goldmark an den Deutschen Verlagsverein verkauft, »hinter dem der Schwerindustrielle Alfred Hugenberg stand«[33]. Für die weitere Geschichte des Blattes bedeutete dies eine folgenschwere Zäsur. So nahm der »Lokal-Anzeiger«, nachdem man sich bereits während des ersten Weltkrieges entschieden auf die Seite der deutschen Kriegszielpolitik gestellt hatte, vor allem seit der gescheiterten Novemberrevolution zunehmend jenen demokratiefeindlichen, rechtsnationalen Charakter an, durch den er in der Geschichte des Journalismus unrühmlich in Erinne-

33 O. A.: Scherl. Die Deutschbewußten. In: Der Spiegel 31 (1957), S. 20, Sp. 3–S. 24, Sp. 1. hier: S. 21, Sp. 3.

rung geblieben ist. Hugo von Kupffer blieb trotz der neuen Eigentumsverhältnisse und der veränderten Ausrichtung des Blattes insgesamt 45 Jahre lang Chefredakteur des »Berliner Lokal-Anzeigers«, für den er bis zu seinem Tod als »Berliner Beobachter« schrieb. In den zwanziger Jahren wurde Kupffer zudem Chefredakteur des »Allgemeinen Wegweisers«, einer Familienzeitschrift, die sich, wie es im Nachruf heißt, unter seiner Leitung »zur gelesensten und verbreitetsten Wochenschrift Deutschlands«[34] entwickelte und 1928 eine Auflage von fast 400 000 Exemplaren erreichte.[35] Die Chefredaktion des »Berliner Lokal-Anzeigers« behielt Kupffer dabei zumindest nominell, wobei heute nicht mehr sicher zu klären ist, inwieweit er den »Lokal-Anzeiger« in dieser Zeit tatsächlich noch aktiv leitete. Kupffer starb nach vorangegangener Krankheit in der Nacht vom 30. auf den 31. Dezember 1928 im Alter von 76 Jahren, vermutlich an Herzversagen.[36]

1904 umriss Kupffer im Rahmen des ersten »World's Press Parliament« in St. Louis, wie er sich die Rolle des Journalisten in der modernen Welt vorstellte. In seinen Augen war es die Aufgabe der Presse, »to use the power given to us always and everywhere for the sake of peace and reconciliation«[37]. Das mag aus heutiger Sicht wie eine Phrase klingen, hatte aber durchaus einen ernsten Hintergrund, wenn man bedenkt, dass, als

34 Nachruf auf Hugo von Kupffer. In: Berliner Lokal-Anzeiger 617, Sp. 2.

35 Vgl. Rudolf Stöber: Die erfolgsverführte Nation. Deutschlands öffentliche Stimmungen 1866 bis 1945. Stuttgart 1998, S. 89. Vgl. ders.: Der Prototyp der deutschen Massenpresse, S. 328.

36 Vgl. Nachruf auf Hugo von Kupffer. In: Berliner Lokal-Anzeiger 617, Sp. 1.

37 O. A.: Proceedings of the World's Press Parliament held at the Universal Exposition. Saint Louis, U.S.A. (May 19, 20, 21, 1904). Columbia, Missouri 1904, S. 47 f., zit. nach Michael: »Wir Weltstädter!«, S. 64.

Kupffer diese Mahnung äußerte, gerade die erste Marokkokrise zwischen Frankreich und dem Deutschen Reich zu eskalieren drohte, ein Konflikt, der durch die Presse in beiden Ländern massiv befeuert wurde. Bereits zehn Jahre zuvor hatte die Dreyfus-Affäre um den vermeintlichen Landesverrat des jüdischen Offiziers Alfred Dreyfus (1859–1935) in Frankreich die hässliche Fratze des modernen Pressewesens offenbart. Und zehn Jahre später wiederum waren es ebenfalls die Massenzeitungen, die nach dem Attentat von Sarajevo mit oftmals sehr einfach gestrickten Schwarz-Weiß-Darstellungen entscheidend zur Schürung der Kriegseuphorie in den verschiedenen europäischen Ländern beitrugen. Was Kupffer vor diesem Hintergrund erkannte, war, dass die moderne Presse mit ihren technisch fortschrittlichen Methoden eben nicht per se auch dem gesellschaftlichen oder politischen Fortschritt diente. Vielmehr waren es gerade die große Reichweite und schnelle Verbreitbarkeit der großen Zeitungen, die das Potential bargen, Stimmungen und Impulse zu kanalisieren, deren Folgen sich am Ende als verheerend erweisen konnten. Kupffer appellierte deshalb an die Journalisten, sich ihre Verantwortung bewusst zu machen und ihren Einfluss für redliche Zwecke zu nutzen.

Dass dies für Kupffer nicht bloß Theorie war, bewies er – in einem kleineren Rahmen – selbst regelmäßig in seinen Beiträgen als »Berliner Beobachter«. Immer wieder sprach Kupffer dort soziale Missstände an, selten jedoch, ohne dabei auch die bereits angestoßenen Verbesserungen auf diesem und jenem Gebiet zu betonen. Dies entsprach seinem generellen Glauben an den Fortschritt und die Möglichkeit, mit den Mitteln der modernen Technik und einer effizienten Verwaltung den negativen Folgen der Industrialisierung entgegenwirken und die durch sie hervorgerufenen Verwerfungen letztendlich überwinden zu können.

In einem Festbeitrag anlässlich des fünfzigjährigen Bestehens der Korporationen der Berliner Buchhändler betonte Kupffer 1898, welche Bedeutung das moderne Pressewesen in einer globalisierten Welt hatte:

> Wie die Beziehungen ideeller und praktischer Natur zwischen Deutschland und den anderen Kulturvölkern dieser Erde immer engere, immer lebhaftere, immer mannigfachere geworden sind, wie der friedliche Wettkampf um die gedeihliche Lösung aller großen, guten und schönen Kulturaufgaben auf allen Linien, wo die geistigen Heerlager der Nationen stehen, an der Schwelle des neuen Jahrhunderts lebhafter denn je entbrannt ist, so hat auch der internationale Austausch geistiger Erzeugnisse, der Riesen-Weltmarkt der Druckschriften jeglicher Art jetzt eine Ausdehnung angenommen, vor welcher wohl die Erdenbewohner aus jenen Zeiten, da die Welt noch nicht »im Zeichen des Verkehrs« stand, staunend die Hände über dem Kopf zusammenschlagen würden.[38]

Der internationalen Warenzirkulation, so die Botschaft, solle ein entsprechender geistiger Austausch an die Seite treten. Für Kupffer war es der »Puls des Welt-Zeitungs-Handels«, an dem sich die »Schnelligkeit, die Exaktheit«, »die Ausdehnung« und damit die »Großartigkeit des ganzen Baues«[39] dieser neuen Welt ablesen ließen. Was Kupffer hier beschreibt, ist die seit dem Ende des 19. Jahrhunderts stattfindende Globalisierung im Zuge der zweiten industriellen Revolution, die erst durch den ersten Weltkrieg zu einem vorläufigen Stopp kommen

38 Hugo von Kupffer: Das Kaiserliche Post-Zeitungsamt in Berlin. In: Beiträge zur Kulturgeschichte von Berlin. Festschrift zur Feier des fünfzigjährigen Bestehens der Korporationen der Berliner Buchhändler. (1. November 1898). Berlin 1898, S. 264–279, hier: 264.

39 Ebd., S. 265.

sollte. Als Hot Spot dieser Entwicklung nahm Berlin dabei eine besondere Rolle ein, verdichteten sich hier doch Warenverkehr und technischer Fortschritt wie kaum irgendwo sonst in Deutschland.

In den »Reporterstreifzügen« ging es Kupffer, wie er im Vorwort schreibt, darum, die eher unscheinbaren Aspekte dieses Prozesses zu beleuchten und anhand konkreter Situationen und Personen zu veranschaulichen, wie sich der Fortschritt auf den Gebieten der Psychiatrie, des Strafvollzugs, der Hygiene oder der Verwaltung auf das Leben der Berliner auswirkte. Mit »gradezu frappierende[r] Realistik« wollte Kupffer dabei, wie der amerikanische »Reporter«, »Dinge und Menschen« schildern, »welche bei oberflächlicher Betrachtung kaum interessant genug erscheinen«.[40] Dafür genügte es nicht, sich in pittoresken Schilderungen zu ergehen. Vielmehr musste der Journalist, der ein solches Ziel verfolgte, selbst vor Ort sein und mit den Personen sprechen, um die es ging. Kupffer betonte daher, dass seine Ansichten »nicht am bequemen Schreibtische des phantasiereichen Feuilletonisten gemalt, sondern mit beträchtlicher Nichtachtung gegen die ›ästhetischen‹ Gesetze der Feuilletonproduktion, nach der Natur gezeichnet sind«[41]. Wie die Spezialberichterstatter des »New York Herald« während des amerikanischen Bürgerkrieges gewissermaßen direkt von der Front berichtet hatten, wollte auch Kupffer seine Leser aus erster Hand informieren. Seine »Reporterstreifzüge« sollten sich »von den zahllosen ›Bildern aus dem Berliner Leben‹ ebenso unterscheiden, wie ein mit wahrer oder eingebildeter Künstlerschaft ausgeführtes Ölbild von einer unretouchierten Momentphotogra-

40 Ders.: Vorwort. In: ders.: Reporter-Streifzüge, S. IV, vgl. S. 8 der vorliegenden Ausgabe.

41 Ebd. S. III, vgl. S. 7 der vorliegenden Ausgabe.

phie«[42]. Dies war ein Seitenhieb auf den Schriftsteller Julius Rodenberg (1831–1914), der 1874 die »Deutsche Rundschau« gegründet hatte und journalistisch gewissermaßen das Gegenteil von Kupffer verkörperte. In der »Rundschau« schrieben Autoren wie Theodor Fontane und Paul Heyse für ein eng begrenztes, bildungsbürgerliches Publikum, keineswegs für die breite Masse wie die Journalisten der »General-Anzeiger«. In seinen »Bildern aus dem Berliner Leben« (1885–1888), auf die Kupffer anspielt und die er im Untertitel zur Buchausgabe der »Reporterstreifzüge« (»Ungeschminkte Bilder aus der Reichshauptstadt«) persiflierte, bot Rodenberg seinen Lesern anspruchsvolle Prosa in Tagebuchform dar, in der er seine Flanerien durch die Stadt zu literarisch ausgefeilten Beobachtungen auf hohem sprachlichen Niveau entwickelte. Im Mittelpunkt standen dabei die physische und geschichtliche Topographie Berlins, die Straßenzüge, Gebäude, Denkmäler und Grabsteine der Stadt, die Rodenberg zu Rezitationen Chamissos und historischen Betrachtungen anregten. Dem Auge des distanzierten Beobachters wurden die Menschen darin zu weiterem Interieur, das den kühlen Reflexionen einverleibt wurde.

Kupffer aber ging es um etwas anderes. Während der literarische Realismus, wie ihn Rodenberg verkörperte, im weitestgehenden Zurücktreten des Subjektes hinter seinen Gegenstand ein Ideal erblickte, das später in der Neuen Sachlichkeit wieder auftaucht, war der »nüchternen Objektivität« Kupffers kein solches Pathos der Distanz eingeschrieben. Kupffer stilisierte sich nicht zum unbeteiligten Außenstehenden. Vielmehr wollte er seinen Lesern lebensnahe und anschauliche Berichte liefern, in denen das Persönliche gerade nicht ausgespart, sondern an entscheidender Stelle einbezogen war.

42 Ebd.

Indem Kupffer einzelne Akteure wie den Scharfrichter Krautz, den Leichen-Kommissar Mühsam oder den Ingenieur Anklamm ins Zentrum seiner Berichte stellt und damit den abstrakten Institutionen ein konkretes Gesicht verleiht, erzeugt er eine Unmittelbarkeit, die so im Großstadtalltag nur noch selten existiert, die aber gleichwohl eine sehr menschliche Sehnsucht nach Nähe und Vertrautheit anspricht. Kupffer übernimmt die Rolle des Führers, der seine Leserschaft durch das unübersichtliche Gewirr der Stadt geleitet. Subjekt von Kupffers Reportagen ist jedoch nicht der entfremdete, gesichtslose Massenmensch – ein beliebter Topos der modernen Kulturkritik –, sondern das konkrete Gegenüber in alltäglichen Situationen, von dem die meisten Einwohner in der Hektik und Anonymität des Stadtlebens meist nur noch wenig mitbekommen. Aus den »Reporterstreifzügen« spricht darum nicht zuletzt der Versuch, die moderne Großstadt wieder als eine Sphäre menschlicher Erfahrung und zwischenmenschlichen Umgangs zu reklamieren – und damit ein Humanismus, der sie neben ihrem historischen Informationswert heute noch genauso lesenswert macht wie vor 130 Jahren.

Der vorliegende Band versammelt erstmals seit ihrem Erscheinen die beiden Folgen der »Reporterstreifzüge« in einer Ausgabe und macht sie damit einer zeitgenössischen Leserschaft zugänglich. Da für die »Reporterstreifzüge« keinerlei Quellennachweise vorhanden waren und besonders für die früheren Jahrgänge des »Berliner Lokal-Anzeigers« nur noch unvollständige Bestände existieren, erwies sich das Aufspüren der einzelnen Texte häufig als schwieriges, zuweilen auch als frustrierendes Unterfangen, das nicht in allen Fällen von Erfolg gekrönt war.[43] Umgekehrt trat im Zuge der

43 Vgl. dazu die editorische Bemerkung zu diesem Band.

Recherche jedoch auch manches Unerwartete und Überraschende zutage. So stellt insbesondere die bis auf eine Ausnahme vollständige Überlieferung der zweiten Folge einen editorischen Glücksfall dar. Nicht »ohne Berechtigung«, so schreibt Kupffer, habe man gegen die erste Folge »den Tadel ausgesprochen, daß dieselben so gar düstere Bilder aus dem weltstädtischen Leben zum Vorwurfe hatten«.[44] Dem wollte Kupffer in der zweiten Folge ein Gegenstück zur Seite stellen, indem er dort nun besonders diejenigen Bereiche des Hauptstadtlebens in den Vordergrund rückte, an denen der technische und soziale Fortschritt offenbar wurden. Der Enthusiasmus, mit dem er dabei für uns alltägliche und meist kaum noch bewusst zur Kenntnis genommene Einrichtungen und Vorgänge wie Fleischkontrollen oder die städtische Wasseraufbereitung beschreibt, mag heute nur noch schwer nachvollziehbar sein. Dabei gilt es sich bewusst zu machen, dass vieles von dem, worüber Kupffer berichtet, damals eben nicht alltäglich und selbstverständlich war und Dinge, an die wir uns heute längst gewöhnt haben, beim damaligen Beobachter Bewunderung und Staunen hervorriefen. Was bei Kupffer noch hinzukommt, ist ein spezifischer Stolz auf »sein« Berlin, dessen Vorreiterrolle auf vielen Gebieten er immer wieder betont.

Mit seinen gleichermaßen scharfsichtigen wie unterhaltsamen Berichten gehört Hugo von Kupffer zu den stilprägenden Pionieren des modernen Journalismus im deutschsprachigen Raum und hat als der erste wirkliche Reporter Berlins Zeitungsgeschichte geschrieben. Wer heute die »Reporterstreifzüge« zur Hand nimmt, wird in ihnen vielleicht zunächst

44 Hugo von Kupffer: Vormittags bei Vater Renz. In: Berliner Lokal-Anzeiger, Nr. 161 (6. April 1890), 5. Beiblatt, S. 1, Sp. 2–3, hier: Sp. 2, vgl. S. 121 der vorliegenden Ausgabe.

Dokumente einer fernen und untergegangenen Epoche erblicken, er wird aber zugleich manches entdecken, das ihm vertraut vorkommt und ihn daran erinnert, dass jede Epoche sich auf ihre Weise als »modern« empfindet. Die Moderne Kupffers ist für uns zwar längst historisch geworden, Kupffers Reportagen aber bringen sie uns wieder ein Stück näher.

Editorische Bemerkung

Die »Reporterstreifzüge« erschienen erstmals zwischen 1886 und 1888 und dann nochmals in zweiter Folge zwischen 1890 und 1892. 1889 erschien die erste Folge als Buchausgabe, wobei Kupffer die Reihenfolge der Texte umstellte und kleine stilistische Änderungen vornahm.

Die »Reporterstreifzüge« wurden zuerst im »Berliner Lokal-Anzeiger« veröffentlicht. Von den ersten sechs Reportagen (»Zahl'n – Zahl'n – Zahl'n!«, »Herr Krautz«, »Stellenvermittelung«, »Des Mörders letzte Stunde«, »Eine Berliner Halbferien-Kolonie«, »Im Schwurgerichtssaale zu Moabit«) erschien dabei laut Kupffers Aussage ein Teil auch im »Berliner Sonntagsblatt«.* Für den betreffenden Zeitraum (Januar – Dezember 1886 sowie Januar – Juli 1887) waren weder Ausgaben des »Lokal-Anzeigers« noch des »Sonntagsblattes« zu ermitteln. Der Text über »Stellenvermittelung« erschien nur im Zeitungsdruck und wurde nicht in die Buchausgabe von 1889 aufgenommen, sodass der Text heute als verschollen gelten muss.

Die Texte »Zur Litteratur der Berliner Straßenschilder« sowie »Im Dienste des ›Census‹« waren im »Lokal-Anzeiger« ursprünglich nicht als »Reporterstreifzüge« ausgewiesen. Kupffer deklarierte sie jedoch in seinen den einzelnen Texten beigefügten Übersichten bzw. im Fall von »Zur Litteratur der Berliner Straßenschilder« durch Aufnahme in die Buchausgabe nachträglich als solche, weshalb sie in die vorliegende Ausgabe aufgenommen wurden.

* Vgl. die Fußnote zu: Hugo von Kupffer: Reporter-Streifzüge VII. Berlin und die Sonnenfinsternis. In: Berliner Lokal-Anzeiger, Nr. 193 (20. August 1887), S. 2, Sp. 1–4, hier: Sp. 1.

Außer den frühen Jahrgängen weist auch der heute nur noch in der Staatsbibliothek zu Berlin verzeichnete Jahrgang 1890 Lücken auf. So fehlen die Ausgaben für den Zeitraum von Juli bis September 1890. Da er andernorts nicht aufzufinden war, ist davon auszugehen, dass der Artikel der zweiten Folge »Die erste Hinrichtung in Plötzensee (Kunisch)« innerhalb dieses Zeitraums erschienen ist. (Tatsächlich fand die erste Hinrichtung im neuerbauten Strafgefängnis Berlin-Plötzensee am 14. Juli 1890 statt, was ein entsprechendes Erscheinungsdatum von Kupffers Artikel dazu nahelegt.) Aus diesem Grund findet sich »Die erste Hinrichtung in Plötzensee (Kunisch)« ebenfalls nicht in der vorliegenden Ausgabe.

Für die vorliegende Edition wurden die Texte der ersten Folge nach der Buchausgabe von 1889, die der zweiten Folge nach den Drucken im »Berliner Lokal-Anzeiger« übertragen. Die Originalorthografie wurde in allen Fällen weitgehend beibehalten.

Im Original unleserliche bzw. uneindeutige Stellen (z. B. durch Beschädigung oder Verblassen) wurden durch eckige Klammern markiert. Stillschweigend ausgebessert wurden die offensichtlichsten Druckfehler der Vorlagen. In sehr wenigen Fällen wurden Vereinheitlichungen vorgenommen (z. B. die Position des Kommas nach Abführung bei wörtlicher Rede). In einem Fall wurde gegenüber der Druckvorlage eine Ergänzung durchgeführt (S. 17, 3. Z. v. u.; im Original fehlte »gegeben«.)

Quellennachweise

Hugo von Kupffer: Reporter-Streifzüge. Ungeschminkte Bilder aus der Reichshauptstadt. Styrum (Rheinland) und Leipzig 1889:

Zahl'n – Zahl'n – Zahl'n!: S. 5–13.
Von zarter Hand!: S. 14–23.
Im Schwurgerichtssaale zu Moabit: S. 24–33.
Herr Krautz: S. 34–39.
Der Scharfrichter in seiner Werkstatt: S. 40–47.
Des Mörders letzte Stunde: S. 48–53.
Im Untersuchungsgefängnis: S. 54–64.
Soldaten-Ede: S. 65–72.
Berlin und die Sonnenfinsternis: S. 73–80.
Eine Berliner Halbferien-Kolonie: S. 81–88.
Zur Litteratur der Berliner Straßenschilder: S. 89–105.
Der Hüter der Morgue: S. 106–115.
Der Damentag und die Pohlmänner: S. 116–123.

Berliner Lokal-Anzeiger:

Erste Folge
Erstdrucke I.–VI. verschollen: Zahl'n – Zahl'n – Zahl'n!; Herr Krautz; Stellenvermittelung; Des Mörders letzte Stunde; Eine Berliner Halbferien-Kolonie; Im Schwurgerichtssaale zu Moabit [Januar 1886 bis Juli 1887].
VII. Berlin und die Sonnenfinsternis: Nr. 193, 20. August 1887, S. 2, Sp. 1–4.
VIII. Der Damentag und die Pohlmänner: Nr. 198, 26. August 1887, 2. Beilage, S. 1, Sp. 1–3.
IX. Der Hüter der Morgue: Nr. 206, 4. September 1887, 4. Beilage, S. 1, Sp. 1–3.
X. Von zarter Hand!: Nr. 218, 18. September 1887, S. 2, Sp. 1–4–S. 3, Sp. 1.
XI. Im Untersuchungsgefängniß: Nr. 223, 24. September 1887, 1. Beilage, S. 1, Sp. 1–4.
[o. Nr.] Zur Litteratur der Berliner Straßenschilder: Teil 1: Nr. 230, 2. Oktober 1887, S. 1, Sp. 1–S. 2, Sp. 1–2; Teil 2: Nr. 236, 9. Oktober 1887, 4. Beilage, S. 1, Sp. 1; Teil 3: Nr. 248, 23. Oktober 1887, S. 1, Sp. 4–S. 2, Sp. 1; Teil 4: Nr. 254, 30. Oktober 1887, 3. Beilage, S. 1, Sp. 1–2.
XII. Der Scharfrichter in seiner Werkstatt: Nr. 158, 8. Juli 1888, S. 2, Sp. 1–4.
XIII. Soldaten-Ede: Nr. 260, 4. November 1888, 1. Beiblatt, S. 1, Sp. 1–3.

Zweite Folge

I. Vormittags bei Vater Renz: Nr. 161, 6. April 1890, 5. Beiblatt, S. 1, Sp. 2–3.

II. Hinter den Coulissen: Nr. 195, 27. April 1890, S. 2, Sp. 1–4–S. 3, Sp. 1.

III. Drei Stunden Zuchthaus: Teil 1: Nr. 235, 23. Mai 1890, 1. Beiblatt, S. 1, Sp. 1–2; Teil 2: Nr. 237, 24. Mai 1890, S. 1, Sp. 1–2–S. 2, Sp. 1–2.

IV. Unter den »wilden Männern«: Teil 1: Nr. 261, 8. Juni 1890, 1. Beiblatt, S. 1, Sp. 1–2; Teil 2: Nr. 263, 10. Juni 1890, 1. Beiblatt, S. 1, Sp. 1–2.

[Verschollen, vermutlich V.] Die erste Hinrichtung in Plötzensee (Kunisch) [Juli bis September 1890].

[o. Nr., eigentlich VII.] Im Dienste des »Census«: Nr. 567, 4. Dezember 1890, S. 2, Sp. 1–3.

VI. Im Reiche der Desinfection: Nr. 585, 14. Dezember 1890, 1. Beiblatt, S. 1, Sp. 1–3.

VIII. Eine Nacht bei der Fleischschau: Nr. 5, 4. Januar 1891, 1. Beiblatt, S. 1, Sp. 1–3.

IX. Herr Wickersheimer: Nr. 213, 10. Mai 1891, 1. Beiblatt, S. 1, Sp. 1–2.

X. Unten durch!: Nr. 439, 20. September 1891, 1. Beiblatt, S. 1, Sp. 1–3.

XI. »Hotel Barnim«: Nr. 503, 28. Oktober 1891, 1. Beiblatt, S. 1, Sp. 1–3.

XII. Auf dem Schlachthofe: Teil 1: Nr. 225, 15. Mai 1892, 2. Beiblatt, S. 1, Sp. 1–3; Teil 2: 237, 22. Mai 1892, 1. Beiblatt, S. 1, Sp. 2–4.

XIII. Berliner Wasser: Teil 1: Nr. 473, 9. Oktober 1892, 2. Beiblatt, S. 1, Sp. 1–3; Teil 2: Nr. 485, 16. Oktober 1892, 2. Beiblatt, S. 1, Sp. 1–3.

Dank

Ich danke Anne-Sophie Kahnt, Mechthild Kühling und Larissa Plath für das gründliche und zuverlässige Korrektorat. Nathanael Brohammer danke ich dafür, dass er einen größeren Teil der zweiten Folge der »Reporterstreifzüge« übertragen und mir damit in einer Phase vielseitiger Beanspruchung einen Teil der Arbeit abgenommen hat. Ferner danke ich Dorothea Gaier und den Mitarbeiterinnen und Mitarbeitern der Universitätsbibliothek Stuttgart, die mich bei der Recherche unterstützt und dazu beigetragen haben, das Textkorpus soweit wie möglich zu vervollständigen. Schließlich danke ich den Mitarbeiterinnen und Mitarbeitern sämtlicher Leihbibliotheken für das Bereitstellen von Mikrofilmkopien des »Berliner Lokal-Anzeigers«. Ohne diese Materialgrundlage wäre die kontinuierliche Arbeit an diesem Band nicht möglich gewesen.

Fabian Mauch

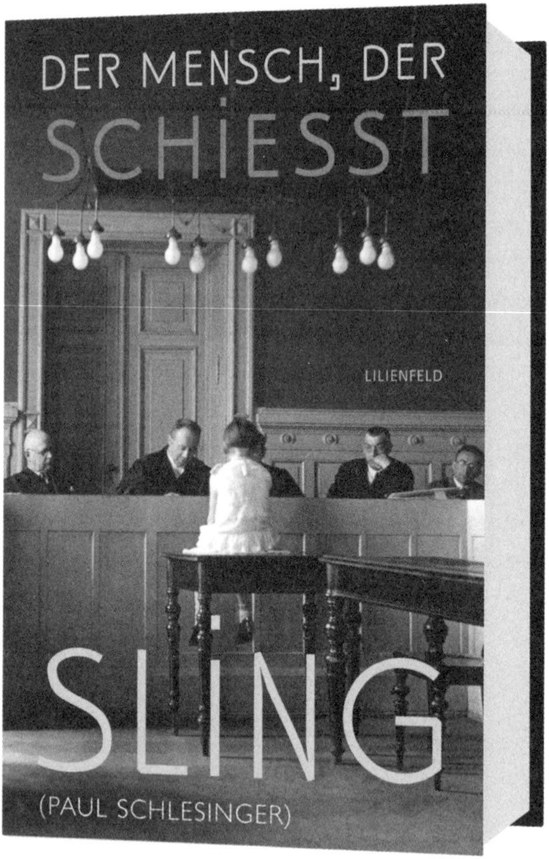
DER MENSCH, DER
SCHIESST
LILIENFELD
SLING
(PAUL SCHLESINGER)

Ebenfalls im Lilienfeld Verlag erschienen:

Sling
(Paul Schlesinger)

Der Mensch, der schießt

Berichte aus dem Gerichtssaal

Kleine Sünden, schwere Verbrechen: Die ganze Gesellschaft der zwanziger Jahre trifft sich vor dem Richter – humorvoll und einfühlend beschrieben vom Berliner Begründer der modernen Gerichtsreportage in Deutschland.

Von der Verleumdungsklage unter Nachbarn oder dem Erbschaftsstreit im Hochadel über Glücksspielbetrug, Meineidsverfahren, aufgedeckte Korruption sowie geniale Fälschungen bis hin zu erschossenen Söhnen, tödlichen Eifersuchtsdramen und müden Richtern: Die Gerichtsreportagen von Sling führen mitten hinein in das Leben, wie es sich vor den Schranken des Gerichts sammelt, mitten hinein in die Welt der zwanziger Jahre. Das Kürzel »Sling« stand dabei für eine neuartige Berichterstattung, die geprägt war von einem menschenfreundlichen Humor und ihren Urheber zu einem der berühmtesten Journalisten der Weimarer Republik und zum Vorbild für viele nach ihm machte.

»Sling war der bedeutendste Gerichtsreporter dieser entfesselten Zeit. Er verstand den Strafprozess, weil er den Menschen verstand. Und er ließ ihm seine Würde.«
Ferdinand von Schirach

1. Auflage 2019

Gestaltung und Satz: www.jan-frerichs.com
Druck und Bindung: FINIDR, s.r.o.
ISBN 978-3-940357-74-8

www.lilienfeld-verlag.de